Le Tribunal Pénal International de La Haye :

le droit à l'épreuve de la "purification ethnique"

ISBN : 2-7384-9525-7

Juristes Sans Frontières
Prix des Droits de l'Homme de la République
Française - 1996
ouvrage collectif

Le Tribunal Pénal International de La Haye :

le droit à l'épreuve de la "purification ethnique"

L'Harmattan
5-7, rue de l'École Polytechnique
75005 Paris - FRANCE

L'Harmattan Inc.
55, rue Saint-Jacques
Montréal (Qc) - CANADA H2Y 1K9

Collection Logiques Juridiques
dirigée par Gérard MARCOU

Dernières parutions

GAROT Marie José, *La citoyenneté de l'Union européenne*, 1999.
SATCHIVI Francis Amakoué A., *Les sujets de droit*, 1999.
LEVIS Danièle, *Terre des hommes du grand Océan*, 1999.
LASCOMBE Michel, *Droit constitutionnel de la Vᵉ République*, 1999.
BERGUIN Francis, *Le fonctionnaire expatrié*, 1999.
HOURQUEBIE Fabrice, *Les organes spécialisés dans les affaires communautaires des parlements nationaux. Les cas français et allemands*, 1999.
LAURENT Marie-Line, *Les emplois-jeunes : nouveaux contractuels de l'administration*, 1999.
Alette HEYMANN-DOAT, *Génétique et droits de l'homme*, 1999.
Vigile PACE, *L'organisation mondiale du commerce et le renforcement de la réglementation juridique des échanges commerciaux internationaux*, 1999.
Raymond COULON, *Des droits de l'homme en peau de chagrin*, 2000.
Armand MBARGA, *L'indemnisation publique des victimes d'infractions*, 1999.
M.-C. DJIENA WEMBOU et D. FALL, *Droit international humanitaire*, 2000.
Brigitte LHERBIER-MALBRANQUE, *La protection de l'enfant maltraité*, 2000.
Yaya BOIRO, Cheikh Yérim SECK, *La justice en Guinée*, 2000.
Adam MEKAOUI, *Partenariat économique euro-marocain. Une intégration régionale stratégique*, 2000.
Robert CHARVIN, *Un monde à sens unique*, 2000.

Collection Logiques Juridiques
dirigée par Gérard MARCOU

Le droit n'est pas seulement un savoir, il est d'abord un ensemble de rapports et pratiques que l'on rencontre dans presque toutes les formes de sociétés. C'est pourquoi il a toujours donné lieu à la fois à une littérature de juristes professionnels, produisant le savoir juridique, et à une littérature sur le droit, produite par des philosophes, des sociologues ou des économistes notamment.
Parce que le domaine du droit s'étend sans cesse et rend de plus en plus souvent nécessaire le recours au savoir juridique spécialisé, même dans des matières où il n'avait jadis qu'une importance secondaire, les ouvrages juridiques à caractère professionnel ou pédagogique dominent l'édition, et ils tendent à réduire la recherche en droit à sa seule dimension positive. A l'inverse de cette tendance, la collection « Logiques juridiques » des Éditions L'Harmattan est ouverte à toutes les approches du droit. Tout en publiant aussi des ouvrages à vocation professionnelle ou pédagogique, elle se fixe avant tout pour but de contribuer à la publication et à la diffusion des recherches en droit, ainsi qu'au dialogue scientifique sur le droit. Comme son nom l'indique, elle se veut plurielle.

LE MOT DE CHEICK SAKO, PRÉSIDENT DE J.S.F.

Juristes Sans Frontières est née en 1992 à Montpellier et a la particularité de regrouper des professionnels du droit - avocats, fonctionnaires de justice, magistrats, professeurs d'université, juristes d'entreprises - autour d'un même idéal : la défense des droits fondamentaux de la personne humaine et de la démocratie.

J.S.F. est engagée dans deux directions : d'une part, la coopération et le développement juridiques dans les pays qui souhaitent rétablir ou renforcer l'Etat de droit et, d'autre part, le soutien sans faille aux juridictions pénales internationales pour lutter contre l'impunité et aider les victimes de violations graves du droit humanitaire.

Ainsi, en 1995, J.S.F. est la première association a obtenir la qualité d'"amicus curiae" du Tribunal pénal international ad hoc pour l'ex-Yougoslavie, ce qui lui a permis de déposer des mémoires sur des points de droit fondamentaux pour l'effectivité de la justice.

Pour son action dans les prisons rwandaises, l'association a reçu, en 1996, le Prix des Droits de l'Homme de la République Française, attribué par la Commission Nationale Consultative des Droits de l'Homme.

L'association a tout naturellement été membre du Forum des ONG lors de la Conférence de Rome en 1998, qui a débouché sur la création de la Cour pénale permanente internationale.

J.S.F. contribue à la réflexion sur la construction d'un ordre public pénal international. L'association a été expert auprès du Ministère français des Affaires étrangères en 1999. De même, elle est régulièrement invitée à participer à des conférences et au débat théorique sur cette question juridique majeure.

C'est dire tout l'intérêt de cet ouvrage collectif sur la "longue marche" du T.P.I.Y. dont la légitimité n'a pas été acquise au jour de sa création. C'est l'honneur de Juristes Sans Frontières d'avoir soutenu et accompagné cette institution, tout en étant témoin.

SOMMAIRE

Introduction

"L'ÉPURATION ETHNIQUE" : UNE VIOLATION DU DROIT SANS DÉFINITION

Le 4 novembre 1997, devant la tribune de l'Assemblée générale des Nations Unies, M. Antonio Cassese, président du Tribunal international pour l'ex-Yougoslavie, définissait ainsi la mission confiée par cette Assemblée au Tribunal, en dépit ou peut-être à cause des obstacles :

"Vous avez mis fin à la culture de l'impunité, à la possibilité d'une amnésie historique et vous avez rejeté la pratique immorale de promulguer des lois d'amnistie générale.

"Vous avez décidé que les victimes ont le droit fondamental de voir leurs persécuteurs traduits en justice. C'est une entreprise qui vise à dompter le fond sauvage de l'homme pour rendre meilleure la vie sur la terre, une entreprise des Nations Unies renouvelées, digne de porter des fruits.

"Je vous prie de faire en sorte que cet exercice exceptionnel au plan du droit international et de la morale reçoive un soutien sans réserve et produise des résultats durables.

Je vous prie de continuer à entendre les cris des victimes de la barbarie et de permettre que cette administration novatrice de la justice internationale devienne le sceau d'une nouvelle communauté internationale".

À distance de ce bilan, appartenant au seul Tribunal, comme des cris ou des silences des victimes, des juristes et des non juristes ayant choisi d'accompagner la longue marche du TPI, ont souhaité témoigner, en quelques chapitres, de cette justice internationale inédite, auprès de laquelle ils avaient choisi d'agir. Parmi ces témoins, JSF a été la première association en France à commenter la décision[1] rendue dans l'affaire Tadic et certains de ses membres, à la demande d'universitaires, ont tenu des conférences sur le TPI, par exemple, à Montpellier, à Nantes, à Nîmes et à Strasbourg. Des interviews ont également été accordées dans la presse écrite et audiovisuelle, notamment sur LCI, tandis que "Brut" sur Arte consultait JSF avant son magazine sur l'affaire Erdemovic.

La première également en France, l'Association a publié les mémoires[2] qu'elle a rédigés en tant qu'"amicus curiae" du TPI et a proposé un commentaire[3] du jugement rendu au fond, le 14 juillet 1997, par la Chambre de première instance sur l'affaire Tadic, qui a interjeté appel, tout comme l'accusation. Sa condamnation a été alourdie en appel.

La présente analyse traduit, de 1995 à 1999, la diversité des regards portés sur cette première tentative de justice internationale, hors la loi des vainqueurs. Les textes insérés au fil de l'ouvrage respectent et datent les réflexions respectives des auteurs et témoins, sans omettre pour autant la nécessaire mise en perspective résultant de l'interférence entre ce droit international et l'histoire contemporaine.

Il ne s'agit pas ici de prétendre à l'exhaustivité, mais d'accompagner, d'éclairer, à travers plusieurs des procès en cours, les réalités techniques et éthiques de cette justice d'exception. La proximité géographique a en l'occurrence favorisé l'investigation auprès de la juridiction de La Haye. Une équipe de JSF et de journalistes s'est néanmoins rendue, en 1998, à Arusha pour enregistrer l'émergence d'un droit de la procédure internationale intégrant une synthèse partielle de la common law et du droit continental. L'existence de deux tribunaux internationaux ad hoc crée par essence une possiblité de divergence d'expériences.

Cette recherche ne saurait faire perdre de vue la persistance des violations du droit international poursuivies au Rwanda et annoncées au Kosovo, pour ne s'en tenir qu'à deux logiques de "disparition" parmi d'autres.

Précisément, la blessure est là : le droit à l'épreuve des temps qui assassinent. La France doit s'interroger pour sa part, à travers sa Commission d'enquête sur sa politique au Rwanda avant le génocide ou l'arrêt de la Cour de Cassation rendu le 6 janvier 1998, sur la compétence des juridictions françaises à connaître d'actes de torture et de barbarie inclus ou non dans l'incrimination de génocide et/ou crime contre l'humanité.

La naissance d'une Cour pénale internationale, dont les limites ont d'ores et déjà été posées, et que la mise en cause difficile du sénateur à vie Augusto Pinochet, devant les juridictions britanniques et/ou européennes, rend encore plus visibles, autorise un premier bilan de cette existence des tribunaux internationaux ad hoc : ils ont au moins permis que soit concrètement admis le principe d'une justice permanente internationale.

La mise en accusation du président Milosevic apporte en ce printemps 1999 la réponse aux interrogations, voire aux doutes des victimes et/ou des observateurs. Par-delà les critiques, les limites ou les insuffisances, les Tribunaux internationaux osent appeler les hommes d'État en exercice à répondre de leurs actes.

Chapitre 1

LE TEMPS DES HORREURS

HERVÉ ASCENSIO
Maître de Conférences à l'Université de Paris X-Nanterre

L'expression de "purification ethnique", traduction du serbo-croate "etnicko ciscenje", a fait irruption dans le vocabulaire diplomatique et journalistique à l'occasion du drame yougoslave et plus particulièrement de la guerre en Bosnie-Herzégovine. Elle désigne un ensemble d'actes qui constituent autant de violations du droit international humanitaire et visent à rendre un territoire ethniquement homogène par l'utilisation de la force et de l'intimidation[4].

Le Tribunal pénal international pour l'ex-Yougoslavie (TPI), qui juge les individus responsables des violations du droit international humanitaire, a évidemment eu à connaître de tels actes. Mais, plus largement, il a dû reconstruire l'ensemble du phénomène, très peu d'actes pouvant être envisagés isolément sans être rapportés à l'ensemble cohérent que constitue la purification ethnique. Tel est sans doute l'enseignement principal que l'on peut tirer de l'activité du TPI depuis sa création et alors même que sa mission est loin d'être épuisée : chaque enquête, chaque témoignage, chaque procès révèle une partie du phénomène de la purification ethnique et en constitue un élément indissociable. Comme un paléontologue retrouve l'animal préhistorique à partir de l'os le plus petit, le Tribunal fait resurgir la construction d'ensemble – bien contemporaine elle – à partir de chaque affaire spécifique. Et cela non seulement parce que la fonction de la justice pénale est de jeter la lumière la plus large qui soit sur le contexte des crimes, mais encore et surtout parce que les crimes dont il s'agit ne se distinguent pas du crime plus vaste qu'est la purification ethnique ; ils n'en sont qu'un rouage et sont réprimés à ce titre.

Ceci explique qu'une analyse des faits qui ont constitué la purification ethnique en ex-Yougoslavie puisse d'ores et déjà être tentée à partir des affaires en cours devant le TPI. À cet égard, les affaires Karadzic-Mladic d'une part et Tadic d'autre part, bien que très différentes, sont caractéristiques. On a d'un côté les plus hauts responsables politiques et militaires, Radovan Karadzic, leader politique des Serbes de Bosnie, et Ratko Mladic, général de l'armée yougoslave puis général en chef de l'armée de la Republika Srpska. Ces individus sont accusés de génocide, de crimes contre l'humanité, de violations des lois et coutumes de la guerre et d'infractions graves aux Conventions de Genève de 1949 pour les crimes perpétrés contre la population civile de Bosnie et pour la purification ethnique dans l'enclave de Srebrenica[5]. Ils n'ont pas – encore ? – été arrêtés et les audiences publiques qui se sont déroulées à La Haye du 27 juin au 8 juillet 1996 avaient pour but de réagir à l'inexécution des mandats d'arrêt en examinant publiquement les éléments de preuve rassemblés par le procureur et en procédant à l'audition de témoins. Cette procédure dite de "l'article 61" a permis d'émettre un mandat d'arrêt international et d'informer le Conseil de sécurité des Nations Unies de la non-coopération de l'État de Yougoslavie (Serbie et Monténégro) et des autorités serbes de Bosnie.

De l'autre côté, on trouve l'individu Dusko Tadic, détenu à La Haye, dont le procès en première instance s'est déroulé du 7 mai au 28 novembre 1996. Il s'agit d'un militant nationaliste serbe local, de la ville de Kozarac dans l'Opstina ou région de Prijedor (nord-ouest de la Bosnie). Il est accusé de crime contre l'humanité, violation des lois et coutumes de la guerre et infractions graves aux Conventions de Genève de 1949 pour des crimes commis dans les camps d'Omarska, Keraterm et Trnopolje et dans les villes de Kozarac, Jaskici et Sivci[6]. Il s'agit donc d'un exécutant local, voire d'un simple "second couteau". Pourtant, les deux affaires sont complémentaires, les hauts responsables décidant ou laissant en toute connaissance de cause commettre les exactions locales dont ils sont ainsi responsables, les exécutants participant volontairement au système de purification élaboré plus haut, intention qui justifie notamment l'accusation de crime contre l'humanité.

Les deux affaires ont donc rendu nécessaire la présentation devant le Tribunal de témoins-experts, de témoins, de documents, de photographies, de films-vidéos qui retracent le processus de purification ethnique mené en ex-Yougoslavie. La procédure juridictionnelle assurant une rigueur extrême dans la présentation des faits, elle livre ainsi au public des éléments d'informations essentiels et permet de faire apparaître la vérité historique. Au terme de la procédure de l'article 61 dans l'affaire Karadzic et Mladic et de la première phase du procès Tadic qui, pendant plus d'un mois, s'est concentré sur le contexte de la crise en ex-Yougoslavie et dans la région de Prijedor, il est possible de faire le point sur la présentation factuelle devant le Tribunal de la purification ethnique. Celle-ci y est apparue sous deux angles, comme objectif d'une politique criminelle menée par les autorités serbes (I) et comme un ensemble de méthodes permettant d'atteindre cet objectif (II).

I. LA PURIFICATION ETHNIQUE COMME OBJECTIF

A. LES MOUVEMENTS ETHNO-NATIONALISTES

La crise de la Yougoslavie fédérale

Il est sans doute possible de trouver dans l'histoire de la Yougoslavie les racines du conflit dans la mesure où elle seule permet de comprendre l'extrême diversité culturelle du pays.

Les témoins-experts James Gow dans l'affaire Tadic et Paul Garde dans l'affaire Karadzic-Mladic ont ainsi brièvement retracé l'évolution de la région du XIVème siècle à la fin de la période titiste. Mais les connaissances historiques sont surtout utiles pour comprendre le discours des mouvements ethno-nationalistes qui se développent à partir des années 1980, et notamment le discours serbe lié au thème de la "Grande Serbie". Le déclin du pouvoir communiste fédéral qui assurait la cohésion de la Yougoslavie laisse la place dans chacune des républiques à des politiciens reconvertis dans le nationalisme. C'est en Serbie que ce mouvement est le plus précoce et se traduit par une "révolution anti-bureaucratique" lancée à partir de 1987 par le président de la ligue communiste de la République de Serbie, Slobodan Milosevic. Là, les thèmes nationalistes sont liés à une volonté de resserrer les liens fédéraux car la Serbie a toujours eu un rôle prépondérant dans les institutions fédérales. Il s'agit dès lors de lutter contre la décentralisation en s'appuyant sur les populations serbes des autres républiques. Ces idées sont soutenues par un mouvement intellectuel dont les idées radicales sont reproduites dans le désormais tristement célèbre Mémorandum de l'Académie des Sciences de Serbie (1986-1987, publié dans un journal de Zagreb en 1989).

La propagande officielle se concentre sur des incidents dans la province autonome du Kosovo, incluse dans la République de Serbie et majoritairement peuplée d'Albanais, où les Serbes seraient l'objet d'un génocide. À partir de 1990 les médias sont envahis par une propagande qui utilise et réinterprète les événements les plus sanglants de la seconde guerre mondiale pour faire revivre ou pour créer des haines entre communautés. Le rappel incessant du génocide commis à cette époque contre les Serbes est associé au thème d'un complot international contre les Serbes ; aux massacres du passé correspondent des massacres déjà présents ou à venir, contre lesquels il faut réagir. La "réaction" consiste notamment à réintégrer autoritairement au sein de l'État serbe les deux provinces autonomes de Voïvodine et surtout du Kosovo. Milosevic supprime en 1990 l'autonomie des deux provinces de façon à "rendre leur État aux Serbes". La suppression des autonomies a entraîné des réactions de crainte dans les autres républiques de la Yougoslavie et renforcé les partis politiques fondés sur un principe national-ethnique. Les élections de 1990, qui ont suivi l'abolition du rôle dominant du Parti communiste lors du dernier congrès de la Ligue des Communistes Yougoslaves, ont permis la victoire de ces partis dans l'ensemble des républiques[7].

Les institutions de la Fédération yougoslave ont cessé de fonctionner le 17 mai 1991 lorsque le système de rotation à la présidence a été bloqué par quatre votes sous le contrôle de la Serbie : Serbie, Monténégro, Kosovo et Voïvodine (l'autonomie de ces deux provinces avait été supprimée mais elles possédaient toujours une voix). Le représentant croate Stipe Mesic n'a donc pas pu, comme cela était prévu, accéder à la présidence. Certes le référendum sur l'autodétermination en Croatie était déjà programmé mais le blocage des institutions a probablement eu une incidence sur les votes. Surtout cela barrait la route à toute solution confédérale ou en faveur d'une fédération très décentralisée. Le 26 juin 1991, Slovénie et Croatie proclament leur indépendance, ce qui entraîne une intervention de l'armée fédérale (JNA), laquelle ne parvient pas à maintenir l'unité par la force. Dès lors, l'objectif pour les Serbes devient autre : la fédération yougoslave avec position prédominante de la Serbie ne pouvant être maintenue, il s'agit de créer une "nouvelle Yougoslavie" avec pour objectif de regrouper l'ensemble des Serbes au sein d'un même État, ce qui implique une redistribution des territoires[8]. Dans le contexte yougoslave d'un mélange extrême des populations, faire coïncider chaque groupe national avec un territoire relève de l'utopie, à moins de recourir à la violence pour y parvenir. C'est dans les zones où la structure démographique est la plus complexe que la purification ethnique sera la plus sanglante.

La crise en Bosnie-Herzégovine

Pour comprendre le développement de la crise en Bosnie même, il est nécessaire de revenir à la période immédiatement antérieure aux élections de 1990. Dès cette époque, un "Conseil national serbe de Bosnie-Herzégovine", organe non-officiel composé de membres du Parti démocratique serbe (SDS) et présidé par Radovan Karadzic, est constitué à Banja Luka. Sa première décision consiste à poser en principe le refus de toute modification du statut de la République non décidée par un référendum du peuple serbe. Dans ce climat tendu, trois partis au fondement essentiellement national-ethnique se développent, le SDA (Parti d'action démocratique) pour les Musulmans, le SDS pour les Serbes et l'Union démocratique croate (HDZ). Ils l'emportent lors des élections de 1990 et s'entendent tout d'abord, de manière à se partager les principaux postes institutionnels de la République.

Pourtant, assez vite, le SDS se démarque des deux autres par ses objectifs. Alors que les autres partis, dans le contexte de la désagrégation de la Yougoslavie, souhaitent l'indépendance de la Bosnie-Herzégovine, le SDS promeut le maintien dans la fédération, sans exclure la force pour y parvenir.

Au moment où le Parlement bosniaque se prononce en faveur de l'indépendance les 14 et 15 octobre 1991, Radovan Karadzic adresse aux parlementaires favorables à l'indépendance une menace à peine voilée :

"Vous voulez faire parcourir à la Bosnie-Herzégovine la même route d'enfer et de misère sur laquelle la Slovénie et la Croatie se sont engagées. Attention, vous allez entraîner la Bosnie-Herzégovine en enfer et allez entraîner l'annihilation, l'élimination du peuple musulman parce que les Musulmans ne peuvent pas se défendre s'il y a la guerre. Comment voulez-vous empêcher que les gens soient tués en Bosnie[9] ?"

En même temps une volonté de division entre groupes nationaux-ethniques apparaît nettement dans un discours de Radovan Karadzic de novembre 1991 :

"(...) Il nous faut séparer le plus de choses possibles. Comme au temps des Turcs. Un centre-ville serbe, un centre-ville turc, les questions serbes, les questions turques, les cafés, théâtres, écoles serbes, et tout le reste. C'est la seule solution[10]."

Alors que l'indépendance est, à la demande de l'Union européenne, ajournée dans l'attente d'un référendum, le SDS va s'employer à mettre en œuvre cette division. Une "Assemblée du peuple serbe de Bosnie-Herzégovine" est constituée par les parlementaires des partis serbes le 24 octobre 1991. Cette "Assemblée" décide que le peuple serbe de Bosnie-Herzégovine doit rester dans l'État commun de Yougoslavie ; elle procède à une première définition des "territoires autonomes serbes proclamés en Bosnie-Herzégovine" et proclame le 9 janvier 1992 la "République du peuple serbe de Bosnie-Herzégovine". La constitution de cette république, incluse dans l'"État fédéral de Yougoslavie", est établie le 28 février 1992, veille du référendum sur l'indépendance de la Bosnie boycotté par le SDS. Les résultats du référendum sur l'indépendance sont proclamés le 6 mars 1992 : la République de Bosnie-Herzégovine devient indépendante avec l'approbation de 90% des votants, le taux de participation s'élevant à 63%[11].

Les événements à l'échelon local

Dès le printemps 1991, le SDS met en place des institutions parallèles aux autorités légales dans les régions de Bosnie-Herzégovine à fort peuplement serbe. Elles sont généralement composées d'élus locaux membres du SDS qui forment des "assemblées" et "conseils municipaux" serbes. Les communications entre ces structures locales sont assurées par des directives confidentielles du président du SDS[12]. Des instructions du 19 décembre 1991 instaurent des états-majors de crise locaux en vue de la prise du pouvoir "dans toutes les communes où le peuple serbe habite", qu'il y soit ou non majoritaire[13].

La division concerne l'ensemble des institutions publiques essentielles, comme le rapporte Elvir Pasic, témoin dans l'affaire Tadic, à propos du commissariat de police de Rogatica (Est de la Bosnie)[14]. Les policiers serbes, sous les ordres du chef de la police, organisent un commissariat séparé dans le même bâtiment et construisent un mur pour séparer les deux polices, serbe et non-serbe. D'une façon semblable, Muharem Nesirevic, directeur de la radio de Prijedor, rapporte l'attitude des journalistes serbes, proches des militaires menant l'offensive en Croatie voisine, qui échappent à son contrôle, ainsi que sa marginalisation au fur et à mesure de l'aggravation de la situation[15].

Le témoin-expert Anne-Sophie Greve, membre de la Commission d'experts établie par le Conseil de sécurité et spécialement chargée de la région de Prijedor, a retracé l'évolution politique de cette région dans le procès Tadic. Le témoignage de Mevlodin Semenovic, membre du SDA et député au parlement de la région de Prijedor, a confirmé cette évolution[16]. Les éléments relevés correspondent à l'analyse du témoin-expert James Gow pour l'ensemble des régions de la Bosnie passées sous le contrôle du SDS.

Un autre élément intéressant est l'étude du "plébiscite"

organisé au niveau local par le parti nationaliste serbe, le SDS, s'appuyant sur les institutions parallèles serbes doublant les autorités légales qui subsistaient. Il s'adressait en théorie à la fois aux populations serbes et non-serbes, mais avec des questions différentes.

Non seulement il présupposait la division ethnique mais introduisait une distorsion flagrante dans la sincérité du scrutin, en admettant même qu'aucune contrainte n'ait été exercée. Les Serbes devaient répondre à la question : "Êtes-vous favorable à la décision prise, le 24 octobre 1991, par l'Assemblée du peuple serbe de Bosnie-Herzégovine, selon laquelle le peuple serbe demeurera dans l'État yougoslave commun incluant la Serbie, le Monténégro, la région autonome serbe de Krajina, la région autonome serbe de Slavonie, la Baranja, le Srem occidental et tous ceux qui voudront demeurer au sein d'un tel État ?" Les non-Serbes répondaient à une autre question : "Êtes-vous favorable à ce que la Bosnie-Herzégovine demeure une République de l'État yougoslave commun, statutairement égale à toutes les autres républiques qui auront déclaré le souhaiter également"[17]?

Ainsi, les Serbes n'avaient aucunement l'occasion de se prononcer sur l'unité de la Bosnie. À l'inverse, pour les non-Serbes, l'unité de la Bosnie était liée au maintien de celle-ci dans le giron de la Yougoslavie, c'est-à-dire, dès cette époque, de la Serbie ; répondre non revenait à réclamer la division de la Bosnie.

B. LE RÔLE DE L'ARMÉE

L'armée de la "nouvelle Yougoslavie"

Parallèlement, une profonde réorganisation de l'armée yougoslave avait lieu. La défense de la Yougoslavie (RSFY) était composée de deux éléments, une armée fédérale, la "JNA", et des forces de défense territoriales dans chaque République (T.O.). L'armée fédérale, force principale qui disposait de l'essentiel du matériel, a été réorganisée sous l'autorité du général Kadijevic, secrétaire fédéral de la défense nationale et chef d'état-major du commandement suprême des forces de la fédération yougoslave entre le 15 mai 1988 et le 6 janvier 1992.

Il explique dans ses mémoires que le nouvel objectif à partir du printemps 1991 est "la protection et la défense du peuple serbe en dehors de la Serbie et le rassemblement de la JNA dans les frontières de la future Yougoslavie[18]". Pour cela, le pourcentage de Serbes, qui étaient déjà majoritaires, progresse de façon spectaculaire de manière à constituer l'essentiel des officiers et une très large majorité des hommes de troupe. Surtout, à partir du blocage de la présidence collégiale fédérale, l'armée devient autonome et prend fait et cause pour la Serbie.

Ainsi, un document-vidéo montre la réunion de la présidence où l'intervention des troupes fédérales en Croatie a été discutée en présence des militaires : les voies se sont partagées à nouveau à quatre contre quatre. Pourtant l'opération sera lancée sous la direction du général Kadijevic, c'est-à-dire sans l'accord des autorités civiles. Selon M. Gow, l'objectif de la JNA qui consistait à rétablir l'ordre en Croatie, jusqu'à la prise de Zagreb, n'ayant pu être atteint, les troupes se sont alors rabattues sur les zones "serbes" et ont tenté d'établir de nouvelles frontières. Cela a d'abord eu lieu en Croatie, en s'accompagnant de massacres comme celui des blessés et des civils croates réfugiés à l'hôpital de Vukovar en novembre 1991, massacres qui ont, selon le procureur, "semé les germes du génocide dans le conflit de l'ex-Yougoslavie[19]".

Les responsables de ces massacres s'en sont publiquement vantés et ont été personnellement félicités par le général Kadijevic. Les troupes de la JNA se sont ensuite rabattues sur la Bosnie-Herzégovine, où les liens avec le SDS semblent avérés[20]. Elles ont notamment repris des matériels militaires à des unités de la T.O. dépendant des autorités bosniaques pour les redistribuer à d'autres unités sous contrôle serbe. Elles sont également intervenues directement, d'autant qu'une partie de la JNA était restée stationnée en Bosnie-Herzégovine et avait commencé à établir ses positions, notamment autour de Sarajevo[21].

En ce qui concerne la région de Prijedor, le Tribunal a pu s'appuyer sur les témoignages de deux militaires de haut rang, le colonel Osman Selak, seul officier musulman du 5ème corps de Banja Luka, et le colonel Kranjc, slovène. Ainsi a pu être établi un organigramme qui montre que la plupart des officiers étaient Serbes. Le colonel Selak a également expliqué l'organisation de l'attaque de la Croatie par la JNA, la région de Krajina en Bosnie-Herzégovine étant utilisée comme base arrière logistique. Des attaques ont été menées par le 5ème corps avant le 18 mai 1992, date du retrait officiel de Bosnie-Herzégovine, sur le territoire croate mais aussi en Bosnie dans la région de Kupres (120 km au sud de Banja Luka dans la direction de Split) contre des Croates et des Musulmans. Après le 18 mai, il y a eu intervention à Kozarac, avec environ 2000 Musulmans morts[22]. Par ailleurs, la JNA s'est largement appuyée sur les groupes paramilitaires.

Les groupes paramilitaires

Les documents présentés dans l'affaire Tadic ont mis en évidence les liens entre la JNA et les milices paramilitaires, responsables des pires atrocités. Le chef d'une des principales milices paramilitaires, Vojislav Seselj, interviewé par la BBC, déclare ainsi qu'il a utilisé en Bosnie des hélicoptères et l'aviation de la JNA, et que l'ensemble des opérations depuis le siège de Vukovar en Croatie, celles de la JNA comme celles des milices paramilitaires, ont été programmées par Belgrade. Il met ainsi directement en cause le président serbe Slobodan Milosevic. Milosevic, interviewé à son tour, nie qu'il y ait eu un génocide organisé et planifié par Belgrade (à noter qu'il semble en même temps admettre qu'il y a bien eu un génocide). Par ailleurs, les groupes paramilitaires étaient non seulement équipés mais également formés et entraînés par la JNA.

Selon le colonel Selak, dès la fin de 1991, la JNA a transféré des armes à des groupements paramilitaires serbes. Lui-même a refusé de le faire mais les groupes paramilitaires en ont obtenu auprès d'autres officiers. À ces groupes se joignaient des Serbes partis se battre en Croatie et revenus en Bosnie-Herzégovine, à qui la JNA a laissé leurs armes. Au printemps 1992, la JNA a également commencé à fournir des armes à la police civile de Banja Luka, entièrement composée de Serbes. À cette époque, les milices paramilitaires de la région de Banja Luka ("bérets rouges") s'entraînaient dans les locaux de la JNA et étaient formées par des membres de la JNA au centre de formation de Maniaca. Ceci semblait se rattacher au nouveau rôle de la JNA, chargée de protéger la "nouvelle Yougoslavie".

Le colonel Kranjc, lors de sa déposition, a assuré que les "bérets rouges" étaient entraînés à Maniaca. En tant que responsable du camp d'entraînement, il en a demandé confirmation au responsable des blindés de Belgrade qui a répondu qu'il en avait bien donné l'ordre. Après la transformation du 5ème corps de la JNA en 1er corps de la Republika Srpska, les groupes paramilitaires ont été intégrés dans le corps. De même, les forces de police, notamment à Prijedor, ont été placées sous la responsabilité du corps.

Le lien des groupes paramilitaires avec le SDS paraît également assez net. Un programme-vidéo d'"autopromotion" du chef paramilitaire Zeljko Raznjatovic dit "Arkan", repris et diffusé par une émission de télévision anglaise et produit comme pièce à conviction dans l'affaire Tadic, montre l'implication d'"Arkan" dans la purification ethnique. On le voit notamment expliquer à de jeunes recrues comment mener la purification ethnique dans un village qui va être pris, en faisant bien attention de séparer les personnes car des Serbes habitaient également ce village. On voit surtout "Arkan" rencontrant, à la fin d'une opération militaire en Bosnie, sur la place centrale de la ville de Vuliania, Mme Biljana Plavsic, à l'époque représentante du SDS au sein de la présidence bosniaque, qui l'embrasse et le félicite[23]. Ces dernières images, diffusées à l'époque par la télévision bosniaque, ont été interprétées par tous les Bosniaques comme un soutien officiel du SDS aux groupes paramilitaires pratiquant la purification ethnique à l'encontre des non-Serbes.

Le pseudo-"retrait" de la JNA de Bosnie-Herzégovine

La Yougoslavie (Serbie-Monténégro) a proclamé le retrait officiel de la JNA de Bosnie-Herzégovine en avril 1992, avec effet au 18 mai. De nombreux éléments concourent à établir qu'un tel retrait n'a jamais eu lieu. Il y a eu scission de l'armée, une partie des matériels restant aux mains des Serbes de Bosnie, de manière à tromper la communauté internationale. Il s'agissait, selon Borislav Jovic, un proche conseiller de Milosevic interviewé par la BBC, d'éviter que la Yougoslavie soit considérée comme agresseur par la communauté internationale. Ainsi, malgré la prise de distance diplomatique officielle, le soutien a été constant, ce qui a été largement relevé par les rapports d'institutions internationales et de multiples résolutions du Conseil de sécurité présentés en audience. Par ailleurs, l'étude des mouvements militaires le démontre. Par exemple, le siège de Goradze n'a été possible qu'en faisant intervenir des troupes à partir du Monténégro, seule voie d'accès permettant une intervention rapide avec un matériel suffisant.

Le témoignage du colonel Selak a également permis de comprendre en quoi a consisté pratiquement ce "retrait". Lors d'une réunion du 18 mai, le général Talic, commandant du camp de Banja Luka, annonce qu'une "nouvelle armée" est prête, le 5ème corps de la JNA se transformant en armée de la Republika Srpska (le colonel demandera sa mise à la retraite le 20 mai ; elle ne deviendra effective que le 10 juillet). Le seul signe tangible en est le changement des insignes sur les képis.

Pour le reste, le général Talic se félicite de la mise en place d'un corridor de transport entre Banja Luka et la Serbie, pour assurer le transfert d'armements, de nourriture, etc., venus de Serbie et du Monténégro. Le colonel n'a pas eu, pour la période où il est resté en poste jusqu'à sa mise à la retraite effective, à prêter serment à la nouvelle armée et ignore si d'autres ont eu à le faire (auparavant, pour rentrer dans la JNA, il fallait prêter serment à la Yougoslavie).

En ce qui concerne les salaires, les officiers de réserve et les appelés étaient payés par le gouvernement de la Republika Srpska, alors que tous les officiers d'active ont continué à être payés par la JNA. Lui-même a continué, comme auparavant, à être payé par Belgrade, y compris ensuite pour sa retraite, jusqu'en 1995. Le témoin a entendu le général Dukic, général de la JNA chargé de la logistique des opérations en Bosnie, assurer que Belgrade continuerait à financer l'armée de la Republika Srpska.

Il n'y a eu aucun changement dans le commandement des différentes brigades après le 18 mai ; les officiers supérieurs pouvaient être des Serbes de Bosnie-Herzégovine mais aussi des Serbes non-bosniaques comme le général Dukic. De même, les archives de l'administration du personnel sont restées à Belgrade. La plupart des matériels sont restés sur place, ceux de la base aérienne de Marovlani par exemple.

Pour les demandes de matériels supplémentaires, la seule modification dans l'organigramme a été que les demandes devaient désormais passer par l'état-major de la V.R.S. (nom de la nouvelle armée de Republika Srpska) avant d'être envoyées à Belgrade. Lui-même, pour les commandes de matériels, s'adressait au général Dukic qui se trouvait à Pale. Pour cela, il composait un numéro avec le préfixe de Belgrade. Une secrétaire, à Belgrade, transférait ensuite l'appel à Pale, tous les officiers supérieurs de Pale ayant une ligne directe Belgrade-Pale.

Le colonel Kranjc a comparé les retraits de la JNA de Slovénie, Macédoine, Croatie et Bosnie-Herzégovine. Dans les deux premiers cas, la JNA avait effectivement l'intention de se retirer et l'a fait.

Dans les deux autres, il s'agissait en fait de laisser des hommes et des munitions dans les régions à majorité serbe. En Bosnie-Herzégovine, la JNA a laissé sur place des corps d'armée complets et des unités complètes en dessous du niveau du corps.

Dans le cas du camp d'entraînement qu'il dirigeait, il y a d'abord eu un ordre de retrait total en avril 1992, puis une modification en mai : il fallait transférer seulement les hommes de troupe et certains moyens matériels pouvant être transportés par air. Finalement, la modification essentielle a consisté à faire partir les soldats de troupe serbes non originaires de Bosnie-Herzégovine pour les remplacer par des Serbes de Bosnie venus de corps stationnés dans d'autres régions de la Yougoslavie : étrange "retrait" !

L'ensemble des éléments relevés par le TPI révèle un dessein dans les événements qui se sont déroulés : la mise en place de structures politiques et militaires destinées à prendre le pouvoir et conquérir des territoires pour établir une "nouvelle Yougoslavie", regroupant l'ensemble des Serbes dans un même État.

Savoir si cela impliquait nécessairement la purification ethnique des non-Serbes peut être discuté. Cela est probable compte tenu de l'extrême imbrication des différents groupes qui rendait indispensable l'utilisation de la violence pour y parvenir. Cela est également probable compte tenu du discours nationaliste et ségrégationniste qui sous-tendait un tel dessein. Surtout, les méthodes déjà employées en Croatie permettaient d'imaginer que cela serait le cas en Bosnie-Herzégovine[24].

II. LES MÉTHODES DE LA PURIFICATION ETHNIQUE

A. CRÉATION D'UN TERRITOIRE "ETHNIQUEMENT PUR"

La conquête des territoires

Dès la proclamation de la "République du peuple serbe de Bosnie-Herzégovine" le 9 janvier 1992, un territoire est défini. Il comprend les régions et districts autonomes mis en place par le SDS, les "autres ensembles ethniques serbes" et "les régions dans lesquelles la population serbe est restée minoritaire en raison du génocide dont elle a été l'objet lors de la deuxième guerre mondiale[25]". L'existence d'une nation serbe homogène et atemporelle est l'élément central même lorsque les Serbes sont minoritaires : certains territoires sont serbes parce que les Serbes auraient dû y être majoritaires ! (ce qui laisse présager qu'ils le deviendront). Cette définition couvre environ les deux-tiers du territoire de la Bosnie-Herzégovine et correspond à peu près à la zone de plus grande extension de la Republika Srpska pendant la guerre. Il semble que la constitution de ces "territoires serbes" ait été l'objectif principal, puisque Slobodan Milosevic pouvait déclarer en mai 1993 devant le Parlement des Serbes de Bosnie :

"La plupart des territoires de l'ex-Bosnie-Herzégovine appartiennent désormais à des provinces serbes. Ceci constitue une raison suffisante pour arrêter la guerre. (...) La Serbie a prêté une grande, grande assistance aux Serbes de Bosnie. Grâce à cette assistance, ils ont atteint la plupart des objectifs qu'ils s'étaient fixés[26]."

Le témoin-expert dans le procès Tadic, James Gow, a analysé la constitution des territoires serbes autonomes, analyse confirmée par les témoignages. Le processus commence par une montée en puissance de la propagande serbe visant à exacerber les tensions. Dans le même temps, la JNA procède à des distributions d'armes exclusivement dans les villages et les quartiers serbes, distributions auxquelles le témoin Elvir Pasic a assisté dans la région de Rogatica (Est de la Bosnie).

Les Serbes s'assurent également du contrôle des médias locaux avec l'appui de la JNA – ce dont a été témoin Muharem Nesirevic pour la région de Prijedor – grâce notamment à la prise des émetteurs, les habitants ne pouvant plus capter que la télévision de Belgrade ou de Pale. Des troupes rassemblant les éléments de la JNA repliés de Croatie et des milices locales sont regroupées aux abords des villes. Les opérations commencent par des bombardements qui se concentrent exclusivement sur les quartiers non-serbes, puis les troupes occupent les lieux et assurent la prise de pouvoir par le SDS. Pour la région de Prijedor, le témoin-expert Anne-Sophie Greve a présenté les mêmes éléments en s'appuyant sur les témoignages de réfugiés, recueillis par les autorités de nombreux pays d'accueil, ainsi que sur ceux des membres ONG. présentes sur place et de membres des forces des Nations Unies[27]. Les témoignages de Salko Karabasic, Uzier Besic et Saud Hrnic pour la ville de Kozarac et ceux de Mevlodin Semenovic et Mihad Haskic pour Prijedor vont dans le même sens[28]. Dans les zones moins urbaines, il semble que les groupes paramilitaires aient été particulièrement actifs, intervenant en général après le passage de la JNA pour "nettoyer" les territoires conquis en procédant à des massacres.

Les expulsions, les déportations et les camps

Dans les zones conquises, les autorités serbes ont procédé à l'expulsion systématique des non-Serbes. Les médias diffusaient des messages d'intimidation et des femmes, vieillards et enfants ont été enlevés pour être utilisés dans des échanges de prisonniers. La purification a pris des formes particulièrement violentes dans des villes comme Prijedor, Foca, Vlasenica, Brcko, Bosanski Samac où les non-serbes étaient majoritaires[29].

A Prijedor, la phase principale de la purification ethnique a commencé le 30 mai 1992, soit un mois après la prise de la ville. Dans l'intervalle, un régime de terreur s'était abattu sur les non-Serbes : perte de leurs emplois, interdiction de circuler, disparitions. Les disparus étaient en fait les notables non-Serbes locaux qui étaient envoyés dans des camps où ils subissaient des interrogatoires très durs et des sévices permanents[30]. De nouveaux bombardements ont eu lieu le 31 mai et ordre a été donné par haut-parleurs à tous les non-Serbes de se regrouper en certains points de la ville. L'armée sillonnait les rues pour déloger ou tuer ceux qui n'obéissaient pas et détruire un grand nombre de maisons. Les hommes étaient ensuite séparés des femmes et transférés dans les camps en bus, soit directement à Omarska, soit après une ou deux semaines à Keraterm.

A Kozarac, localité voisine où habitait Dusko Tadic, l'attaque a été lancée le 24 mai et les non-Serbes ont été regroupés aux environs du 27 mai, le temps de rassembler tous ceux qui s'étaient réfugiés dans les villages alentour. Des colonnes ont été formées sous le commandement des miliciens pour emmener la population dans les camps. Lorsque la colonne où se trouvait le témoin Salko Karabazic a traversé Kozarac, il a pu voir l'accusé Dusko Tadic, en uniforme et armé, donner des ordres. Tadic aurait également désigné certaines personnes, dont le frère et le fils du témoin, qu'il a fait sortir de la colonne. La colonne a ensuite continué son trajet et les personnes désignées sont restées au milieu des miliciens ; elles n'ont plus jamais reparu.

Selon le témoin-expert Anne-Sophie Greve, dans la région de Prijedor, 53000 non-Serbes dont 43000 musulmans ont été "purifiés", c'est-à-dire tués ou déplacés, entre 1991 et 1993 (estimations statistiques). Les autorités serbes elles-mêmes, dans les journaux locaux, parlent de 20000 personnes déplacées : on peut se demander ce qu'il est advenu des 33000 autres. Seuls sont restés environ 6000 Musulmans et 3000 Croates qui vivent dans des conditions très dures (un rapport du CICR relève notamment l'assassinat de 9 civils musulmans en mars 1994).

Un réseau de camps a rapidement été mis en place dans l'ensemble des territoires de Bosnie contrôlés par les forces serbes, qui ont servi à l'internement de civils : Omarska, Keraterm, Trnopolje, Luka, Manjca, Susica, KP Dom, Foca, Livade, Batkovic, etc. Les camps étaient placés sous le contrôle de civils, de policiers serbes ou même de militaires. Ainsi, certains pouvaient porter des insignes de la JNA, comme le commandant du camp de Batkovic selon le témoin Elvir Pasic.

Par ailleurs, l'armée officielle était tenue au courant. Le colonel Kranjc a ainsi témoigné avoir reçu plusieurs rapports sur différentes exactions commises à Omarska et sur la purification ethnique. Il a également pu observer des convois de non-Serbes déplacés venant de Prijedor (10-15 août 1992), convois à propos desquels des collègues lui ont rapporté que des meurtres avaient été commis entre le 15 et le 20 août 1992. Ainsi, un des cars aurait été jeté dans un ravin avec tous ses passagers. Il a décidé de démissionner à ce moment-là.

Le fonctionnement du camp d'Omarska a été étudié en détails dans l'affaire Tadic, en faisant notamment appel à une maquette qui se trouve dans la salle d'audience. Le camp se compose d'un vaste hangar avec de nombreuses salles au rez-de-chaussée et à l'étage où les détenus étaient entassés (plusieurs centaines dans une pièce) et où avaient lieu des interrogatoires très durs.

En face du hangar se trouve un bâtiment administratif, où avaient également lieu des interrogatoires, avec un restaurant (la nourriture était très insuffisante et très mauvaise, plusieurs témoins ont perdu jusqu'à 30 kilos pendant leur séjour). Les interrogatoires ressassaient des questions relatives aux fonctions politiques réelles ou supposées des prisonniers, leur rôle dans la défense territoriale, l'existence d'un complot contre les Serbes. Dans la journée, les détenus étaient parqués dans l'espace entre les deux bâtiments dénommé "la pista", assis ou couchés.

À l'écart, plus loin, se trouvait la "maison blanche", très petit bâtiment par rapport au hangar, apparemment réservé au bout de quelques temps aux nouveaux arrivants qui y restaient entassés pendant quelques jours ou une ou deux semaines. Dans ce bâtiment les sévices étaient constants, avec des passages à tabac, surtout la nuit. Une des salles semblait réservée à cet usage.

Depuis le couloir, le matin, les détenus pouvaient voir les traces de sang sur le sol et les murs ainsi que des cadavres, qui étaient ensuite sortis à l'extérieur de la "maison blanche" et pouvaient rester plusieurs jours sur la pelouse. Le témoin Uzier Besic, avec d'autres prisonniers, est resté plus longtemps dans le camp après sa fermeture provisoire aux environs des 4-6 août 1992. Sa tâche consistait à effacer les traces des cadavres, les traces de sang, de balles (en grande partie dans la "maison blanche"), avant l'arrivée de la Croix-Rouge internationale et des journalistes.

Les témoins précisent les salles où ils dormaient et l'endroit de la pista où ils se trouvaient dans la journée, spécialement lorsqu'ils aperçoivent Dusko Tadic, qui est accusé d'avoir commis plusieurs meurtres et des sévices contre les prisonniers[31]. Les témoins évoquent les "incidents" survenus : lorsque certains détenus sont emmenés pour interrogatoire, les cris entendus depuis les salles-dortoirs, ceux qui ne reviennent pas, l'état de ceux qui reviennent, les passages à tabac des détenus lorsqu'ils souhaitent se rendre aux toilettes... Quelques femmes étaient également détenues à Omarska. Elles étaient en plus grand nombre dans d'autres camps comme Trnopolje, avec également des enfants et des vieillards[32].

Détenus pendant des semaines, des mois ou des années, de nombreux civils ont ensuite été exécutés, notamment dans les camps de KP DOM et de Luka. À Omarska, un grand nombre de détenus aurait été brûlé vif lors de la fête religieuse serbe de la Petrovda en juillet 1993. D'autres ont été transférés dans des zones non-serbes après de multiples mauvais traitements[33].

La chute des enclaves

La chute de Srebrenica constitue sans doute l'épisode le plus sanglant de la guerre. Il s'agissait pour les Serbes de "compléter" leurs territoires ethniquement homogènes en supprimant les poches musulmanes. Ainsi, dans un entretien accordé au journal espagnol El Pais et publié le 16 juillet 1995, Radovan Karadzic déclarait :

"Les enclaves musulmanes ne sont pas viables et doivent disparaître. Autrement nous les ferons disparaître par la force. (...) Les Musulmans et la communauté internationale doivent accepter le fait que ce pays est totalement serbe[34]."

Les forces serbes sont entrées dans l'enclave le 11 juillet 1995. L'essentiel de la population de 40 000 personnes s'est rassemblé aux alentours de la base de la FORPRONU à Potocari. Une colonne d'environ 15 000 personnes, essentiellement des hommes désarmés, s'est alors formée pour tenter de rejoindre à travers les bois les territoires contrôlés par les forces bosniaques. Les troupes serbes ont procédé à des tirs d'obus sur ces civils, à des attaques isolées à l'arme blanche, et ont réussi à piéger de nombreux groupes en leur promettant la vie sauve s'ils se rendaient. Ces groupes ont été rassemblés en plusieurs points et exécutés.

La Chambre a pu s'appuyer sur des photographies présentées par l'enquêteur du Tribunal Jean-René Ruez et sur deux témoignages : celui d'un rescapé d'une des exécutions massives, le "témoin A"[35], et celui d'un des soldats ayant procédé à ces exécutions, Drazen Erdemovic, détenu à La Haye[36]. L'autre partie de la population était restée à Potocari.

De très nombreuses exécutions sommaires ont eu lieu parmi ceux qui n'avaient pu rentrer à l'intérieur du camp de l'ONU. À l'intérieur du camp, les troupes serbes ont procédé à la séparation des hommes et des femmes et vieillards. Les seconds ont été transférés en bus vers les territoires contrôlés par les Bosniaques ; les hommes ont été conduits vers des lieux d'exécution. La panique provoquée parmi les réfugiés par les exécutions autour de Potocari et les scènes particulièrement horribles dans les bois a conduit certaines personnes à se suicider[37].

Le général Mladic dirigeait personnellement l'ensemble des opérations et a été identifié sur certains lieux d'exécutions massives. À son entrée dans la ville, il déclarait à la presse :

"Et voilà : Srebrenica est serbe en ce 11 juillet 1995. À la veille d'une autre grande fête serbe, nous offrons cette ville au peuple serbe. Enfin, après la rébellion contre les Dahijas, le moment est venu de nous venger des Turcs dans cette région[38]."

La révolte des Dahijas a entraîné un massacre parmi la noblesse serbe et déclenché la première révolution serbe contre l'empire ottoman en 1804 ! À nouveau l'idée d'un peuple serbe homogène et persécuté à travers l'histoire est utilisée comme justification des massacres à venir, les Musulmans étant ici identifiés aux Turcs ottomans alors qu'il s'agit de slaves islamisés.

B. PRÉSERVATION DE LA "PURETÉ ETHNIQUE"

La création d'un territoire ethniquement pur étant bien avancée, d'autres méthodes, détachées de tout objectif militaire, ont été mises en œuvre pour en assurer la pérennité.

Les viols

Le viol a été pratiqué dans les camps à l'encontre de très nombreuses femmes et jeunes filles dans le cadre des sévices infligés aux prisonniers[39]. Des détenus hommes ont également subis des sévices sexuels et des mutilations. Selon Irma Oosterman, enquêtrice du Tribunal spécialisée dans les viols, des "centres spécialisés" dans le viol des femmes ont même été mis en place[40]. Le viol a également été utilisé par l'armée et les groupes paramilitaires lors de la conquête de villages, avec des viols publics destinés à terroriser la population et traumatiser les victimes pour leur faire quitter les lieux. Il s'agissait en même temps de leur interdire tout retour dans des régions désormais psychologiquement associées pour elles à la honte et au traumatisme.

L'ampleur et la systématicité de ces viols permet de penser qu'ils ont été commis au moins avec l'assentiment et souvent sur les ordres des supérieurs hiérarchiques. On dispose aussi de témoignages qui le suggèrent à propos de soldats tentant de refuser ces méthodes : des femmes racontent avoir été emmenées à l'écart par des soldats leur faisant promettre de raconter ensuite qu'ils les avaient violées. Par ailleurs, dans certains cas, l'objectif des viols était la transmission d'une identité serbe aux enfants ainsi conçus, le père étant selon la propagande extrémiste serbe porteur de l'identité ethnique. Des femmes ont ensuite été détenues jusqu'à ce qu'il soit trop tard pour avorter[41].

L'ensemble des viols de femmes Musulmanes a ainsi constitué, selon la Chambre du Tribunal saisie dans l'affaire Karadzic-Mladic, "un moyen de désorganisation du groupe à travers l'humiliation et la terreur"[42].

Le siège de Sarajevo

Le siège de Sarajevo a commencé le 5 avril 1992 ; l'étau s'est desserré à partir du 31 mai 1995, mais les tirs se sont poursuivis jusqu'à la signature de l'accord de Dayton. Pendant toute cette période, les forces serbes de Bosnie ont pilonné de nombreux rassemblements de civils, dans les stades ou sur les marchés. M. van Hecke, enquêteur au Bureau du procureur, a présenté les éléments de preuve concernant ces bombardements, avec le nombre de victimes pour chacun, le type d'armes utilisé ainsi que les méthodes pour repérer l'origine des tirs.

Le siège de Sarajevo est également évoqué "de l'intérieur" par M. Kupusovic, membre du conseil municipal puis maire de Sarajevo entre février 1994 et mars 1996. Il évoque l'installation par la JNA dès le début de 1992 de canons et d'armes sur les monts autour de la ville, soi-disant pour mener des exercices militaires. La JNA occupe également l'aéroport de Sarajevo dès mars 1992. Après le référendum sur l'indépendance de la Bosnie, le SDS fait ériger des barricades dans la ville pour la diviser. Le pilonnage a commencé dès avril 1992, avec d'abord seulement quelques incidents imputés alors à des extrémistes, puis est devenu vraiment violent à partir du 2 mai.

Les autorités de la ville et la population pensaient que cela ne durerait pas, ou seulement un ou deux mois comme à Dubrovnik, au pire jusqu'à l'automne, car Sarajevo ne représentait pas un objectif militaire. Par la suite, il y a eu des pilonnages constants, en représailles à toute action victorieuse des forces bosniaques où que ce soit en Bosnie. Le but semble avoir été de prendre la ville en otage et de la démoraliser. De plus, des tireurs embusqués dans les immeubles de la partie contrôlée par les forces serbes bosniaques ou sur les collines tiraient isolément sur des civils circulant dans les artères de la ville. Les premiers tirs de ce type auraient eu lieu le 6 avril 1992 depuis l'hôtel Holiday Inn, siège du SDS[43]. Au total, il y aurait eu 12000 morts, dont 1600 enfants.

Le maire rappelle qu'avant la guerre, à Sarajevo, 30% des mariages étaient mixtes et que durant le siège 40 000 à 50 000 citoyens serbes de Sarajevo sont restés. Sur les 80 000 Serbes ayant quitté la ville, seule une moitié s'est ralliée à Karadzic, l'autre se trouvant dans des camps de réfugiés. D'ailleurs, les Bosno-Serbes assiégeant la ville sont appelés "Serbes de Karadzic" pour les distinguer – politiquement – des autres. Il évoque également la situation désespérée de la ville durant les hivers successifs, l'hiver 1993 ayant été le plus dur psychologiquement.

La prise en otage de toute une population a été facilitée par la topographie, les forces serbes dominant la ville depuis les collines. On peut ainsi voir, dans un document-vidéo, Radovan Karadzic présenter en toute impunité à un visiteur les positions serbes et expliquer sa vision de la ville alors que ses troupes procèdent à des tirs. Des pilonnages de rassemblements de civils ont également eu lieu dans d'autres villes de Bosnie déclarées "zones de sécurité" par l'ONU : Srebrenica, Zepa, Goradze, Bihac et Tuzla. Ainsi, M. van Hecke a évoqué le pilonnage du 25 mai 1995 à Tuzla (soixante-douze tués, cent blessés), en représailles contre les interventions aériennes de l'OTAN. Il s'agissait, comme dans le cas de Sarajevo, de "tuer, terroriser et démoraliser la population civile"[44].

La prise en otage des "soldats de la paix"

284 membres des forces de maintien de la paix de l'ONU ont été pris en otage du 26 mai au 2 juin 1995 par les forces serbes de Bosnie. Il s'agissait de réagir aux interventions de l'OTAN contre

leurs positions et d'empêcher toute nouvelle action. Dans ce but, des observateurs disposés dans la région de Pale ont servi de boucliers humains en étant attachés à des cibles potentielles, par exemple des dépôts de munitions. L'un des otages, le capitaine Rechner, était en poste à Pale comme officier de liaison entre la FORPRONU et les autorités bosno-serbes. Il a été en contact au début de la crise avec le cabinet de Radovan Karadzic et a estimé que la prise d'otages y avait été décidée. Par ailleurs, le professeur Koljevic, alors vice-président de la Republika Srpska, et d'autres hauts responsables serbes sont venus inspecter les lieux où étaient détenus les otages[45].

Le "mémoricide"

Enfin, des destructions systématiques ont eu lieu de manière à rayer des territoires conquis tous les symboles d'une présence non-serbe. Ce phénomène a pu être qualifié, notamment par le Professeur Paul Garde, de "mémoricide" et constitue l'achèvement de la purification ethnique.

Cela concerne tout d'abord les zones résidentielles non-serbes qui ont fait l'objet des bombardements lors des prises des villes. Les personnes "purifiées" ont ainsi perdu leurs maisons et ont souvent été contraintes de signer des documents où elles renoncent "volontairement" à tous leurs biens avant de partir. Surtout, un acharnement systématique a eu lieu à l'encontre des édifices culturels.

Le Dr. Kaiser, expert de l'UNESCO, a ainsi dénombré 1123 mosquées, 504 églises catholiques et cinq synagogues détruites ou endommagées indépendamment de toute opération militaire. Dans une ville comme Banja Luka, des mosquées très anciennes et de très grande importance ont été entièrement rasées pour laisser la place à des terrains vagues. Les destructions ont également concerné des édifices publics civils, symboles d'une coexistence passée entre tous les groupes nationaux ou lieux de culture – comme la bibliothèque de Sarajevo. Certains édifices purement laïcs ont ainsi été "ethnicisés", c'est-à-dire rattachés à la présence d'un groupe ethnique et détruits pour cette raison[46].

Ces destructions tentent ainsi d'effacer l'existence passée du groupe ethnique et d'interdire tout retour en supprimant les lieux de mémoire et d'attachement affectif.

Les faits relatifs à la purification ethnique, tels que traités par le TPI, révèlent une cohérence extrême, aussi bien dans la préparation que dans l'exécution. De nombreuses dépositions et documents permettent de les associer à un dessein unique, la création d'une "nouvelle Yougoslavie" qui correspond assez bien à l'idée de "grande Serbie" remise au goût du jour par les politiciens et les intellectuels serbes.

De ce point de vue au moins, le rôle de Slobodan Milosevic est flagrant. De plus, de très nombreux éléments concordants permettent de soutenir la thèse d'une implication constante de Belgrade dans la politique menée par les Serbes de Bosnie-Herzégovine. Mais c'est surtout le rôle central du SDS, le parti nationaliste serbe de Bosnie, appuyé par la JNA, l'armée fédérale yougoslave, qui a été mis en évidence tout au long des audiences publiques consacrées aux affaires Tadic et Karadzic–Mladic. Les membres dirigeants de ce parti ont ainsi affiché une très nette volonté de division de la Bosnie, sur une base nationale-ethnique et par la violence.

Ceci a conduit à la perpétration de crimes abominables sur une très vaste échelle et à l'expulsion de populations entières des territoires conquis, et ce sous la direction d'une équipe soudée et en fait bien plus large que les seuls Radovan Karadzic et Ratko Mladic – même s'ils en sont les leaders.

L'analyse de la purification ethnique comme un ensemble de moyens criminels au service d'une politique ethno-nationaliste elle-même criminelle explique que la plupart des accusés devant le TPI soient jusqu'à présent serbes. En effet, il semble que la planification d'une division violente de la Bosnie-Herzégovine soit due principalement au parti nationaliste serbe et s'inscrive dans le projet grand-serbe qui a été le déclencheur de la crise.

Cela ne signifie pas que seuls des Serbes aient commis des crimes, mais cela permet de comprendre pourquoi une très large majorité d'entre eux leur sont imputables, ainsi que toutes les dépositions d'experts l'ont confirmé. D'autres affaires en cours devant le Tribunal permettront de voir si les faits reprochés à des individus relevant d'autres nationalités peuvent également être analysés dans le cadre d'un projet criminel et sont comparables par l'ampleur et la systématicité. Ce sont, sur ce point, les qualifications juridiques données aux faits qui permettront de trancher, certaines étant davantage révélatrices d'un projet global, d'autres répondant peut-être mieux à la commission d'actes isolés. Le degré de responsabilité des individus accusés dans la hiérarchie politique et militaire en sera également un bon révélateur. Ces deux aspects seront abordés dans les chapitres II et III.

Chapitre 2

LE TEMPS DES QUALIFICATIONS : DE LA NÉCESSITÉ DE JUGER LES CRIMES CONTRE L'HUMANITÉ

ANNE d'HAUTEVILLE
Professeur à l'Université d'Avignon et des Pays du Vaucluse

Question d'actualité et question récurrente car il s'agit de la survie de l'humanité : faut-il juger tous les crimes contre l'humanité ?

Après les horreurs de la seconde guerre mondiale, on a pu croire que, en Europe du moins, les hommes ne seraient plus capables de commettre de tels crimes. Et pourtant, les exactions commises en ex-Yougoslavie l'ont été à nos portes, dans un pays voisin.

Le Rwanda en Afrique centrale est certes plus loin de nous, mais les images nous sont parvenues "en temps réel" : 500 000 à un million de personnes ont été massacrées en 1994. Cette région des grands lacs continue aujourd'hui d'être le théâtre d'atteintes massives aux droits de l'homme. Des organisations humanitaires dénoncent la disparition, voire le massacre de milliers de réfugiés rwandais dans l'ex-Zaïre redevenu le Congo lors de la guerre qui entraîna la chute de Mobotu et l'arrivée au pouvoir de Kabila. Ces organisations sont aujourd'hui expulsées, l'impunité s'installe. Or, ces génocides s'inscrivent dans le cycle des vengeances d'actes restés impunis. En effet, l'impunité des crimes passés autorise tacitement leur reproduction. Aussi, le jugement est-il la première condition d'un espoir de paix.

Juger, c'est pouvoir nommer l'interdit.

Juger, c'est pouvoir poursuivre le coupable.

Juger, c'est pouvoir condamner le coupable.

I. NOMMER L'INTERDIT

Le crime contre l'humanité doit être défini par le Droit afin que, dans un lieu de justice qui reconnaît le droit à la parole, les victimes puissent nommer l'innommable, identifier leurs pertes irréparables, être reconnues dans leurs souffrances extrêmes et que les auteurs puissent entendre l'affirmation de leur culpabilité.

Le crime contre l'humanité est-il un crime contre la vie ? Bien sûr et il est même un assassinat puisqu'il y a préméditation.

Mais il est plus qu'un crime contre la vie. Le droit à la vie n'est pas affirmé comme un droit absolu. Il connaît des dérogations possibles en temps de paix comme en temps de guerre. Or, la valeur que désigne l'incrimination du crime contre l'humanité a droit à une protection absolue car ce crime représente l'interdit absolu.

Pourquoi ?

Le nombre de victimes ne suffit pas à marquer le passage entre le crime de droit commun et le crime contre l'humanité. Il peut y avoir crime contre l'humanité sans mort de victimes : l'esclavage, les actes dégradants, les atteintes à la dignité en sont autant d'exemples.

Dans le crime contre l'humanité, il y a plus que l'atteinte à la vie car ce crime a pour objectif et pour effet de réduire, d'abaisser l'homme à l'état de sous-homme, de nier l'homme dans l'homme, de nier l'humanité de l'homme. La cible de ce crime n'est pas l'individu, personne identifiée mais l'homme en tant que "membre de la famille humaine" selon la formule du Préambule de la Déclaration universelle des droits de l'homme de 1948, en raison de son appartenance à un groupe déterminé.

La première définition juridique du crime contre l'humanité a été donnée par l'article 6c de l'accord de Londres du 8 août 1945 instituant le tribunal militaire international de Nuremberg :
"L'assassinat, l'extermination, la réduction en esclavage, la déportation ou tout autre acte inhumain commis contre toutes populations civiles avant ou pendant la guerre, ou bien les persécutions pour des motifs politiques et religieux lorsque ces actes ou persécutions, qu'ils aient constitué ou non une violation du droit interne du pays où ils ont été perpétrés, ont été commis à la suite de tout crime rentrant dans la compétence du tribunal ou en liaison avec ce crime".

Par ce texte, le crime a acquis une reconnaissance juridique de droit international même en l'absence d'incrimination particulière en droit interne. Mais cette définition de l'accord de Londres est restée liée aux événements de la deuxième guerre mondiale, et a été appliquée par un tribunal institué par les vainqueurs de la guerre.

Certes, la Convention pour la prévention et la répression du crime de génocide adoptée par l'Assemblée générale des Nations Unies le 9 décembre 1948, a donné au droit de Nuremberg une portée universelle en déclarant que "le génocide est un crime du droit des gens, en contradiction avec l'esprit et la fin des Nations Unies, un crime que le monde civilisé condamne".

Et dès 1947, l'Assemblée générale de l'ONU a créé une Commission de droit international pour élaborer un code pénal international et a souhaité la création d'une justice internationale permanente. Mais on le sait, ces projets n'ont pas abouti si ce n'est, aujourd'hui, à la mise en place d'un tribunal pénal international ad hoc pour l'ex-Yougoslavie et pour le Rwanda.

Les statuts de ce tribunal créé pour l'ex-Yougoslavie par la résolution 827 du 25 mai 1993 du Conseil de sécurité de l'ONU visent les infractions graves aux Conventions de Genève de 1949, les violations des lois ou coutumes de la guerre, le génocide et les crimes contre l'humanité "lorsqu'ils ont été commis au cours d'un conflit armé, de caractère international ou interne".

Cette précision n'a pas été reprise par la résolution 955 du 8 novembre 1994 créant l'extension de ce tribunal pour le Rwanda car le conflit rwandais est resté un conflit armé interne. Seules sont visées les "violations graves" prévues par l'article 3 des Conventions de Genève ainsi que les violations du protocole additionnel II à ces conventions qui concerne les conflits armés internes. L'ensemble de ces textes fait référence à un droit international humanitaire qui fait l'objet, par ces crimes, "de violations flagrantes, généralisées et systématiques".

Pour le droit français, jusqu'au 1er mars 1994 (date d'entrée en vigueur du nouveau code pénal), la définition du crime contre l'humanité a du être recherchée dans l'accord de Londres et limitée aux actes commis pendant la deuxième guerre mondiale à l'instigation des États "pratiquant une politique d'hégémonie idéologique" et pour le compte des puissances de l'Axe (Chambre criminelle de la Cour de Cassation, 20 déc. 1985, arrêt Barbie).

Le nouveau code pénal a enfin reconnu l'incrimination des crimes contre l'humanité : un titre premier lui est consacré dans le livre II définissant les crimes et délits contre les personnes. Le législateur a mis à part les crimes contre l'humanité parce qu'ils sont d'une autre nature que les atteintes à la personne humaine décrites dans le titre deuxième, tout en étant réalisés par ces atteintes à la vie, à l'intégrité physique et à l'honneur. Les crimes contre l'humanité sont nommés, définis en tant que tel, sans aucune référence à l'État et à la deuxième guerre mondiale. Il ne faut plus, en effet, associer le crime contre l'humanité à des situations de guerre. Nous les voyons aujourd'hui perpétrés contre une population civile, en temps de paix.

Le code pénal rwandais n'incriminait pas le génocide et le crime contre l'humanité si ce n'est par les qualifications de meurtres et d'assassinats. Or, le gouvernement à majorité tutsi qui a pris le pouvoir après le génocide perpétré en 1994 (par les miliciens extrémistes hutus à l'encontre des Tutsis et des Hutus modérés) a affirmé sa volonté de traduire les responsables devant les tribunaux rwandais.

Une définition du crime contre l'humanité par le droit interne rwandais est devenue alors nécessaire. Après de longues hésitations et discussions, l'Assemblée nationale de transition a voté la loi organique du 30 août 1996 sur l'organisation des poursuites des infractions constitutives du crime de génocide ou de crimes contre l'humanité et lui a donné un effet rétroactif à compter du 1er octobre 1990.

Cette loi affirme en préambule :

"Considérant le génocide et les crimes contre l'humanité commis au Rwanda à partir du 1er octobre 1990 ;

"Considérant la nécessité d'adopter les dispositions permettant d'assurer les poursuites et les jugements des auteurs, coauteurs et des complices de ces crimes ;

"Considérant que les actes commis sont à la fois constitutifs d'infractions prévues et réprimées par le code pénal, et de crimes de génocides ou de crimes contre l'humanité ,

"Considérant que le crime de génocide et les crimes contre l'humanité sont prévus notamment par la Convention du 9 décembre 1948 pour la prévention et la répression du crime de génocide, par la Convention de Genève du 12 août 1949 relative à la protection des personnes civiles en temps de guerre et les protocoles additionnels, ainsi que par la Convention du 26 novembre 1968 sur l'imprescriptibilité des crimes de guerre et des crimes contre l'humanité ;

"Considérant que le Rwanda a ratifié ces trois conventions et les a fait publier au Journal Officiel, sans toutefois prévoir de sanctions pour ces crimes ;

"Considérant que, par conséquent, les poursuites doivent être fondées sur le code pénal ;

"Vu qu'il est essentiel, pour parvenir à la réconciliation et à la justice au Rwanda, d'éradiquer à jamais la culture de l'impunité."

Le législateur rwandais a prévu des "catégorisations" des actes commis en quatre groupes, selon la gravité des actes et une réduction des peines encourues pour ceux qui ont avoué leur culpabilité et présenté des excuses avant la communication du dossier répressif au président de la juridiction. Mais ces dispositions de clémence ne sont pas applicables aux personnes qui relèvent de la catégorie 1, c'est-à-dire :

"La personne que les actes criminels ou de participation criminelle rangent parmi les planificateurs, les organisateurs, les incitateurs, les superviseurs et les encadreurs du crime de génocide ou des crimes contre l'humanité ;

"La personne qui a agi en position d'autorité au niveau national, préfectoral, communal, du secteur ou de la cellule, au sein des partis politiques, de l'armée, des confessions religieuses ou des milices, qui a commis ces infractions ou encouragé les autres à le faire ;

"Le meurtrier de grand renom, qui s'est distingué dans le milieu où il résidait ou partout où il est passé, à cause du zèle qui l'a caractérisé dans les tueries, ou de la méchanceté excessive avec laquelle elles ont été exécutées ;

"La personne qui a commis les actes de tortures sexuelles."

Ces personnes encourent la peine de mort. La loi rwandaise affirme l'imprescriptibilité de l'action publique et des peines relatives aux infractions constitutives de génocides ou de crimes contre l'humanité.

II. POURSUIVRE LE COUPABLE DEVANT UN TRIBUNAL IMPARTIAL

À l'incrimination s'attache l'action publique de répression. Il faut que cette action puisse être exercée sans limite de temps et sans limite d'espace, dans le cadre d'un procès équitable.

Sans limite de temps :
l'action publique doit être imprescriptible

Le temps écoulé ne doit pas effacer l'indescriptible, l'effroyable, l'inexplicable. Le temps ne doit jamais effacer ces crimes. L'imprescriptibilité de ces crimes a été affirmée par la loi française du 26 décembre 1964 qui a été déclarée par la jurisprudence interprétative des règles internationales préexistantes (déclaration de Moscou du 30 octobre 1943 et accord de Londres du 8 août 1945) et donc applicable aux faits perpétrés antérieurement. C'est ainsi qu'ont pu être jugés Barbie et Touvier et que, plus de cinquante ans après les faits, Maurice Papon peut comparaître devant la Cour d'Assises de la Gironde. Le nouveau code pénal affirme l'imprescriptibilité des crimes contre l'humanité (article 213-5 Code pénal) mais il ne peut rétroagir car il constitue sur ce point une loi plus sévère.

Cette imprescriptibilité est essentielle car l'attaque de la mémoire est justement l'instrument utilisé par les auteurs de crimes contre l'humanité et conduit au révisionnisme et au négationnisme. En même temps que les victimes directes, les "génocideurs" (comme on les appelle au Rwanda), tentent de supprimer les témoins, d'effacer les traces, d'étendre le secret.

En France, pendant un demi-siècle, sur le plan collectif du moins, les paroles des victimes ont été perdues. Un voile de silence s'est abattu : ne rien savoir, ne rien dire. Et que dire du génocide arménien toujours nié par les Turcs. Or l'histoire montre que les crimes contre l'humanité laissent des traces dans la civilisation sur plusieurs, voire sur des dizaines de générations aussi bien du côté des victimes que du côté des auteurs. Cette dimension transgénérationnelle apparaît comme une constante de cette atteinte à l'homme.

Sans limite d'espace :
les coupables doivent pouvoir être arrêtés dans tous les pays

Le crime contre l'humanité doit être dénoncé d'abord dans le pays dans lequel il a été perpétré afin d'arrêter le cycle infernal de reproduction engendré par l'impunité. Les Rwandais doivent juger les "génocideurs" de 1994. Combien sont-ils parmi les 70 000 personnes enfermées depuis dans les prisons rwandaises ? De tels jugements sont-ils possibles à organiser ? Les chiffres ne permettent pas d'y croire vraiment. La volonté des gouvernements des États d'Europe comme des États d'Afrique est-elle bien certaine ? On peut en douter.

Or les victimes ne peuvent envisager une réconciliation nationale sans que des procès au moins pour les "planificateurs, organisateurs, incitateurs, superviseurs et encadreurs "des crimes (article 14 du projet de loi sur le génocide) n'aient eu lieu.

En ex-Yougoslavie, le problème est d'un autre ordre : la fédération a éclaté entre plusieurs pays qui ne veulent ni reconnaître leurs responsabilités, ni poursuivre les responsables. Le problème est donc politique et dépend pour une grande part de l'application des accords de paix (Dayton) et de la volonté de la communauté internationale.

Si les coupables ne peuvent être jugés dans leur pays, il faut alors pouvoir les traduire devant une instance internationale. La communauté internationale a institué le tribunal pénal international dit ad hoc, pour l'ex-Yougoslavie en 1993 et pour le Rwanda en 1994. Le tribunal est situé à La Haye : c'est là que sont et seront jugés les "présumés coupables" des crimes commis en ex-Yougoslavie. Pour le Rwanda, les jugements auront lieu à Arusha en Tanzanie. Au Rwanda, les victimes et leurs associations ne collaborent pas avec le TPIR, préférant voir juger leurs bourreaux, souvent leurs voisins, par les tribunaux internes.

La coopération internationale est tout à fait insuffisante. Les États tardent à légiférer afin que les coupables puissent être arrêtés sur leur territoire et refusent souvent les extraditions demandées par le tribunal pénal international. Ce n'est que deux ans après la création du TPI que la France a adapté sa législation afin de pouvoir arrêter les criminels réfugiés sur son territoire (loi du 2 janvier 1995 pour l'ex-Yougoslavie et loi du 2 janvier 1995 pour le Rwanda).

Malgré ces textes instituant un système de compétence universelle autorisant l'arrestation des criminels et leur transfert au tribunal pénal international, le nombre des poursuites mises en œuvre en France est très limité. Les autres pays européens, Allemagne ou Suisse notamment, n'ont guère fait mieux.

La justice internationale de La Haye et d'Arusha se plaint du manque de collaboration effective de ces États. Le TPI devrait pouvoir interroger à titre de témoins les fonctionnaires concernés de ces pays et avoir accès aux documents qui se trouvent sur leur territoire national. Or les enquêteurs internationaux rencontrent de grandes difficultés pour recueillir les témoignages et rassembler les preuves. La République serbe refuse d'arrêter les accusés et de les transférer à La Haye et l'ex-Zaïre a protégé les miliciens du régime du défunt président rwandais Habyarimana pour ne citer que les exemples les plus criants.

Un procès équitable : les "génocideurs" ont le droit d'être défendus, d'être entendus par un tribunal impartial

Une telle affirmation (article 6-1 de la Convention européenne de sauvegarde des droits de l'homme et article 7 de la charte africaine des droits de l'homme et des peuples) paraît évidente pour tout auteur d'infractions pénales (ordinaires...).

Mais pour les auteurs de crimes contre l'humanité perpétrés en ex-Yougoslavie ou au Rwanda, ces exigences de justice ne sont pas faciles à mettre en œuvre. Après un génocide organisé par un État, les juges fonctionnaires de ce même État sont-ils indépendants et impartiaux ?

Après la disparition de la presque totalité des magistrats rwandais dans les massacres, il faut reconstruire "une" magistrature et la formation de nouveaux magistrats exige du temps et des formateurs. Malgré ces immenses difficultés, la communauté internationale doit encourager la tenue de procès par les juridictions nationales locales et exiger, comme condition de son soutien, toutes les qualités d'un procès équitable.

III. CONDAMNER LES COUPABLES

Condamner à quelle peine ? Condamner à quelle réparation ? Ces deux questions posées à tout tribunal, qu'il soit national ou international, ne peuvent recevoir de réponse satisfaisante. La peine ne sera jamais à la mesure du crime commis et elle ne sera peut-être jamais exécutée. La réparation ne pourra jamais compenser l'irréparable. Elle ne pourra jamais être à la seule charge des coupables. La réparation devra forcément faire appel à la solidarité nationale ou internationale.

Quelle peine ?

À Nuremberg, certains ont été condamnés à la pendaison, d'autres à la réclusion à perpétuité. À Jérusalem, pour le procès Eichmann, la peine de mort avait été rétablie pour ce crime par l'État juif. Le code pénal rwandais prévoit la peine de mort. En France, la peine de mort abolie en 1981 n'a pas été rétablie pour les procès Barbie et Touvier.

Les pays concernés choisissent : la détermination des peines relève de leur seule compétence pour les jugements rendus par leurs tribunaux. Sur le plan international, la communauté internationale a affirmé dès 1986 que la juridiction pénale internationale qu'elle appelait de ses vœux ne pourrait jamais prononcer la peine de mort. Ainsi les statuts des deux tribunaux pénaux internationaux ne prévoient pas cette peine dans l'arsenal de répression.

Les condamnations ne seront donc pas les mêmes, à crime identique, selon que l'auteur sera jugé par le tribunal de son pays, ou par la juridiction internationale. C'est ce qui va se passer si le Rwanda réussit à tenir les procès des "génocideurs". Ainsi, les planificateurs et exécutants (auteurs ou complices) du génocide rwandais auront intérêt à se constituer prisonniers des magistrats du tribunal pénal international pour le Rwanda.

En effet, la peine de mort est applicable à cette catégorie de responsables. Mais la loi rwandaise organise une répression plus douce pour ceux qui ont blessé, torturé ou violé (emprisonnement à perpétuité) et pour ceux qui ont commis des infractions contre les propriétés en relation avec le crime de génocide ou un autre crime contre l'humanité (réparations civiles seulement).

Le législateur rwandais cherche à favoriser les aveux en proposant en outre des réductions de peines supplémentaires à ceux qui plaideront coupables et présenteront des excuses aux victimes.

Au-delà des peines encourues et des peines effectivement prononcées, l'important est d'appliquer aux "génocideurs" la loi pénale, loi internationale et lois locales qui toutes affichent l'interdit et refusent l'impunité. L'essentiel est dans la reconnaissance de la faute, le prononcé de la culpabilité, l'affirmation des responsabilités qui sont les conditions indispensables à la reconstruction des victimes, au rétablissement de la paix sociale et à la réconciliation de la société.

Quelle réparation ?

Réparer ? Quand il y a eu crime contre l'humanité, ce sont des milliers de personnes qui ont été déplacées, torturées, dépossédées, assassinées. Est-il possible de parler de réparation ?

La réparation matérielle doit consister dans la reconnaissance des droits des survivants, à vivre dans leurs lieux d'appartenance, à retrouver un toit et des moyens décents d'existence.

On ne peut imaginer une telle réparation à la charge des responsables (même si les biens des responsables peuvent faire l'objet de confiscations). L'État du pays des victimes doit organiser la réparation (création d'un fonds d'indemnisation ? alimenté comment ?). Mais si le constat de destructions est effarant et laisse perplexe sur les possibilités de reconstruction, le plus grave apparaît dans le refus de l'État de réparer.

La réparation matérielle et morale des victimes est favorisée par leurs constitutions de partie civile, c'est-à-dire par la reconnaissance de la place de "partie" des victimes au procès pénal. Leur présence à l'audience donne au débat judiciaire une dimension humaine, sociale et même historique qui contribue à l'établissement de la vérité au risque certes de renforcer l'accusation.

Ce système de "la partie civile" n'est pas admis par les procédures anglo-saxonnes et par le statut du tribunal pénal international. La victime est entendue alors à titre de témoin sans pouvoir réclamer réparation au criminel. Elle devra porter sa demande devant une instance nationale avec tous les aléas qu'on imagine.

La réparation des victimes ne pourra qu'être symbolique et consister en la reconnaissance par un tribunal des crimes perpétrés dans leur exacte qualification juridique, en la comparution devant le tribunal pénal international des auteurs de ce crime et en l'affirmation de leur culpabilité. Le crime et le coupable doivent être nommés pour que la victime soit reconnue, pour qu'elle recouvre toute sa dignité.

Chapitre 3

TYPOLOGIE DES QUALIFICATIONS

ANNE LAURE GALTIER ET MARIE GUILLEMOT
Doctorantes à l'Université Montpellier I

Sans préjuger de ce que pourrait être la vocation d'une Cour criminelle permanente, et plus généralement encore celle d'un droit pénal international général, il paraît important après presque quatre années de fonctionnement du TPI pour l'ex-Yougoslavie, d'examiner la politique judiciaire du TPI, afin de tenter de déterminer la fonction qu'elle tend à remplir.

À travers le processus de qualification, établi par le statut du TPI et son Règlement de procédure et de preuve mais aussi par la pratique et la jurisprudence du procureur et des Chambres, il semble possible de déterminer la ligne de conduite du TPI et de la justice pénale internationale telle qu'elle est conçue dans le cas yougoslave. La qualification est ainsi un instrument parmi d'autres de la justice internationale, et peut-être en définitive de la politique internationale du Conseil de sécurité.

Le TPI ne rend pas une justice interne meilleure que ne le

feraient les juridictions nationales, il rend une justice internationale. Il défend un ordre social proprement international, au moyen de procédures internationales et tend à sanctionner des crimes internationaux.

Ceux-ci sont parfois présents au sein du droit pénal interne des États (il leur en est d'ailleurs fait parfois obligation de par le principe "Pacta servanda sunt" et la primauté du droit international sur le droit interne), mais ils ont avant tout été déterminés par des conventions internationales et en possèdent matériellement les caractéristiques.

Ce sont ces caractéristiques propres qui justifient l'intervention du Tribunal et transparaissent dans ses qualifications, à la fois des faits et des responsabilités.

PREMIÈRE PARTIE : DES CRIMES À QUALIFIER

Il s'agit pour le Tribunal pénal international de vérifier que les faits incriminés peuvent faire l'objet d'une qualification juridique qui relève de sa compétence. L'article premier du statut du Tribunal énonce la portée générale de sa compétence : "Le Tribunal international est habilité à juger les personnes responsables de violations graves du droit international humanitaire (...)".

I. LA QUALIFICATION DES FAITS INCRIMINES : DU CRIME DE DROIT COMMUN AU CRIME DE DROIT INTERNATIONAL

Le Tribunal international sanctionne ici de véritables infractions internationales, pour cela il retient des chefs d'inculpations spécifiques venant du caractère spécifique des crimes commis.

Cette spécificité justifie le dessaisissement des juridictions internes au profit de la juridiction pénale internationale, puisque c'est aux États qu'il appartient en premier lieu de faire respecter le droit international. Les juridictions nationales sont les juges de droit commun du droit des gens[47]. On passe ainsi d'un crime de droit commun à un crime international.

A. LES CHEFS D'INCULPATION RETENUS PAR LE TRIBUNAL INTERNATIONAL

La qualification juridique des faits s'effectue à différents niveaux dans la procédure devant le Tribunal international. Le procureur du Tribunal effectue une première qualification des faits qui débouche sur la rédaction de l'acte d'accusation qui sera étudié par le juge de la confirmation. Le juge de première instance examine l'acte d'accusation et par là même la qualification juridique établie par le procureur. Cet examen de l'acte d'accusation comprend la description des faits incriminés, l'imputation des faits c'est-à-dire l'étude de la responsabilité pénale encourue par l'accusé, et la qualification des faits incriminés.

L'examen de la qualification juridique des faits par le juge international survient donc dans le cadre plus large de l'examen des actes d'accusation qui précède la décision de la chambre. La cour va vérifier que les faits incriminés relèvent de sa compétence c'est-à-dire qu'ils peuvent faire l'objet d'une qualification juridique de violation grave du droit international humanitaire.

Le Tribunal va juger les personnes présumées responsables de violations graves du droit international humanitaire[48] qui comprend des règles de droit conventionnel et de droit coutumier. Le droit international humanitaire regroupant : les quatre Conventions de Genève du 12 août 1949 pour la protection des victimes de guerre, la IVème Convention de La Haye concernant les lois et coutumes de la guerre, la Convention pour la prévention et la répression du crime de génocide du 9 décembre 1948, le statut du Tribunal militaire international de Nuremberg du 8 août 1945. De l'ensemble de ces instruments découle différentes qualifications : le crime de guerre, le crime contre l'humanité et le génocide.

1. La qualification de crime de guerre

Cette première qualification relève des articles 2 et 3 du statut du Tribunal et comprend les infractions graves aux Conventions de Genève et les violations aux lois et coutumes de la guerre.

L'article 2 du statut énumère les actes considérés comme des infractions graves ou crimes de guerre au terme des Conventions de Genève. Cet article s'applique en situation de conflit armé et habilite le Tribunal international à poursuivre les personnes qui commettent ou donnent l'ordre de commettre des infractions graves aux Conventions de Genève de 1949, c'est-à-dire perpétrés contre des personnes ou biens protégés par ces conventions. Dès lors une infraction grave aux Conventions constitue une infraction grave au droit international humanitaire.

L'article 3 du statut mentionne plusieurs exemples de violations des lois ou coutumes de la guerre. Il s'applique en situation de conflit armé interne ou international et énumère les infractions pour lesquelles le tribunal peut engager des poursuites :

- l'emploi d'armes toxiques ou d'autres armes conçues pour causer des souffrances inutiles ;
- la destruction sans motif des villes et des villages ou la dévastation que ne justifient pas les exigences militaires ;
- l'attaque ou le bombardement, par quelque moyen que ce soit de villes, villages, habitations ou bâtiments non défendus ;
- la saisie, la destruction ou l'endommagement délibéré d'édifices consacrés à la religion, à la bienfaisance et à l'enseignement, aux arts et aux sciences, de monuments historiques, d'œuvres d'art et d'œuvres de caractère scientifique ;
- le pillage de biens publics ou privés.

L'existence d'un conflit armé est une condition nécessaire à l'application des articles 2 et 3 du statut. Un conflit armé se déroule depuis 1991 sur le territoire de l'ex-Yougoslavie. En ce qui concerne le caractère international du conflit armé, il appartient au juge d'analyser au cas par cas les différentes affaires afin de déterminer la nature internationale ou non du conflit lors de la survenance des faits incriminés.

Le droit international humanitaire s'applique à partir du début des conflits armés et continue à s'appliquer, après la fin des hostilités, jusqu'à ce que la paix soit généralement restaurée. Dès lors que la paix n'est pas totalement restaurée au moment de la commission des faits incriminés, le droit des conflits armés continue à s'appliquer. Par conséquent les victimes des faits incriminés doivent être considérées comme des personnes protégées par les Conventions de Genève.

Dans tous les cas il doit s'agir d'une violation à une règle de droit international humanitaire, la règle de droit international humanitaire doit être d'origine coutumière ou conventionnelle, la violation doit être grave c'est-à-dire avoir des conséquences graves pour la victime, la violation doit engager la responsabilité pénale de son auteur. Le juge qui qualifie les faits va vérifier que ceux-ci constituent une violation au titre des articles 2 et 3 du statut.

Dans l'affaire Karadzic et Mladic[49], la cour examine la qualification juridique des faits établie par le procureur dans l'acte d'accusation.

Alors que le procureur avait retenu la qualification de crimes de guerre pour un certain nombre d'actes (détention illégale et crimes commis pendant la détention, appropriation ou pillage de biens, destruction d'édifices du culte, expulsions et déportations, pilonnage de rassemblements de civils...), le juge international estime que la qualification de crime contre l'humanité et de génocide est plus adéquate au regard des faits visés.

Il ne retiendra la qualification de crime de guerre uniquement en ce qui concerne la prise en otage de soldats de la FORPRONU comme "boucliers humains".

2. Génocide et crimes contre l'humanité

Selon l'article 4 du statut, est qualifié de génocide l'acte commis dans l'intention de détruire, en tout ou partie, un groupe national, ethnique, racial ou religieux. Cet acte peut prendre la forme de : meurtres de membres du groupe, atteinte grave à l'intégrité physique ou mentale de membres du groupe, soumission intentionnelle du groupe à des conditions d'existence devant entraîner sa destruction physique totale ou partielle, mesures visant à entraver les naissances au sein du groupe, transfert forcé d'enfants du groupe à un autre groupe. En vertu de cet article, sont punissables le génocide, l'entente en vue de commettre le génocide, l'incitation directe et publique à commettre le génocide, la complicité dans le génocide.

Pour qualifier des faits de génocide, ceux-ci doivent être perpétrés contre un groupe dans l'intention criminelle caractérisée de le détruire en tout ou partie. L'effectivité de la destruction n'est pas nécessaire, seule l'intention spécifique est retenue dans la qualification par le juge.

L'article 5 du statut, relatif aux crimes contre l'humanité, s'applique que le conflit soit de caractère interne ou international et habilite le tribunal à juger les personnes présumées responsables d'assassinat, extermination, réduction en esclavage, expulsion, emprisonnement, torture, viol, persécutions pour des raisons politiques raciales ou religieuses et autres actes inhumains, contre la population civile quelle qu'elle soit.

Il faut interpréter cette disposition conformément à son esprit[50], dès lors l'article 5 s'applique non seulement aux civils mais aussi aux individus qui ont pu se livrer à des actes de résistance.

Les crimes contre l'humanité doivent être distingués des crimes de guerre commis contre des personnes. Le crime contre l'humanité doit être généralisé ou présenter un caractère systématique. Cependant un acte unique peut être qualifié de crime contre l'humanité dès lors qu'il présente un lien avec l'attaque généralisée ou systématique contre la population civile.

Les faits incriminés pouvant faire l'objet d'une qualification de crime de droit commun par le juge interne (coups et blessures, homicides, viols...) vont par leur caractère spécifique dû à l'environnement particulier dans lequel ils sont commis, faire l'objet d'une qualification juridique de crime international par le juge international. À cette fin, le Tribunal va déterminer le contexte[51] dans lequel sont commis de tel faits.

Pour être qualifiés de crimes contre l'humanité, ceux-ci doivent être portés contre les membres d'une population civile identifiée, les faits doivent se répéter selon un schéma identique c'est-à-dire être planifiés et préparés au niveau étatique, leur objectif est de constituer un territoire ethniquement pur, ces faits doivent être commis de façon généralisée et systématique. Les faits incriminés qui répondent à l'ensemble de ces caractéristiques sont qualifiés de crimes contre l'humanité par le tribunal et entrent dans le cadre d'une politique de nettoyage ethnique. Le juge international qualifie de purification ethnique les faits qui visent la constitution d'un territoire ethniquement pur.

Dès lors en ex-Yougoslavie la répétition d'actes criminels similaires visant le même type de population et manifestant la même volonté d'annihilation de la culture ou de la religion, et la massification des effets de tels crimes caractérisent une ligne de conduite délibérée et systématique de nettoyage ethnique. L'acharnement à détruire systématiquement des symboles culturels et religieux propres à une population peut être qualifié de nettoyage culturel ou encore de mémoricide[52].

Dans l'affaire Karadzic et Mladic[53], le juge international examine la qualification juridique des faits établie par le procureur dans l'acte d'accusation et considère successivement que la qualification de crime contre l'humanité et celle de génocide sont justifiées au regard des faits commis et du contexte dans lequel ils ont été commis.

Par ailleurs le juge international invite le procureur à envisager une extension de la qualification de génocide à d'autres faits visés dans l'acte d'accusation.

Il s'agit probablement de la catégorie de délits prévue par le statut qui a posé le plus de problèmes[54] en raison de l'absence d'un instrument international définissant clairement ce que l'on entend par "crimes contre l'humanité".

Par ailleurs elle est l'une des plus importantes en ce qui concerne la compétence matérielle du Tribunal étant donné que les atrocités commises dans l'ex-Yougoslavie comme le nettoyage ethnique, les viols et d'autres formes de sévices sexuels généralisés et systématiques n'appartiennent, du point de vue technique, à aucune des trois autres catégories.

Le juge international note la spécificité de certains moyens comme la conception forcée par le viol.

Les violences sexuelles méritent une attention particulière en raison de leur gravité et de leur systématicité. Le viol en tant qu'élément d'une stratégie d'agression délibérée peut être qualifié de crime contre l'humanité ou de génocide.

Le viol n'est mentionné dans le statut du tribunal que comme crime contre l'humanité dans l'article 5. Le terme "violences sexuelles" n'est pas mentionné du tout dans le statut, mais est mentionné dans l'article 96 du Règlement de procédure et de preuve qui est relatif à l'administration de la preuve en matière de violences sexuelles.

Le viol et les violences sexuelles, bien que non énumérés, peuvent être poursuivis en vertu de l'article 2, en tant qu'infraction grave aux Conventions de Genève, de l'article 3, en tant que violations des Lois et coutumes de la guerre, et en vertu de l'article 4 relatif au génocide.

Dans ce contexte, la priorité donnée par le procureur à la poursuite des viols et violences sexuelles commis au cours du conflit en ex-Yougoslavie fait de la création du tribunal un effort en vue de supprimer le recours à la violence sexuelle comme instrument de guerre et plus précisément de nettoyage ethnique.

Ainsi le viol, crime de droit commun devant les juridictions internes, est qualifié de crime international par le juge international en raison du contexte dans lequel il est commis : la politique de nettoyage ethnique. Le viol est qualifié de génocide de par son rôle comme "moyen" de guerre.

B. LA PROCÉDURE DE DESSAISISSEMENT

Il s'agit de toute demande officielle émanant du Tribunal adressée à un État dont une juridiction mène des enquêtes ou a engagé des poursuites pénales concernant une infraction relevant de la compétence du tribunal et visant à ce qu'elle se dessaisisse desdites enquêtes et poursuites pénales en faveur du Tribunal.

1. Statut

L'article 9 du statut dispose que le Tribunal international et les juridictions nationales sont concurremment compétentes pour juger les personnes présumées responsables de violations graves du droit international humanitaire commises sur le territoire de l'ex-Yougoslavie depuis le 1er janvier 1991 ; et que le Tribunal international a la primauté sur les juridictions nationales c'est-à-dire qu'à tout stade de la procédure, le procureur peut demander officiellement aux juridictions nationales de se dessaisir en faveur du TPI.

L'article 9 pose donc le principe de la compétence concurrente du Tribunal international et des juridictions nationales, mais tempère cette règle en reconnaissant la primauté du TPI[55]. L'article 9 du statut du TPI prévoit que le tribunal International a primauté sur les juridictions nationales : à tout stade d'une enquête ou des poursuites pénales engagées devant une juridiction interne, le Tribunal peut demander à l'État dont relève cette juridiction que celle-ci se dessaisisse en sa faveur.

La proposition de dessaisissement est à l'initiative du procureur, qui dépose à cette fin au greffe une demande, laquelle est examinée par l'une des deux Chambres de première instance.

Le dessaisissement peut être sollicité par le procureur et accordé par la Chambre si[56], devant la juridiction interne : l'infraction a reçu une qualification de droit commun, ou la procédure engagée n'est ni impartiale ni indépendante et vise à soustraire l'accusé à sa responsabilité pénale internationale ou n'a pas été exercée avec diligence, ou l'objet de la procédure porte sur des faits ou des points de droit qui ont une incidence sur des enquêtes ou des poursuites en cours devant le Tribunal.

Si la Chambre de première instance, agréant cette requête, demande officiellement le dessaisissement de la juridiction interne devant laquelle l'enquête ou les poursuites pénales visées étaient engagées, l'État dont relève cette juridiction a soixante jours pour prendre les mesures nécessaires afin de se conformer à cette demande.

Le but de la demande du procureur est de prier les juges de bien vouloir formellement requérir un État de se dessaisir au profit du Tribunal, et de transmettre au Bureau du procureur le résultat des enquêtes visées qu'il a lui-même entreprises.

Si cette demande devait être acceptée par les juges, le Bureau du procureur "reprendrait" les enquêtes en question ouvertes par les autorités nationales concernées et les personnes sujets des enquêtes seraient passibles de poursuites uniquement devant le Tribunal international. Ainsi le Tribunal pénal international se substitue aux autorités pénales nationales dans l'exercice de la compétence universelle pour la poursuite et le châtiment des criminels de guerre[57].

À ce stade de la procédure, les personnes mentionnées dans les demandes sont des suspects qui peuvent ultérieurement devenir formellement des accusés. Les audiences de dessaisissement ne sont pas des procès. Aucun témoin n'est cité à comparaître et aucun élément de preuve n'est présenté. Les juges examineront seulement les motifs de droit et de fait des demandes afin d'apprécier le bien-fondé d'une requête de dessaisissement. C'est à ce titre que l'on peut parler d'un certain contrôle d'appréciation de la qualification juridique des fait du juge interne par le juge international.

2. Jurisprudence

Audience de dessaisissement du 8 novembre 1994, affaire Dusko Tadic

Dans l'affaire Tadic[58], la demande du procureur fait savoir que ledit Tadic a été arrêté et mis en détention provisoire par le gouvernement de la République fédérale d'Allemagne le 13 février 1994 et mis en accusation le 3 novembre 1994.

Nonobstant la compétence concurrente des juridictions nationales au terme de l'article 9 du statut du Tribunal, le procureur se fondant sur les articles 8 et 9 du Règlement, propose que la Chambre de première instance demande officiellement au gouvernement de la République fédérale d'Allemagne, conformément à l'article 10 du Règlement, de se dessaisir de ses poursuites à l'encontre dudit Tadic en faveur du Tribunal international, et de fournir au procureur toutes les informations concernant l'instruction de cette affaire. Les incriminations juridiques figurant dans les poursuites engagées par le Gouvernement de la République fédérale d'Allemagne contre ledit Tadic portent sur des faits ou des points de droit qui ont une incidence sur les enquêtes engagées par le procureur sur les violations graves du droit humanitaire international dans cette région (Prijedor). En conclusion pour le procureur, le Tribunal international est l'instance appropriée pour connaître de cette affaire compte tenu de la gravité et de la nature des atrocités commises ainsi que des points de droit qui ne manqueront pas d'être soulevés à l'occasion de l'examen de cette affaire.

À ce stade de l'argumentation du procureur, on perçoit la remise en question de la capacité de la juridiction nationale à traiter des questions de droit international, d'interprétation des notions de conflit armé et d'administration des preuves. Ainsi le procureur, et par là même le juge de première instance qui accepte sa demande, justifie en partie la demande de dessaisissement par l'existence de points de droit qui seront soulevés à l'occasion de l'examen de cette affaire. Par ailleurs la nature même des crimes en question semble également justifier un tel dessaisissement.

L'affaire Tadic inclut le crime de génocide, dans le cadre de la politique de purification ethnique, et les crimes contre l'humanité, tels que coups et blessures, meurtre, viol et persécution pour des raisons religieuses.

La Chambre de première instance fait droit à la demande du procureur en affirmant que le Tribunal international ne rendrait pas une bonne administration de la justice si certaines de ces graves violations du droit humanitaire international étaient jugées devant des juridictions nationales et d'autres devant le TPI.

La substitution du dispositif judiciaire international à la justice nationale se fonde sur l'incapacité de cette dernière à sanctionner efficacement la violation du droit humanitaire[59]. Il s'agit d'un certain contrôle d'appréciation de l'activité des autorités étatiques, lorsque celle-ci ne satisfait pas aux critères d'une justice effective, par le juge international.

Audience de dessaisissement du 15 mai 1995, Bosnian Serb leadership investigation

Les enquêtes menées par le gouvernement de la République de Bosnie-Herzégovine portent sur des crimes de guerre et des violations de la législation pénale de la République, y compris le génocide, les crimes de guerre contre la population civile et la destruction de monuments culturels et historiques. Un certain nombre de personnes sont nommément désignées dans ces enquêtes et notamment Karadzic[60], Mladic[61], Stanisic[62].

Le gouvernement de la République de Bosnie-Herzégovine a engagé des enquêtes et des poursuites au niveau national contre ces personnes en ce qui concerne des crimes qui auraient été perpétrés sur son territoire. L'objet de ces enquêtes et poursuites pénales nationales porte sur des faits ou des points de droit qui ont, d'après la demande du procureur, une incidence sur des enquêtes ou des poursuites en cours devant le Tribunal. Dès lors, si le gouvernement de la République de Bosnie-Herzégovine ouvre un procès, il est vraisemblable qu'un certain nombre de points de droit aient une incidence sur les enquêtes et les poursuite devant le TPI.

Nous touchons ici à la question du principe "non bis in idem" qui pourrait être soulevée, conformément à l'article 10.2 du statut du Tribunal, si Karadzic, Mladic et Stanisic passent en jugement en République de Bosnie-Herzégovine. L'article 10 énonce le principe de "non bis in idem" selon lequel nul ne peut être jugé deux fois pour la même infraction. Cette règle exclut de nouvelles poursuites pour des infractions qui ont déjà fait l'objet d'un jugement. Lorsque une personne a été condamnée par une juridiction interne pour un crime de droit commun, celle-ci peut être traduite devant la juridiction internationale pour un crime de droit international. Alors que lorsqu'une personne a été jugée au niveau international elle ne peut être traduite, pour les même faits devant une juridiction nationale. Le Professeur Weckel parle à ce propos de mise en œuvre asymétrique de la règle de non bis in idem[63].

Audience de dessaisissement du 29 mai 1996, Drazen Erdemovic

Conformément à l'article 9 du statut et à l'article 9 du Règlement, le procureur du TPI demande à la Chambre de première instance d'adresser une demande de dessaisissement à la République fédérale de Yougoslavie pour les enquêtes et procédures pénales ouvertes par son Gouvernement contre Erdemovic[64] concernant les crimes de guerre qu'il aurait commis contre la population civile[65]. Le procureur invoque, entre autres motifs au dessaisissement, celui des divergences qui risqueraient de surgir entre la décision d'une juridiction nationale et celle du Tribunal international si un jugement était rendu par une juridiction nationale. Si de telles divergences venaient à surgir cela ne serait pas souhaitable pour l'intérêt de la justice internationale. Il ressort de cet argument que seul le Tribunal international est l'instance appropriée pour juger Erdemovic compte tenu de la gravité des crimes présumés faisant l'objet de l'enquête.

La Chambre va accepter cette requête de dessaisissement en rappelant le devoir de coopération des États et d'entraide judiciaire à l'égard du travail du TPI. Ce devoir de collaboration figure à l'article 29 du statut : le Tribunal ayant été créé par le Conseil de sécurité des Nations Unies dans ses Résolutions 808 et 827 dans le but de maintenir et rétablir la paix, les États sont dans l'obligation de collaborer avec le TPI

L'obligation d'exécuter les décisions du Conseil de sécurité prime sur toute autre obligation concurrente. Bien que l'article 9 du statut du Tribunal reconnaisse la compétence concurrente de celui-ci et des juridictions nationales, il affirme clairement la primauté du Tribunal international sur les juridictions nationales. Il s'agit pour les États de faciliter l'exercice de la mission du Tribunal. On peut interpréter cette volonté de limiter les controverses juridiques qui pourraient naître d'un exercice concurrent des compétences nationales et internationales comme une atteinte portée par le Tribunal pénal international à la souveraineté des États dans le domaine judiciaire.

DEUXIÈME PARTIE :
LA QUALIFICATION DES RESPONSABILITÉS

Le Tribunal pénal international pour l'ex-Yougoslavie est un Tribunal ad hoc, créé par le Conseil de sécurité qui lui a confié une mission particulière, limitée mais d'une importance capitale.

La réussite de cette mission est intimement liée au travail des juges et par conséquent aux moyens et instruments qu'ils ont entre les mains. La façon dont est qualifiée la conduite d'un criminel est primordiale, qu'il s'agisse de ses actes à proprement parler ou de son degré de responsabilité au regard de ceux-ci.

La spécificité des crimes de masse réside notamment dans l'existence de différents échelons, allant de la simple exécution à la planification. La qualification établie par les juges doit permettre de mettre à jour ces différents comportements.

Le statut du Tribunal, particulièrement son article 7, donne certaines indications quant à la mise en place d'une responsabilité différenciée et aux éléments de qualification de celle-ci.

Le Tribunal, par ailleurs, doit combler les lacunes du texte, par référence à la tâche qui lui a été attribuée. Les modalités de la qualification ne sont jamais anodines, elles dépendent toujours de la politique judiciaire prédéfinie, en l'occurrence elles révèlent parfaitement ses enjeux.

I. LES ENJEUX DE LA QUALIFICATION

Le Tribunal pénal international pour l'ex-Yougoslavie a été créé dans le but de "juger les personnes présumées responsables de violations graves du droit international humanitaire commises sur le territoire de l'ex-Yougoslavie depuis 1991"[66].

Le principe qui gouverne donc sa compétence est celui de la responsabilité individuelle des auteurs des actes incriminés (A). Cette volonté de mettre à jour le rôle de certains individus dans un conflit qui a concerné la communauté internationale dans son ensemble répond bien sûr à un impératif de justice, mais au-delà de cela, c'est bien la restauration et la consolidation de la paix dans ces nouveaux États qui sont visées. Ainsi la recherche des différents niveaux de responsabilités doit permettre au Tribunal, d'une part, de procéder à un véritable travail d'historien, consistant à remonter aux causes du conflit (B), d'autre part, de rendre justice afin que l'impunité ne fasse pas le lit d'exactions futures (C).

A. LA MISE EN OEUVRE DE LA RESPONSABILITÉ INDIVIDUELLE

Si le principe de la responsabilité pénale individuelle pour les infractions graves au droit international humanitaire est bien prévu par les Conventions de Genève, la mise en œuvre de celle-ci est avant tout laissée aux États, qui se sont engagés à prendre toute mesure législative nécessaire pour fixer les sanctions pénales adéquates[67].

En cas de refus ou d'impossibilité pour la puissance détentrice de traduire le suspect devant ses tribunaux, elle se doit alors d'extrader celui-ci vers l'État qui en fera la demande. Ce principe de juridiction universelle marque certes une certaine internationalisation de la question des sanctions des crimes de guerre, mais celle-ci est restée pour l'essentiel dans le domaine de la compétence nationale des États.

Le recours à une juridiction internationale a parfois été envisagé, mais que ce soit dans le cadre de conventions particulières[68] ou dans celui plus général du projet d'une Cour pénale internationale permanente, il semble que les difficultés n'aient pour l'instant pas été vaincues.

Les États ne sont probablement pas prêts à partager cette fonction régalienne qu'est la fonction judiciaire avec un tribunal international qui disposerait d'une compétence relativement vaste et dont ils ne pourraient pas ou peu contrôler la saisine.

Il est dès lors logique que les seuls exemples de création de telles juridictions soient ceux de tribunaux ad hoc, ceux de Nuremberg[69] et Tokyo ou ceux de La Haye et Arusha. Les premiers ont bénéficié des circonstances particulières prévalant à la sortie de la seconde guerre mondiale, les seconds de la mise en œuvre de ses pouvoirs par le Conseil de sécurité en matière de maintien de la paix et de la sécurité internationale.

Car il n'est plus douteux maintenant que les violations graves du droit international humanitaire peuvent constituer une menace à la paix et à la sécurité internationale[70]. Dès lors, le respect de ses normes conditionne le retour au calme dans la région et plus généralement l'efficacité du droit de Genève est considéré comme l'une des garanties du maintien de la paix.

Or, la seule sanction valable des crimes de guerre reste celle qui touche directement son exécutant. Le Conseil de sécurité, plus coutumier des injonctions lancées aux États ou du moins à des groupements (belligérants ou factions) s'adresse cette fois aux individus. En vue de remplir sa mission, il diversifie ses moyens d'action et adapte ses pouvoirs à chaque cas d'espèce : non seulement il expérimente un nouveau domaine d'intervention, le domaine judiciaire, mais il y intègre de nouveaux acteurs, les individus.

Nul doute désormais que ceux-ci sont concernés par la paix mondiale, par les conséquences des atteintes qu'elle peut subir, mais aussi par les conditions de son effectivité.

Chaque être humain est responsable, à côté des États et des organisations internationales (notamment du système onusien), de la paix ; il est pénalement responsable des crimes internationaux qui la mettent en danger.

L'instauration d'un tribunal pénal international par le Conseil de sécurité est donc une pièce du schéma plus vaste de la restauration et de la consolidation de la paix, ce qui influence inévitablement les fonctions qui lui ont été attribuées et la façon dont il va s'acquitter de sa mission.

La Chambre de première instance du Tribunal elle-même ne s'est pas trompée, qui examine les "finalités et fonctions de la peine", par référence aux résolutions du Conseil de sécurité et aux déclarations des États membres, afin de tenir compte de celles-ci dans la détermination de la sanction infligée à Drazen Erdemovic[71].

Depuis quelques temps déjà, le Conseil de sécurité s'attaque aux causes profondes des conflits et autres menaces à la paix et à la sécurité internationale. C'est dans cette optique que le Tribunal se voit confier la mission de traiter judiciairement les violations graves du droit international humanitaire. Par le biais de la qualification des responsabilités et de la condamnation des criminels de guerre, le Tribunal procède ainsi à un véritable travail d'historien, il met à jour le rôle précis de chacun des suspects dans le processus du nettoyage ethnique.

B. UN TRIBUNAL POUR L'HISTOIRE

En 1936, à l'occasion de la promulgation des nouvelles lois antisémites, Hitler est réputé avoir dit : "Qui se souvient des arméniens ?" Il n'est pas nécessaire de rappeler l'importance de la mémoire collective et de la recherche historique à propos d'événements aussi humainement intolérables que le génocide ou le nettoyage ethnique.

Trop souvent, le silence permet aux auteurs de tels crimes d'échapper à leurs responsabilités, voire de nier la réalité de ces faits et de poursuivre impunément leur sinistre carrière[72]. La reconnaissance de ces faits dans leur exacte qualification s'impose donc et une extrême rigueur est nécessaire : la qualification de génocide n'est jamais anodine, elle suppose un certain nombre d'éléments constitutifs et surtout doit entraîner une réponse politique et juridique adaptée.

Face à la communauté internationale, le Tribunal doit faire l'exacte vérité sur les cas qu'il a et aura à traiter et sur la responsabilité de chacun des individus suspectés dans le processus de nettoyage ethnique.

La qualification du degré de responsabilité de chacun permet ainsi de comprendre la spécificité de ces événements, à savoir leur caractère politiquement organisé. La mise en œuvre de ces crimes suppose en effet toute une gamme d'acteurs prenant place dans un système où le crime de droit commun devient une arme de guerre en vue de rendre "ethniquement pure" une portion de territoire. Le Tribunal s'attachera donc à déterminer le rôle précis de chaque suspect et leur degré de responsabilité selon les qualifications prévues par son statut : du supérieur hiérarchique ayant planifié le crime au simple exécutant.

Les différents procès devraient permettre au Tribunal de faire la lumière sur la sinistre vérité du nettoyage ethnique et de l'entreprise génocidaire. Ce rôle d'historien a un double impact. Tout d'abord il fait prendre conscience à la communauté internationale dans son ensemble (les États et les responsables politiques, mais aussi chaque individu) de la réalité et des éléments constitutifs de tels événements, afin que la vigilance ne se relâche jamais. Un génocide n'est pas un accident ou une conséquence de la guerre, c'est un processus, avec, à son origine, une intention criminelle et, à son service, une organisation structurée. C'est donc un fléau dont il convient de guetter les signes avant-coureurs et qu'il faut combattre par tous les moyens : en connaître précisément le mécanisme est dès lors une nécessité.

D'autre part, et de façon plus directe, c'est la réalité propre du conflit yougoslave et l'établissement des différents degrés de responsabilité qui doivent être recherchés par le Tribunal. Il s'agit à la fois de répondre à un impératif de justice et de jeter les bases d'une paix future. Sans reconnaissance explicite des crimes commis, la réconciliation nationale au sein des différents États issus de l'ancienne République est compromise, de même bien sûr que la coopération entre ces différents États et donc la paix dans la région.

Comprendre les raisons et les étapes qui ont pu mener ces populations au nettoyage ethnique et au génocide et, surtout, l'organisation de ceux-ci, est une nécessité impérieuse, une première étape d'un processus devant conduire à une paix durable[73]. Mais au-delà de la seule recherche historique, qui reste la base de l'établissement des faits et de la qualification juridique de ceux-ci, c'est la condamnation des responsables des crimes de masse que vise l'institution du Tribunal pénal international. Il ne saurait y avoir reconnaissance de l'existence de ces crimes et impunité.

C. LE REFUS DE L'IMPUNITÉ

Le 26 février 1996, le président du Tribunal, Antonio Cassese, déclarait : *"Nul ne saurait contester que la paix dans cette région de l'Europe doit s'accompagner de la justice: Il ne suffit pas de mettre un terme aux conflits armés, de réparer les édifices détruits, d'organiser le retour des réfugiés ; il ne suffit pas de rétablir l'ordre dans les rues, il faut encore rétablir l'ordre dans les esprits".*

L'examen des événements yougoslaves comme celui des événements rwandais montre l'existence de tensions anciennes entre les différentes communautés sur ces territoires, tensions certes exacerbées par les responsables politiques ayant planifié le génocide, mais aussi par le sentiment que quelle que soit la gravité des exactions commises, celles-ci ont été, sont et seront couvertes par l'impunité. Ce fut le cas des massacres perpétrés au Rwanda entre 1959 et 1964, puis en 1973.

Durant le conflit yougoslave, la désignation des croates sous le terme d'"oustachis" ou des Serbes sous celui de "tchetniks"[74] montre à quel point un sentiment de frustration peut amener une population à régler de vieux comptes en suspens. Le souvenir des massacres de la seconde guerre mondiale entretient le ressentiment collectif et sert à justifier, cinquante ans après, les exactions que l'on connaît.

Il est dès lors évident qu'à court comme à long terme, la paix ne sera possible que si justice est rendue aux victimes, si les responsables sont désignés et condamnés. Les deux dimensions, immédiate et plus lointaine, sont d'ailleurs envisagées par le Conseil de sécurité lors de la création du Tribunal. Celle-ci vise dans un premier temps à faire cesser les violations du droit international humanitaire et à en prévenir la commission de nouvelles[75]. Après avoir appelé plusieurs fois et sans succès les différentes parties aux conflits à respecter les normes du droit humanitaire, le Conseil de sécurité leur envoie le signal fort de la répression judiciaire internationale de leurs crimes. On ne peut nier cependant l'échec du Tribunal dans la prévention immédiate de ces infractions, dont le siège de Sarajevo reste un exemple flagrant.

Mais c'est peut-être à moyen et long terme que le travail des juges sera à même de porter ses fruits. La Chambre de première instance, reprenant les termes du premier rapport annuel à l'Assemblée générale et au Conseil de sécurité, le soulignait elle-même : "L'impunité des coupables ne ferait qu'attiser le désir de vengeance en ex-Yougoslavie, rendant précaire le retour à la "légalité", la "réconciliation" et le rétablissement "d'une paix digne de ce nom""[76].

La certitude que cette fois-ci les coupables devront faire face à la justice doit en effet faciliter la réconciliation entre les différentes communautés. L'imputation collective et le désir de vengeance envers l'autre, assimilé à son clan, son ethnie ou sa famille, qui font le lit de la logique génocidaire, doivent être remplacés par la rétribution judiciaire individualisée des crimes. La détermination précise, impartiale et exemplaire, des responsabilités individuelles atteint précisément ce but et met fin à la loi du talion.

Ces diverses missions attribuées au Tribunal exercent automatiquement une influence sur son travail et notamment sur la façon dont il qualifiera les différents degrés de responsabilité. Ces modalités de qualification doivent servir au mieux la vocation du Tribunal.

II. LES MODALITÉS DE LA QUALIFICATION

Les choix faits par le Conseil de sécurité lors de l'élaboration du statut du Tribunal, ceux des juges eux-mêmes lors de l'adoption du Règlement de procédure et de preuve, ainsi que la façon dont le procureur ou les chambres s'acquittent de leur tâche, sont révélateurs de leur conscience des enjeux en cause : ceci est particulièrement perceptible dans la sélection des "responsables" (A), dans la volonté de mettre à jour l'échelle de commandement (B) et dans les cas d'exonération ou de diminution de responsabilité (C).

A. LA SÉLÉCTION DES RESPONSABLES

Le caractère nécessairement exemplaire des mises en accusation a déjà été souligné, tant il est vrai que tous ont les yeux tournés vers ce Tribunal : les victimes, la communauté internationale, mais aussi chaque individu de l'ex-Yougoslavie qui doit être convaincu de l'équité de cette justice. C'est pourquoi le choix des suspects mis en accusation est relativement délicat. La politique judiciaire du procureur et des Chambres permet de dégager notamment deux lignes de conduite : d'une part la non-discrimination dans la poursuite des suspects d'autre part la recherche de cas symboliques, tant il est vrai que le Tribunal n'a pas pour objectif de juger tous les criminels impliqués.

La non-discrimination dans la poursuite découle des termes mêmes des articles 1er et 6 du statut du Tribunal définissant respectivement la compétence générale de celui-ci et sa compétence ratione personae. Seront ainsi recherchées et traduites devant le Tribunal les personnes présumées responsables des crimes commis "sur le territoire de l'ex-Yougoslavie". Toute référence aux nouveaux États issus du conflit ou à l'appartenance à l'une des communautés en particulier est clairement écartée. Cela répond à la fois à une exigence d'impartialité et de vérité historique et au souci d'éviter toute imputation collective et la diabolisation d'un ou plusieurs groupes.

La stratégie du procureur reflète tout à fait ce caractère non discriminatoire. M. Richard Goldstone, en fonction du 8 juillet 1994 au 1er octobre 1996, a d'ailleurs maintes fois réaffirmé en quoi consistait sa politique : *"(...) mener des enquêtes et engager des poursuites contre des personnes qui pourraient être responsables de crimes, quelque soit le groupe politique ou ethnique auquel elles appartiennent."*

Les actes d'accusation et les enquêtes en cours mettent effectivement en cause des individus appartenant aux différentes communautés de Bosnie-Herzégovine, serbes, croates et musulmans, mais aussi à d'autres États issus de l'ex-Yougoslavie, Croatie et République fédérale yougoslave. Ainsi, l'affaire Celebici, devant le Tribunal depuis le 10 mars, est la première à incriminer des Croates et des Musulmans bosniaques pour des crimes allégués commis sur des victimes bosno-serbes. La responsabilité pénale individuelle doit en effet permettre que soient jugés tous ceux qui sont accusés de violations graves du droit international humanitaire et que justice soit rendue à tous ceux qui ont souffert de ces crimes, quelle que soit leur nationalité.

Pourtant il est matériellement impossible au Tribunal de poursuivre tous les suspects. C'est pourquoi d'une part, les juridictions internes conservent leur propre compétence, d'autre part, le choix des affaires examinées par le Tribunal est primordial.

À l'heure actuelle, dix-huit actes d'accusation (plus un que le procureur n'a pas encore rendu public) concernant soixante-quatorze individus ont été émis. C'est à la fois beaucoup, au regard des difficultés qu'a pu rencontrer le Tribunal, et peu si l'on considère l'ampleur des crimes commis.

Le bureau du procureur, ayant la charge d'enquêter et de rédiger les actes d'accusation, est dans l'obligation de procéder à un choix, qui plus est stratégique. En effet les contraintes strictement matérielles rendent impossibles la rétribution judiciaire exhaustive des coupables, alors que la communauté internationale est particulièrement attentive aux affaires examinées par le Tribunal. La mission particulière qui lui a de plus été attribuée par le Conseil de sécurité au sein du processus de maintien de la paix et de la sécurité dans la région, ajoute encore à la difficulté de procéder à cette sélection.

Celle-ci a nécessairement une valeur symbolique, et les accusés reconnus coupables seront en quelque sorte des "responsables pour mémoire", chaque cas réaffirmant aux yeux de tous la responsabilité individuelle de l'auteur de l'infraction[77]. C'est pourquoi il est important que la diversité des cas couvre chaque type de violation. Chacun doit comprendre à travers les peines prononcées que tout type de crime est susceptible d'être sanctionné. Cela signifie, et on l'a vu, que le Tribunal peut engager des poursuites à l'égard de tout suspect, quelle que soit sa nationalité, la jurisprudence des juges est exemplaire à ce sujet. Mais il s'agit aussi pour le Tribunal de montrer que personne ne doit passer à travers les mailles du filet et que tous les niveaux de responsabilité encourent une sanction. Certaines affaires ne concernent que des exécutants[78], alors que d'autres au contraire mettent en causes des leaders particulièrement influents[79].

Les unes comme les autres sont le symbole de ce que la

communauté internationale ne peut tolérer et l'ensemble des cas, de part sa diversité, permet de dégager la spécificité des crimes de masse, à savoir l'existence d'une organisation où se côtoient différents niveaux de responsabilité. Le Tribunal doit particulièrement axer sa politique judiciaire vers la recherche et la condamnation des instigateurs et planificateurs, remontant ainsi l'échelle de commandement.

B. L'ECHELLE DE COMMANDEMENT

L'organisation caractérise les infractions dont il est question, notamment en ce qui concerne le génocide et les crimes contre l'humanité, dont la planification est un élément constitutif. Dès lors, il est nécessaire de prévoir différents degrés de responsabilité. Il est primordial de faire le jour sur le rôle particulier des leaders politiques et militaires, autrement dit des supérieurs hiérarchiques.

Selon le statut du Tribunal, ceux-ci peuvent voir leur responsabilité engagée de deux façons : soit directement, en vertu de l'article 7-1, s'ils ont "planifié, incité à commettre, ordonné, commis ou de toute autre manière aidé et encouragé à planifier, préparer ou exécuter" l'une des infractions incriminées ; soit indirectement, en vertu de l'article 7-3, s'ils "[savaient] ou [avaient] des raisons de savoir que le subordonné s'apprêtait à commettre cet acte ou l'avait fait et (...) n'[ont] pas pris les mesures nécessaires et raisonnables pour empêcher que ledit acte ne soit commis ou en punir les auteurs." Le supérieur hiérarchique peut ainsi être condamné pour ses actes, mais aussi pour omission. Il est par ailleurs précisé que la position officielle de l'accusé ne saurait l'exonérer de sa responsabilité, ni même être considérée comme circonstance atténuante[80].

Dans la pratique, les juges ont effectivement confirmé plusieurs actes d'accusation incriminant les accusés sur la base des articles 7-1 et 7-3. Ainsi, dans l'affaire Celebici en cours devant le Tribunal, trois des quatre inculpés sont considérés comme responsables de par leur participation directe à la commission de certains actes, mais aussi "pour n'avoir pas pris les mesures exigées d'un supérieur hiérarchique" tendant à empêcher que ses actes ne soient commis. Ces actes leurs sont alors imputés, bien qu'en l'occurrence, il ne semble pas qu'ils aient donné des ordres illégaux. Leur position particulière à la tête du camp de Celebici, dont ils assuraient l'administration, laisse peu de doutes quant à leur moyen de connaître l'existence des violations auxquelles ils n'ont pas directement participées.

Cependant, il est difficile de prévoir quelle sera la ligne jurisprudentielle exacte qu'adoptera le Tribunal. Au regard de l'article 7-3, le seul lien supérieur/subordonné ne devrait pas suffire à imputer les actes incriminés au supérieur hiérarchique[81], puisqu'est requise la connaissance de ceux-ci ou du moins "des raisons" d'en avoir eu connaissance. Cette dernière expression laisse toutefois la possibilité au Tribunal de déclarer le supérieur hiérarchique responsable des infractions perpétrées par ses subordonnés, alors même qu'il en aurait ignoré la commission, dans la mesure où sa position, l'ampleur des actes ou leur notoriété, impliquaient qu'il "aurait dû savoir". C'est la position relativement stricte qu'a adoptée une Commission militaire des États-Unis à Manille puis la Cour Suprême dans l'affaire Yamashita, premier cas à examiner à la fin de la seconde guerre mondiale cette question de la responsabilité des supérieurs pour omission.

Derrière celle-ci, c'est bien évidemment le cas des leaders politiques qui se profile. Les crimes de masse et notamment le génocide requièrent une planification en plus haut lieu et il serait inadmissible que les instigateurs échappent à la justice. Le Tribunal rencontrera nécessairement plusieurs types de difficultés. Tout d'abord il est extrêmement délicat d'engager des poursuites contre ces individus au moment même où le règlement du conflit nécessite la coopération de ceux qui sont encore les leaders des différentes factions en présence. Il semble parfois que les impératifs de paix et ceux de justice soient difficilement conciliables, d'autant que le Tribunal lui-même a été créé dans ce but de pacification. C'est pourquoi l'on a craint au moment de la négociation de l'accord de Dayton que ne soit prononcée l'amnistie de ces personnages. Au contraire, les parties en présence s'engagent à collaborer avec le Tribunal tandis qu'est stipulée l'interdiction pour les personnes condamnées ou recherchées de se porter candidates ou d'être nommées à une fonction publique[82].

L'exigence de justice étant réaffirmée, le Tribunal continue sa mission concernant notamment les deux leaders serbes de Bosnie-

Herzégovine, Radovan Karadzic et Ratko Mladic. Mais dans la pratique, la tâche de l'équipe du procureur menant l'enquête est parfois délicate. En effet une double spécificité du conflit yougoslave vient compliquer celle-ci lorsqu'il s'agit d'établir l'échelle de commandement et les responsabilités qui en découlent. D'une part, la hiérarchie politique et militaire n'est pas toujours clairement établie, le système n'étant que très imparfaitement centralisé et de nombreux groupes paramilitaires participant au conflit, d'autre part le Tribunal ne peut s'appuyer que sur très peu de documents, la preuve des infractions reposant essentiellement sur des témoignages. Or ceux-ci visent logiquement des exécutants et assez peu les instigateurs avec lesquels pratiquement aucune victime n'était en contact[83].

Face à cette double contrainte, le Tribunal procède à un véritable travail d'enquête. Il déduit de la situation sur le terrain et de la position des deux accusés dans la hiérarchie leur rôle d'instigateur. Par ailleurs, c'est par le biais d'autres affaires que la Chambre de première instance I confirme l'acte d'accusation mettant en cause Karadzic et Mladic lors de l'examen de celui-ci en audience publique selon la procédure de l'article 61.

Dans ces affaires concernant de simples exécutants serbes ou des responsables de camps, de nombreux témoins, généralement des victimes, viennent corroborer les actes incriminés, lesquels seront alors imputés aux deux leaders serbes de Bosnie considérés comme instigateurs.

Se pose alors le problème de la collaboration des accusés eux-mêmes et d'éventuelles dépositions contre leurs supérieurs hiérarchiques. Leur coopération est certes précieuse, eu égard à la difficulté déjà mentionnée d'obtenir des témoignages, mais doit-elle se monnayer contre une exonération de responsabilité ou être prise en compte en tant que circonstance atténuante ?

C. LES EXONÉRATIONS DE RESPONSABILITÉ ET LES CIRCONSTANCES ATTÉNUANTES

Le statut du Tribunal, ainsi que le seul cas où il a eu à se prononcer sur ces questions, montrent encore une fois que c'est par référence à sa mission qu'il décidera d'accorder ou l'immunité ou une diminution de peine. Tout d'abord il met l'accent sur la gravité des crimes commis et de la nécessité de définir chaque échelon de responsabilité pour adopter une position stricte, mais il doit aussi faire preuve de réalisme et ne peut se priver de la collaboration de certains accusés. Enfin l'accent mis sur la réconciliation nationale le pousse aussi à tenir compte des remords éventuellement exprimés.

De façon générale, le Tribunal refuse de prévoir des cas d'immunité automatique. Au contraire son statut précise qu'aucun criminel ne saurait être exonéré de sa responsabilité de par sa seule "qualité officielle" (article 7-2 déjà mentionné), ou parce qu'il aurait "agi en exécution d'un ordre d'un gouvernement ou d'un supérieur" (article 7-4). Cependant, dans ce dernier cas, les juges peuvent retenir cette situation comme circonstances atténuantes.

Le Tribunal a eu l'occasion de se prononcer sur cette question lors du jugement portant condamnation de Drazen Erdemovic[84]. Celui-ci, dont le niveau subalterne dans la hiérarchie ne fait aucun doute, arguait pour sa défense avoir agi sur ordre du commandant des opérations. Il affirmait avoir refusé une première fois d'accomplir une mission susceptible d'entraîner des "pertes civiles", refus pour lequel il avait été dégradé. Concernant les faits qui lui ont été reprochés, il se serait tout d'abord opposé aux ordres lui enjoignant de massacrer des centaines de Musulmans, mais ayant été menacé de mort et craignant pour la vie de sa famille, il s'était finalement exécuté.

Deux aspects, liés par le cas d'espèce, ont été examinés par le Tribunal : l'existence effective de ces ordres et l'extrême nécessité liée à ceux-ci. Les juges ont donc recherché dans le droit applicable si ces circonstances étaient susceptibles d'une part d'exonérer totalement l'accusé de sa responsabilité, d'autre part, dans la négative, d'être un motif de diminution de peine. Par référence à l'article 7(4) du statut, ils ont bien évidemment écarté la valeur justificative de l'ordre du supérieur. Mais le statut reste muet en ce qui concerne l'extrême nécessité. Après examen de la jurisprudence d'après guerre, de législations internes et des principes généraux du droit, le Tribunal semble admettre la possibilité de considérer celle-ci comme justification. Cependant, il y pose des conditions très strictes : imminence d'un péril physique, lui-même réel et inévitable, privant l'individu de tout choix moral ; conditions dont la preuve n'a pas été apportée en l'espèce, selon la Chambre d'accusation. Elle n'examinera finalement l'ordre du supérieur et la contrainte qu'en tant qu'éventuelles circonstances atténuantes[85] et non en tant que fait justificatif.

La question du caractère exonératoire de l'ordre du supérieur n'a pas été sans poser de problèmes, dans un univers tel que le monde militaire, où la discipline et la hiérarchie sont deux concepts clefs[86]. Mais concernant de tels crimes, il aurait été inconcevable que le principe de responsabilité individuelle puisse être écarté. La nécessité de rendre chaque individu conscient de son propre rôle et responsable à son niveau de ses actes, dont la gravité intrinsèque est renforcée par le péril qu'ils font, cumulés, courir à la paix et la sécurité internationales, a déjà été soulignée. Le Tribunal ne peut pas remplir sa mission s'il ne peut réaffirmer la responsabilité de chacun. C'est d'ailleurs pourquoi, non seulement il refuse ces causes exonératoires, mais il rappelle que dans le cas d'ordre manifestement illégal, le "devoir d'obéissance (doit) même se muer en devoir de désobéissance".

C'est encore par référence à la tâche que leur ont confiée le Conseil de sécurité, que les juges acceptent par contre de tenir compte de la collaboration du criminel. En effet, il est absolument primordial que le Tribunal soit en position de poursuivre non seulement les exécutants, mais aussi les instigateurs de ces crimes. Or, sans la coopération des premiers, il est pratiquement impossible de rassembler des preuves contre les seconds. Est alors nécessairement posée la question de la "rétribution" de celle-ci. Il n'est pas inutile de rappeler l'influence anglo-saxonne qui a prévalu au moment de l'instauration du Tribunal.

Les États de common law connaissent en effet dans leur système judiciaire un mécanisme dit de "plea bargaining", qui consiste en une négociation en vue d'une remise de peine, voire de l'immunité. Certains auraient souhaité que cette véritable institution, dont les effets pervers tempèrent parfois l'efficacité, soit explicitement prévue par le statut[88]. Là encore, la gravité des crimes ne peut tolérer ce type de marché. Cependant, la Chambre d'accusation a retenu la coopération de Drazen Erdemovic comme circonstance atténuante, d'autant que comme l'a confirmé le procureur, celle-ci s'est effectuée spontanément et sans conditions, aucune promesse n'ayant été faite de la part de l'accusation.

Il n'est donc pas moralement concevable d'institutionnaliser un quelconque équivalent du "plea bargaining", mais la nécessité de ce type de témoignage, dont l'efficacité a été confirmée dans l'affaire Erdemovic, engage le Tribunal à en tenir compte.

Enfin, la réconciliation nationale étant l'une des conditions du retour à la paix et à la sécurité dans la région, le remords exprimé par l'accusé et considéré comme sincère par le procureur a aussi influencé la détermination de la peine. Sans aucun doute, ce premier procès et cette première condamnation auront un impact pédagogique. Loin de rendre une justice expéditive, le Tribunal tient compte de chaque élément dans la qualification des responsabilités ; en l'occurrence, il prend acte du témoignage de Drazen Erdemovic, du fait qu'il se soit rendu de son plein gré, qu'il ait plaidé coupable et ait exprimé des regrets. Sa mission nécessite non seulement qu'il rende justice, mais une justice exemplaire.

Chapitre 4

LA NATURE DU CONFLIT

ISABELLE PRAT
Docteur en Droit

À B., sans lui, ce chapitre n'aurait jamais été écrit…

La guerre, pour les individus que nous sommes, paraît devoir se définir simplement, au point que le monument aux morts de la commune de Biron restitue, à travers Jochen Gerz, le sens qu'elle peut revêtir pour chacun, au hasard des réponses personnelles apportées par ses habitants : *"Mon cousin est parti de Biron à Dachau. Ils l'ont forcé à jouer du violon pendant les pendaisons ; ça lui a sauvé la vie. Il n'a jamais touché au violon depuis. C'est sûrement insensé de donner sa vie, mais si nous plongions de nouveau dans la guerre, oui, il faudrait le faire, pour défendre la patrie, les siens, les terres, comme nos grands-parents et nos parents. Sans politiciens, il n'y aurait pas de guerres. Il faudrait écouter les gens de la terre."*

La guerre en ex-Yougoslavie, par-delà l'extrême violence des actes, des images et des propos, je l'ai associée, entre autres, à la vie quotidienne d'un jeune homme qui cherchait à ensoleiller un cactus d'"avant" le conflit, entre deux bombardements, ou regardait lentement brûler la bibliothèque de Sarajevo. Je précise – pas littérairement – même si cette émotion surgissait, hors du spectaculaire, avec les mots d'un écrivain[89]. Davantage comme une ressemblance avec des inconnus, du Kosovo jusqu'en Croatie ou en Bosnie, là où les idéologies, puis les idéologies en armes... avant les hommes armés, mais également le silence, éclaboussent... et par milliers assassinent.

Ces quelques lignes relatives aux guerres "individuelles" tranchent volontairement avec ce que le TPI avait juridiquement à établir : l'existence et la nature du ou des conflits en droit international.

Par-delà le champ d'application dans l'espace et dans le temps des infractions relevant, conformément au statut précité du Tribunal pénal international, la qualification du conflit s'est révélée déterminante des modalités, voire de l'existence même de la poursuite.

Avant même les positions arrêtées par la défense devant le TPI, les auteurs avaient énoncé un certain nombre d'obstacles à la mise en œuvre du statut du TPI dans le cadre du conflit en ex-Yougoslavie.

Peter Rowe, professeur de droit à l'université de Liverpool (Royaume-Uni), dans un article de la Revue de droit militaire et du droit de la guerre (1993), intitulé "War crimes and the former Yugoslavia – The legal difficulties" écrivait ainsi[90] : "En conséquence, il apparaîtrait que si le conflit armé en Bosnie-Herzégovine, après son accession au statut d'État indépendant (a priori le 6 avril 1992), opposait les citoyens d'un même État (Bosnie-Herzégovine), même avec l'appui et l'encouragement des États voisins de Serbie et Monténégro (se présentant eux-mêmes comme la République fédérale de Yougoslavie) d'une part et la Croatie d'autre part, la nature du conflit, essentiellement interne, à la Bosnie-Herzégovine semble claire... Si le conflit est né avant le 6 avril, il demeurerait essentiellement interne, entre les entités d'un même État [Yougoslavie]. S'il est survenu après cette date... il demeurerait également interne à la Bosnie-Herzégovine..."

Le chemin théorique d'un conflit transformé en huis clos, à une guerre "qualifiée", paraissait donc contestable à beaucoup : la plaie ouverte sur les cartes d'Europe constituait au mieux une situation de non droit, au pire une affaire interne.

Passer outre ces présupposés consiste tout d'abord à s'interroger (première partie) sur les conditions traditionnellement posées par la doctrine à la reconnaissance et à la classification d'un conflit armé (I), en les comparant à l'évolution des pratiques de la communauté internationale (II). Le caractère éventuellement novateur des décisions arrêtées par le Tribunal (deuxième partie), tient à sa méthode d'interprétation (I). La place réservée, dans son analyse, à la volonté des parties au conflit et à celle des organisations intergouvernementales d'où il procède, constitue également un principe directeur susceptible de recevoir application hors du tribunal (II).

PREMIÈRE PARTIE : D'UNE GUERRE SANS PAPIERS À UN CONFLIT AD HOC ?

Il nous appartient dans un premier temps de rappeler les éléments de cette belligérance dite classique, comme si le classicisme garantissait une forme de perfection : celle des statues au même titre que celle du droit.

I. LA DOCTRINE ET LA BELLIGÉRANCE RECONNUE

En 1958, Louis Delbez dans son essai d'analyse dogmatique "la notion de guerre"[91] introduisait le sujet comme suit : "La guerre est aussi un phénomène juridique défini et régi par le droit... un fait – condition [associé immédiatement à] des effets de droit". Cet auteur en concluait : "Il est (...) indispensable de savoir quand il y aura guerre au sens strict et donc quand il y aura lieu d'appliquer les règles de la belligérance [qui] intéressent aussi bien les États neutres que les États engagés dans la lutte".

Le lien théorique entre guerre et belligérance se décline de la façon suivante : une déclaration (A) et une désignation des parties au conflit (B).

A. LE CRITÈRE DE LA RECONNAISSANCE : LA DÉCLARATION DE GUERRE

La déclaration manifeste la volonté de prendre l'initiative du conflit (1). Elle doit encore trouver une traduction visible sinon strictement militaire (2).

1. La volonté d'un seul

"La guerre ne commence régulièrement que par un avertissement préalable non équivoque qui prend la forme soit d'une déclaration de guerre pure et simple, soit d'un ultimatum qui est une déclaration de guerre conditionnelle."

Des divergences portent au début du XXème siècle sur l'obligation des États, non signataires des conventions de La Haye, à agir par voie de déclaration.

L'absence de déclaration vaut délit international : la guerre est illicite, mais reste soumise au droit de la guerre.
Et Delbez de citer les conflits sino-japonais et italo-éthiopien dans lesquels les États agresseurs, qui n'avaient pas déclaré la guerre, niaient être en état de guerre, pour tenter d'échapper aux sanctions relatives à la violation du pacte SDN et pacte Briand Kellog[92].

Mais ce schéma "déclaration = guerre" se trouve déjà battu en brèche par les faits internationaux. Dès 1979, un ouvrage collectif initié par l'actuel président du TPI, le professeur Cassese sur le "Nouveau droit humanitaire des conflits armés", à l'issue de tables rondes organisées à Pise en 1976 et à Florence en 1977 autour des conférences du CICR, rassemble des études d'où ressortent plusieurs constats :

- prises de guerre exercées sans déclaration de guerre par un État sur des marchandises destinées à un autre. (Égypte : création d'Israël en 1948) ;
- effets distincts attachés par les États aux affirmations publiques des représentants d'autres États. (président Nasser : crise de Suez[93]; président Ayub Khan : conflit indo-pakistanais

du 6 septembre 1965[94]) ;

- explications publiques du département d'État américain sur la guerre et l'état de guerre non déclarés par les États-Unis de 1961 à 1973 au Vietnam, sous couvert d'assistance au Sud Vietnam et de liberté de négociation ; recherche d'une solution politique[95].

N'importe quelle déclaration belliqueuse ne vaut donc pas "déclaration".

Ces incertitudes prennent à distance tout leur intérêt, dans la mesure où, nous le verrons, les affirmations publiques des responsables des parties au conflit en ex-Yougoslavie ont servi de trame à l'analyse conduite par le TPI.

La guerre se déclare, soit, mais qui a qualité pour la déclarer ? La doctrine distingue alors les États d'autres entités et parmi les États ou les entités.

La qualité d'État

La doctrine confère historiquement un monopole en la matière : "Seul mérite le nom de guerre internationale le conflit qui met en présence deux États indépendants" précise Delbez, au nom de la quasi unanimité des auteurs, en se fondant notamment sur le caractère premier des États : "Seuls les États sont considérés par le droit... comme sujets de droit [ou] des personnes internationales".

Bref, il y a les déclarations "autorisées" et les "autres". Le juriste se trouve d'ailleurs appelé à préciser.

Le cas des États à structure fédérale

Il en résulte que : "Ne sont pas des guerres stricto sensu les conflits armés entre État Suzerain et État Vassal – entre États particuliers d'un État Fédéral – entre un État souverain quelconque et certains de ses nationaux insurgés..."

A cet égard, Mario Sassoli[96], chef adjoint de la division juridique du CICR commentant, à titre personnel, la première décision de la chambre d'appel du TPI pour l'ex-Yougoslavie (affaire Tadic), souligne : *"Si en 1990, on avait soumis à des étudiants en droit international un cas d'étude impliquant des États fédérés d'un État fédéral voulant faire sécession et un gouvernement central s'y opposant en recourant à la force armée, les étudiants auraient qualifié ce conflit de non international, à part l'hypothèse de guerre de libération nationale."*

Le TPI ne saurait être assimilé à un "élève" (bon ou mauvais) du droit international. De fait, le même auteur offre simultanément une approche volontariste du droit international (voir B). Néanmoins, la difficulté, à laquelle devait se mesurer la fonction interprétative du TPI réside bien dans cette configuration : un État fédéral à structure complexe (six républiques et deux provinces autonomes) et plurinationale.

L'existence d'un État ne dispense toutefois pas de vérifier celle d'autorités légitimes, habilitées à déclarer la guerre. La personnalité juridique de l'État, acquise en droit international, varie par ailleurs avec le sort que lui réserve l'histoire, notamment lorsque ses acteurs défont les liens et les limites du passé. Parmi ces acteurs, certains s'avèrent plus déterminants que d'autres.

La partie dotée d'un commandement responsable exerçant son contrôle sur tout ou partie d'un territoire et de sa population

L'identification d'un tel commandement illustre, paradoxalement le minimum de force requise de l'ennemi : une structure organisée apte à décider et à faire respecter ses décisions...

La deuxième guerre mondiale a vu de nombreux gouvernements (neuf à fin 1941) se constituer en exil, des autorités installées ou appuyées par les "puissances de l'axe" exerçant en parallèle la réalité du pouvoir sinon du contrôle sur le territoire et la population.

La reconnaissance par les "alliés" de ces gouvernements[97], pour certains autoproclamés sans référence à une légitimité antérieure, au nom de mouvements de résistance, a fourni au droit international une belle application des mécanismes de la reconnaissance internationale.

D'une part, les trois éléments constitutifs théoriques d'un État : population, territoire, gouvernement (au sens d'autorités représentatives) suffisent sans doute à traduire l'existence d'une minorité voire d'une identité nationale, mais ils ne garantissent pas l'entrée dans les organisations internationales, à égalité de souveraineté avec les autres États membres.

Le droit international public a d'ailleurs très sérieusement élaboré les catégories "État fictif"[98] et "État fantoche"[99].

Quelques uns des conflits récurrents de cette deuxième moitié de XXème siècle portent, à différents degrés, sur un droit à l'existence et à la reconnaissance :

- peuple kurde éclaté entre les territoires de cinq États ;
- peuple palestinien en quête d'État et État d'Israël en quête de bon voisinage.

Des menaces renaissent périodiquement de l'absence de "siège" onusien : 16 républiques socialistes avaient été maintenues hors de l'ONU jusqu'en 1955, la Chine communiste puis Taiwan ont successivement dû relever le même défi.

L'inde/Cachemire et la Russie/Tchétchénie voient leurs fédérations respectives clairement déchirées aujourd'hui par la revendication d'indépendance de certaines entités qui les composent.

D'autre part, la légitimité de la représentation d'un État admis par la communauté internationale (définie comme celle des États) donne également lieu à reconnaissance[100].

Aux 587 coups d'État recensés par l'Institut d'études polémologiques entre 1945 et 1986[101], dont les effets ont pu être enregistrés de facto, s'ajoutent les refus ponctuels, discrétionnairement opposés par un ou plusieurs États aux demandes de visa et/ou statut diplomatique[102], lettres de créance émanant d'un autre État.

La recherche d'interlocuteurs, même et surtout lorsque la reconnaissance internationale fait défaut, se trouve consacrée par le droit de la guerre à travers cette "partie dotée d'un commandement responsable..."

Le gouvernement civil clandestin[103] de la résistance passive au Kosovo ne bénéficie pas d'une "faveur" au moins équivalente à celle des autorités de la République serbe de Bosnie (Sprska).

À comparer les "séparatismes" invoqués, les élus du Kosovo pourraient à tout le moins se prévaloir d'un statut antérieur d'autonomie (supprimé par décret du 5/7/1990), là où les leaders de la Republika Sprska ont taillé de toutes pièces un territoire "ethniquement pur".

La relativité des critères de reconnaissance politique s'étend naturellement à la qualification de "commandement responsable" : question de fait, les faits militaires se révèlent souvent difficilement contournables.

La guerre a ses maîtres... et ses chefs de colline : ceux qui sur le terrain, en ex-Yougoslavie, n'entendaient pas systématiquement se plier à des ordres venus d'ailleurs...

Maurice Torrelli, envisageant les contradictions de la politique onusienne/zones dites de sécurité[104] relève "*la tension entre la logique des aviateurs de l'OTAN, qui répond à une culture de la guerre, et celle des casques bleus : ces derniers en effet, n'ont pu essayer de faire passer les convois d'assistance humanitaire qu'au prix d'une négociation permanente aux contreparties douteuses, aux résultats toujours incertains car elle dépend du bon vouloir de l'autorité bloquante ; ils ont cherché à empêcher les frappes aériennes censées les protéger*".

Ne pas oublier : "déclarations de guerre" et "commandements responsables" placent militaires et civils en ordre de guerre. Mais la guerre ne s'arrête pas aux mots, en dépit du fait que ces mots aient appelé à la peur et à la haine en ex-Yougoslavie ou au Rwanda.

2. La violence de deux parties

La guerre suppose une volonté de faire la guerre "animus bellandi" et une certaine bilatéralité : "Dans la guerre les deux adversaires ont le droit d'employer la violence et ils ne s'en privent pas". Néanmoins, la volonté unilatérale d'une seule partie d'entrer en guerre, se suffit-elle, lorsque l'ennemi se révèle soit trop inattendu soit trop proche ?

Drôle de guerre

Ainsi les Français avaient-ils qualifié la période comprise entre la déclaration de guerre par la France à l'Allemagne (3 septembre 1939) et la manifestation de l'ennemi : l'offensive du 10 mai 1940, indépendamment des combats qui avaient déjà endeuillé plusieurs fronts à cette date. La stratégie Maginot attendait...

Sans référence à cet épisode franco-français, Delbez s'interroge :

"L'élément matériel pose en effet au juriste un problème délicat, celui de savoir s'il peut y avoir état de guerre en l'absence de toute opération militaire". Et il répond, en s'appuyant sur les pratiques latino-américaines qui avaient déclaré la guerre aux empires centraux en 1914-1918 et aux puissances de l'Axe en

1941, sans contribuer selon lui à l'effort de guerre[105] : "Il est clair que le droit n'est pas fait pour créer ou régir des fictions : ce sont des faits et non des mots qui comptent. Il est évident qu'une guerre sur le papier n'est nullement une guerre au sens de la quatrième Convention de La Haye."

Rousseau, pour sa part, retient cumulativement les éléments objectifs et subjectifs de la définition pour identifier la guerre.

La défense de Tadic a repris tacitement ces distinctions, en invoquant l'absence de combats dans la zone de Prijedor. JSF a combattu, en son temps, cette argumentation à travers son amicus curiae. À plusieurs mois de distance, il importe de mettre en perspective ces moyens de la défense et la réflexion sur la "contribution à l'effort de guerre" ou les actions de guerre proprement dites.

Le droit, même utilisé de façon spécieuse, s'inscrit en décalage avec les stratégies de guerre :

– le XXème siècle a lancé la pratique de la guerre totale – certes illicite – celle qui estompe, schématiquement, la distinction entre civils et militaires, entre l'arrière et le front, par idéologie interposée. Lors de la seconde guerre mondiale, le port de brassards de deuil par des citoyens d'Amérique latine, jusqu'à la libération de certaines républiques européennes ou celui d'une étoile jaune par un membre de la famille royale d'Angleterre a contribué, symboliquement, à relayer la représentation d'hommes et de femmes victimes d'une agression prônant tout haut esclavage et/ou anéantissement.. Cette non violence, hostile au langage armé de l'Autre, participe pourtant clairement au conflit[106] ;

– parallèlement, le droit a renoué avec la recherche de temps et espaces-sanctuaires : en prétendant identifier des périodes "hors la guerre", la défense transpose, à la marge, la logique du "zonage" de protection, qui troue les ombres de la guerre. Elle inverse le processus, en tentant de renvoyer au non droit les sites hors zones.

Ce qui demeure clair : la défense invoque les faits de guerre, et le droit, à rebours, là où précisément le statut du TPI englobe l'ensemble du territoire et de la chronologie du ou des conflits, sans exception.

La défense a par ailleurs, plus généralement soutenu que si guerre il y avait, elle demeurait "guerre civile", c'est-à-dire conflit interne.

Guerre civile

La violence existe bien dans les différents camps d'une guerre "civile".

Au-delà du droit, la guerre ne devient pas civile seulement parce qu'elle n'oppose pas un État, et son armée, à un autre État qui aligne lui aussi des forces armées.

Elle l'est, dans toute la mesure où elle remet en cause "l'appartenance des adversaires à une même communauté... organisée sous la forme moderne d'État-Nation... avec implication générale des masses. Cette participation volontaire de l'ensemble du corps social intervient au niveau de projets concurrents mais valables pour l'ensemble de la communauté [107]".

Elle l'est, surtout, dans l'affranchissement de toute régulation, tout ordre public/liberté et sécurité de tous et de chacun, qu'il appartient précisément à un État de garantir.

L'invitation de certains révolutionnaires français en 1793[108] "Par pitié, pour l'amour de l'humanité, soyez inhumains" implique, ainsi que le soulignait Hannah Arendt, l'exclusion, l'éradication par tous les moyens, y compris le droit de vie et de mort sur l'ennemi de la Nature, du Peuple, de La Cause...

L'"esprit de croisade"[109] parvient à stigmatiser les "horreurs" de l'Autre, toujours bien "réelles" et à valider, si elles ne sont pas niées, les "atrocités" commises par le camp de chaque partie, "présentées comme des besoins objectifs".

Mais "l'extrême férocité" ne constitue pas le monopole des guerres civiles[110]. Le fratricide existe déjà dans ce que l'Homme fait à l'Homme, le bourreau et la victime pouvant également aimer, comme Karadzic le confie aux auteurs de "Avec les Serbes", Mozart et Tchaïkovsky. À propos, saviez-vous que le concerto n° 1 "est très slave" ? La violence, par elle-même n'offre donc pas, à elle seule, un critère opérationnel, distinctif d'une catégorie de conflit par rapport à une autre.

L'intervention d'États tiers, voire de citoyens tiers dans la guerre civile, au sens juridique du terme, détermine-t-elle davantage sa transformation en guerre "internationale" ?

La guerre civile d'Espagne (1936-1939), en dépit du soutien militaire apporté par les puissances de l'Axe aux Franquistes, par la Russie soviétique aux Républicains, pour n'évoquer que les appuis les plus visibles, souvent assimilée, a posteriori, à une répétition générale de la deuxième guerre mondiale, n'a pas été reconnue comme telle.

Dix-sept États européens, dont la France, plus la Suisse et les États-Unis s'étaient toutefois expressément engagés à ne pas intervenir le (1er août 936), puis à interdire tout recrutement, enrôlement, transit ou départ de volontaires à destination de l'Espagne (le 16 février 1937).

L'action des États-Unis, part accessoire au conflit entre Kurdes et Irakiens, doublé d'un conflit entre partie des Kurdes irakiens avec l'Irak[111], n'a pas non plus été considérée, les 3 et 4 septembre 1996, comme une entrée dans l'ère de la guerre internationale.

La défense a rappelé cette mémoire internationale qui sélectionne ses guerres et ses "reconnaissances". C'est négliger la double finalité de protection qui fonde la reconnaissance de belligérance. Les agissements examinés et poursuivis par le TPI ne se définissent pas par comparaison à un ou plusieurs précédents, contestables ou non ; ils sont la raison d'être de la reconnaissance politique du conflit.

B. L'OBJET DE LA RECONNAISSANCE DE BELLIGÉRANCE

Avant d'aborder le sort réservé aux belligérants (2), il importe de situer les "témoins" du conflit (1).

1. La protection à l'usage des neutres

"La neutralité s'entend... de la condition d'un État qui demeure étranger à un conflit interétatique armé particulier, dont les droits et obligations sont déterminés par le droit de la guerre, et de la condition d'un État qui s'interdit, hors la légitime défense, d'intervenir ou de participer dans tout éventuel conflit armé interétatique, dont les droits et obligations sont déterminés par le droit de la paix"[112]. La définition s'étend aux relations d'États tiers avec les parties à un conflit interne.

Perpétuelle (Suisse) ou déclarée (à l'occasion d'un conflit particulier), la neutralité instaure "la mise hors la guerre" des personnes et des biens relevant des États neutres en la subordonnant au respect d'un certain nombre de conditions.

Les intérêts légitimes

La neutralité au sens juridique, se distingue du neutralisme ou du mouvement dit des "non alignés" (qui constituent autant de positions politiques).

Conformément à la protection diplomatique de l'État neutre, sur ses ressortissants ou sur les personnes susceptibles de bénéficier d'un statut particulier (apatrides, réfugiés...), la sécurité des personnes résidant ou circulant sur le territoire contrôlé par les parties au conflit se trouve garantie par leur "appartenance" à un État neutre.

Les navires battant pavillon de l'État neutre, transportant des passagers ou des marchandises ne peuvent être attaqués, détruits[113], ou confisqués (sauf jugement de prise en cas de contrebande de guerre).

Inversement, les parties belligérantes peuvent exercer un droit de visite et inspection des documents de bord et chargement des bâtiments neutres ; déclencher un blocus des ports occupés par une ou plusieurs d'entre elles.

La neutralité ne fait pas obstacle (au contraire) à des missions de bons offices ou à la désignation de l'État neutre comme puissance protectrice des ressortissants d'un État partie au conflit international.

Non ingérence

Contrepoint de la préservation de ses "intérêts", la neutralité interdit à l'État qui s'en réclame :

- tout accueil d'une base d'opérations militaires (lancement ou repli) ;
- tout soutien matériel apporté aux belligérants.

De tels actes pourraient d'ailleurs être considérés comme "délit d'agression"[114] : "Emploi de la force armée par un État contre la souveraineté, l'intégrité territoriale d'un autre État, ou de toute autre manière incompatible avec la charte des Nations Unies, [exception faite de l'appui dû aux] peuples en lutte... notamment ceux soumis à des régimes coloniaux ou racistes ou à d'autres formes de domination étrangère".

La protection ne se trouve naturellement pas réservée aux "neutres". Mais son contenu diffère sensiblement.

2. La protection à usage des belligérants

Elle s'organise autour d'un minimum, automatique, l'article 3 commun à l'ensemble des Conventions de Genève, et résulte des dispositions spécifiques adoptées dans le cadre de conflits armés internationaux par l'article 2, reprises, en l'occurrence, par le droit interne ex-yougoslave.

Le jus cogens des personnes protégées et des actes interdits

PERSONNES PROTÉGÉES

"Les personnes qui ne participent pas directement aux hostilités... seront en toutes circonstances traitées avec humanité, sans aucune distinction de caractère défavorable[115] (...) Sont et demeurent prohibés en tous temps, en tous lieux, à l'égard des personnes mentionnées ci-dessus :

ACTES INTERDITS

a) les atteintes portées à la vie, à l'intégrité corporelle, notamment le meurtre sous toutes ses formes, les mutilations, les traitements cruels, tortures, supplices ;

b) les prises d'otages ;

c) les atteintes à la dignité des personnes, notamment les traitements inhumains et dégradants ;

d) les condamnations prononcées et les exécutions effectuées, sans un jugement préalable rendu par un tribunal régulièrement constitué, assorti de garanties judiciaires reconnues comme indispensables... "

Ainsi que l'écrivait Victor Duculesco en 1975[116], l'article 3 ne préjuge pas du statut des insurgés mais : "Du point de vue moral et politique, la reconnaissance de belligérance profite incontestablement aux insurgés et non au gouvernement établi, en mettant les rebelles sur le même pied que le gouvernement contre lequel ils mènent le combat, et en attirant par là même l'attention de l'opinion publique internationale et des autres États sur leur cause. D'autre part, on doit observer qu'avant la reconnaissance de belligérance le gouvernement établi est le seul maître de la situation, appliquant son droit interne aux insurgés et déniant tout caractère international au conflit".

Il concluait, en citant les travaux de J. Siotis en 1958[117] : "l'article 3 (...) reconnaît (...) l'existence d'une partie au conflit, liée par les dispositions de l'article 3, qui n'avait aucun statut en droit avant l'entrée en application de cet article".

La date de ces analyses présente un intérêt dans la mesure où elle traduit l'existence d'un courant doctrinal constant et minoritaire qui a favorisé l'émergence, à travers les deux protocoles facultatifs additionnels aux Conventions de Genève, d'une nouvelle qualification des conflits, impliquant, dès la première guerre mondiale, des entités inédites, aux appellations variables : "comités nationaux" (Pologne, Tchécoslovaquie) ou quasi-États (État sous tutelle ou sous protectorat).

Mais cette contribution n'aurait pas abouti si, parallèlement, une évolution sensible des pratiques internationales n'avait pas, entre autres, singulièrement amoindri la signification et l'utilité de la reconnaissance de belligérance (voir II).

Outre le jus cogens, les Conventions de Genève établissent les limites des conflits internationaux.

Les protections et les interdictions par catégorie

En droit, l'Humanité et l'Innocence se conjuguent par :

– tranches de population : population civile ou combattants
    - auxquels le recours à certaines ruses et armes se voit interdit ;
    - malades, blessés, naufragés et prisonniers, tous soldats hors combat, dont la prise en charge et auxquels l'accès se trouvent strictement organisés et contrôlés.

La IVème Convention relative à la protection des populations civiles emporte la création de zones sanitaires exclues des combats, des modalités d'approvisionnement en vivres et médicaments, des interdictions pesant sur la puissance occupante (transfert forcé de population entre autres)

– tranches d'âge ou sexe :
    - femmes enceintes ou mères d'enfants de moins de 7 ans ;
    - personnes âgées ;
    - mineurs de moins de 15 ans.

– cibles licites (objectifs militaires) et illicites (sites culturels et cultuels, écoles, hôpitaux, zones démilitarisées, localités non défendues, zones neutralisées, zones et localités sanitaires avant la création des zones humanitaires sûres (Rwanda), ou protégées des Nations Unies (Croatie).

Il n'y a pas lieu de reprendre là l'ensemble des incriminations visées par le statut du TPI et déjà cartographiées par Marie Guillemot et Anne Laure Galtier .

L'état du droit yougoslave

L'universalité de ces règles tient simultanément au droit coutumier et au droit conventionnel[118] : le droit yougoslave intégrait parfaitement cette dimension.

La connaissance de ces valeurs et de ces interdits est parfaitement établie en ex-Yougoslavie. Le rapport national de Miroslav Djordjavic, professeur à l'Université de Belgrade à l'Association Internationale de Droit Pénal en 1989, soit avant les événements, ne laisse planer aucun doute. "La législation pénale en Yougoslavie contient un grand nombre d'incriminations qui, du point de vue des conventions internationales actuellement en vigueur représentent la réalisation conséquente des obligations internationales... la majeure partie des incriminations relevant du domaine du droit pénal international est contenu dans un chapitre particulier intitulé "Les actes criminels contre l'Humanité et contre le droit International". Cet article contient les infractions suivantes : le génocide, les crimes de guerre contre la population civile, les crimes de guerre contre les blessés et les malades, les crimes de guerre contre les prisonniers de guerre, l'organisation d'un groupe et l'instigation à la pratique du génocide et des crimes de guerre, l'exécution et la mutilation illicites de l'ennemi, la confiscation illicite des biens des tués et des blessés sur le front, le recours aux moyens de lutte illicites, la violation du parlementaire, le traitement cruel des blessés, des malades et des prisonniers de guerre, la destruction des monuments culturels et historiques, l'instigation à la guerre d'agression, l'usage abusif des insignes internationaux, la discrimination raciale ou autre, la création des rapports d'esclavage."

Après avoir précisé quels actes étaient imprescriptibles parmi ceux figurant sur cette liste (génocide, crime de guerre contre la population civile, les blessés, malades et prisonniers de guerre), l'auteur poursuivait : "Il est caractéristique de noter aussi que l'acte d'ordonner l'exécution du génocide ou du crime de guerre est incriminé comme une forme d'accomplissement de ces actes, de sorte que ceux qui auraient donné de tels ordres sont considérés comme auteurs de l'acte criminel et non pas comme instigateurs, ce qui permet de prononcer à leur encontre une peine même si l'ordre n'a pas été exécuté..."

La disposition sur la responsabilité du subalterne pour l'exécution de l'acte criminel sur l'ordre du supérieur, si cet ordre a été donné en vue d'exécuter un crime de guerre ou un autre acte criminel grave, ou bien s'il a été évident que l'exécution de cet ordre représentait un acte criminel ce qui, en ce qui concerne les crimes de guerre peut être également en rapport avec le principe de Nuremberg ayant trait à cette question, est importante, elle aussi pour les actes criminels internationaux dans le droit pénal Yougoslave."

Les États ou entités qui ont revendiqué leur succession à l'État ex-yougoslave ont expressément déclaré succéder aux conventions et traités liant l'État disparu.

Interrogée par la Revue de Droit Militaire et de Droit de la Guerre qui a publié l'analyse de ces questionnaires en 1992 et 1993, la Yougoslavie a confirmé avoir créé la fonction de "conseillers juridiques" prévue par l'article 82 du protocole I aux Conventions de Genève. "Généralement militaires, parfois civils[119], [appartenant à un] service et une cour militaire spéciale... administrés par la Haute Cour juridique militaire, contrôlés par le plus haut magistrat militaire, présents au niveau de la Division et de l'Armée."

Ils avaient pour mission de "protéger les intérêts du service, (...) juger et rendre jugement en temps de paix et de guerre". L'institution de conseillers juridiques n'a manifestement par rempli sa mission en ex-Yougoslavie, emportée avec la Fédération, ou primée par la violence des acteurs sur le terrain.

Précisément, le droit n'a-t-il déjà pas infléchi les principes dégagés en matière de belligérance au regard du "terrain", des pratiques de la communauté internationale ?

II. LA COMMUNAUTÉ INTERNATIONALE ET SES GUERRES NON DÉCLARÉES

L'Assemblée générale des Nations Unies a progressivement initié, à partir des articles 2 et 55 de la charte, toute une série de guerres "autorisées" (A),voire d'opérations de police échappant à la nomenclature ordinaire des conflits (B).

A. LES GUERRES "AUTORISÉES"

La notion regroupe les guerres légitimées soit par l'existence d'un "joug", lui-même qualifié d'illicite (1), soit par la menace de ou l'agression proprement dite (2).

1. Les guerres de libération

Elles constituent la première catégorie de guerres "annoncées", présumées licites, parce que sanctionnant l'abus historique commis par certains États à l'encontre de communautés réputées plus faibles, assujetties et /ou dominées par la force. Elles coïncident, par-delà le principe des nationalités (Wilson) invoqué, puis oublié[120] lors du règlement des recompositions territoriales issues de la première guerre mondiale, avec la prise de conscience d'identités nationales ou culturelles[121]. Le premier axe des libérations vise de ce fait logiquement la domination étrangère. Le second tend à régir un processus de libération, hors domination étrangère.

Domination étrangère

Rousseau reprend ce principe de "lutte armée entre États", tout en intégrant à son catalogue de conflits, les guerres par leur finalité "révolutionnaires" et de "libération nationale", comme mettant en scène non plus les États, mais au moins "un État et une population coloniale".

Au titre des travaux initiés par le président Cassese, l'étude de René Jean Dupuy et Antoine Léonetti portant sur le conflit armé à caractère non international rappelait le lien entre l'appartenance de la guerre de libération à la catégorie guerre "internationale" et l'incrimination internationale du colonialisme, du racisme[122], corrélative de la reconnaissance de droits à l'autodétermination et à l'indépendance[123]. Le Protocole I consacre le caractère international du conflit par anticipation sur le futur statut d'État. La notion d'étranger, même en examinant les idéologies nationalistes brandies par des responsables serbes, croates, ou bosniaques, reste difficilement soutenable, dans le cas de la Bosnie-Herzégovine.

L'existence de luttes séculaires régulièrement invoquées par leurs "penseurs" pour reprocher l'"invasion" de l'autre partie, à travers l'histoire, témoigne au contraire de l'imbrication des peuples en ex-Yougoslavie, sous les dominations successives, concomitantes et/ou rivales d'empires (austro-hongrois, germanique ou ottoman) aujourd'hui disparus.

Reste une manière de devenir étranger ou d'inventer l'étrangeté des Autres : s'autodéterminer.

L'autodétermination

Interrogés sur le droit des peuples à disposer d'eux-mêmes, les juristes se divisent.

M. Baxter, commentant la relation entre Conventions de Genève et guerres de libération[124], indiquait : "Le cœur du problème est que nous savons où commence le droit à l'autodétermination, mais que nous n'avons pas de vision commune de jusqu'où cette notion nous conduit".

Nombreux rappellent les limites posées à leur sens à l'exercice dudit droit : la prohibition de l'annexion et l'intangibilité des frontières.

Peter Rowe[125] souligne en 1993 que le débat sur l'autodétermination en ex-Yougoslavie a eu lieu : "La Déclaration de la Commission d'arbitrage selon laquelle de telles minorités disposent des facultés reconnues par le droit international aux minorités et groupes ethniques à l'exclusion d'un droit de sécession qui pourrait impliquer la modification des frontières existantes (...) [et] la position que les minorités en Bosnie-Herzégovine n'étaient pas autorisées à se proclamer unilatéralement en qualité d'entités indépendantes (...) ont été confirmées par la résolution du Conseil de sécurité – résolution 787 (16 novembre 1992).

Il y a lieu de nuancer cette conclusion : d'une part, parce que la modification des frontières est un fait internationalement reconnu dans le cas de l'Érythrée et demeure l'enjeu des négociations israélo-palestiniennes, pour ne citer que ces deux exemples. Michel Foucher observe de surcroît qu'entre 1989 et 1993[126], le seul "continent européen a vu se tracer 14000 kilomètres supplémentaires de frontières, dont certaines se présentent même comme des fronts." D'autre part, parce que les rêves de "Grande Serbie" ou "Grande Croatie" ne sont pas morts avec Dayton, la revendication des entités ethniquement reconstituées par la force demeurant, à terme, le rattachement aux espaces "identitaires" respectifs.

Le véritable obstacle résiderait alors dans le refus du droit du plus fort, de l'exercice de la force sans le droit, à l'encontre de populations vivant sur le territoire "commun", au prétexte d'appartenance. Il s'agit là de dénier à la guerre l'utilité d'un "mode de révision du droit", dont la légitimité dépendrait de l'issue des armes, l'État victorieux instaurant un "nouveau" droit positif.

La reconnaissance de droits collectifs, voire du droit à une discrimination positive, résultant de la Déclaration des Nations Unies sur les droits des personnes appartenant à des minorités nationales ou ethniques, religieuses et linguistiques, n'autorise effectivement pas "une quelconque activité contraire (...) à l'intégrité territoriale (...) des États". Ainsi que le commente Isse Omanga Bokatola[127], cette disposition "s'explique par le fait que les États souhaitent que l'exercice des droits des minorités n'aboutisse pas à la lutte révolutionnaire, à l'aggravation des rivalités entre les communautés ou au retour du principe des nationalités avec son cortège pas toujours pacifique de rectification des frontières et de partage des territoires".

Ce refus va plus loin que le paragraphe 7 de la Déclaration dite des Relations Amicales entre les États excluant toute "action qui démembrerait ou menacerait, totalement ou partiellement, l'intégrité territoriale ou l'unité politique de tout État souverain et indépendant" à condition qu'il se conduise "conformément au principe d'égalité de droits et du droit des peuples à disposer d'eux-mêmes" et qu'il soit "doté d'un gouvernement représentant l'ensemble du peuple appartenant au territoire sans distinction de race, de croyance ou de couleur".

Cette conditionnalité relative recule, sinon disparaît avec la

Déclaration spécifique aux minorités. La décomposition de l'État, grand ou petit, tend à reposer désormais, pour être validée par le droit international, sur le consentement mutuel et sur le maintien d'intérêts communs, à travers des espaces économiques et/ou politiques de transition, sinon de substitution, (Tchèquie et Slovaquie, CEI par exemple).

La question se pose d'ailleurs de savoir comment un État créé de fait, par et pour la violence, pourrait prétendre avoir qualité d'"État pacifique" acceptant "les obligations de la charte", ni a fortiori témoigner de sa "capacité à les remplir" et sa volonté "de le faire" (article 4 paragraphe 1 de la charte).

Libre et pacifique, chaque État, chaque personne, peuvent souhaiter le demeurer.

2. Les guerres en légitime défense

Héritières du concept de "guerres justes" élaborées au cours du moyen âge, les légitimes défenses sont de deux ordres : la légitime défense de l'État, agressé contre l'État agresseur – expressément prévue par l'article 51 de la charte et celle des populations, progressivement élaborée puis mise en œuvre par différentes instances de l'ONU, au nom des violations massives et délibérées des droits de l'homme et/ou du droit international humanitaire.

Légitime défense des États

Corrélative du principe d'égalité et de souveraineté des États, elle implique la faculté pour l'État objet d'une action armée d'y répondre par la force. Sorte de droit naturel, irréductible, elle connaît toutefois en droit international deux tempéraments.

Le premier, lié au principe de la recherche d'un règlement pacifique aux différends entre États : la saisine et la décision des gardiens de la sécurité internationale (Assemblée générale et Conseil de sécurité) interfèrent avec l'exercice de ce droit. La situation de la Bosnie-Herzégovine pendant la durée du conflit a particulièrement bien illustré cette problématique. La résolution portant embargo sur la livraison d'armes aux parties en conflit a affecté, sur le terrain, l'armée régulière de Bosnie-Herzégovine, face aux armées d'États ayant pris des initiatives militaires directes ou indirectes (Serbie et Croatie) à son encontre.

Le deuxième exclut le caractère légitime de la résistance d'un État à l'intervention "réparatrice" des Nations Unies et/ou des Forces Armées placées sous son commandement (articles 2, paragraphes 2,5,7 articles 5, 6 et 49 de la charte).

Légitime défense des populations

Même si l'équivalent d'un "droit de résistance à l'oppression" n'existe pas formellement dans la charte des Nations Unies, diverses dispositions ont amorcé une sorte de jeu de balance entre le principe de non ingérence dans les affaires intérieures d'un État et le principe d'humanité.

Le second, déclaré par la Cour internationale de justice, à l'occasion d'affrontements armés[128], transparaît sous des qualificatifs aléatoires, ambigus (assistance, intervention), pour des motifs souvent mélangés de fait et de droit, et toujours de façon subsidiaire : en cas de défaillance de l'État protecteur (Somalie : résolutions 751 et 794 sur l'accès aux populations frappées par la famine et les bandes armées) et plus rarement encore à titre de sanction de l'État violateur (Irak : résolution 688 sur la protection des populations Kurdes).

La complémentarité entre les exigences du droit international humanitaire et des droits de l'homme[129] s'affirme, couvre un espace normatif dont les effets conjugués restent encore, pour beaucoup, à éclairer.

Le Secrétaire général des Nations Unies a souligné que : *"La question de l'action internationale doit se poser lorsque les États contreviennent aux principes fondamentaux de la charte et lorsque loin d'être le protecteur de la personne humaine, ils en deviennent les bourreaux... Dans de telles circonstances, c'est à la communauté internationale de prendre le relais des États défaillants, c'est-à-dire aux organisations universelles ou régionales"*[130].

Certains juristes[131] vont plus loin, sans libérer les États et organisations de leur responsabilité, ils annoncent que "le respect du droit international humanitaire est de la responsabilité de toute la communauté internationale, des États, et des parties au conflit. Mais ce droit doit surtout être observé par les intéressés : toute personne qui participe aux hostilités dans les conflits armés doit pratiquement mettre ce droit en œuvre sur le champ de bataille : ne pas attaquer des civils innocents, ne pas torturer, ne pas exécuter sommairement, prendre soin des blessés même au pire des combats"[132].

Cette perspective de véritable citoyenneté, cette aspiration à une éthique partagée et garantie par le droit international suppose une première victoire de chacun sur sa peur, sa haine, sa douleur (de celle qui rendraient bien d'autres batailles et victoires inutiles). Le TPI appuie, au moins partiellement son approche de la responsabilité individuelle, sur une véritable exigence de conscience : la condamnation d'Erdemovic situe ainsi les seuils de la contrainte susceptible d'être invoquée par la défense à un niveau relativement élevé.

La légitime défense des populations, à la supposer admise, ne paraît toutefois pouvoir être "administrée", en l'état du droit international, que dans le cadre des guerres onusiennes.

B. LES GUERRES ONUSIENNES

Il ne s'agit pas là de labelliser les "guerres" de l'organisation contre un ou plusieurs de ses membres (2) mais d'envisager quelle place les Nations Unies réservent juridiquement à la guerre.

Hormis la légitime défense, la guerre devient en elle-même un acte illicite, parce que constitutive d'une agression au sens du droit international (1).

1. L'agression illicite

La Société des Nations puis les Nations Unies ont placé au coeur de leur organisation le règlement pacifique des conflits entre États, en stigmatisant au passage la conquête comme instrument de politique internationale.

Le règlement pacifique

En tête des "buts des Nations Unies", ("maintenir la paix"), posé comme principe du nouvel ordre international émergeant de la seconde guerre mondiale[133], le règlement pacifique relève d'un chapitre distinct de la charte.

Catégorique (puisque de règle entre membres), préventif (au

stade de la menace) et/ou opérationnel (à n'importe quel moment du différend), il permet d'aller au-delà du droit, en complétant, étendant des dispositions protectrices à des situations voisines de celles pour lesquelles il avait été édicté (adoption par les parties en conflit au Guatemala de certaines prévisions du droit humanitaire [article 3 commun aux Conventions de Genève et protocole II][134] et contrôle par la MINUGUA).

Le risque demeure cependant, plus fréquemment, que la négociation contredise le droit : L'impunité politique et discriminatoire offerte au XXème siècle, entre autres, aux responsables des génocides arméniens et cambodgiens, repose simultanément sur :

– l'utilisation des "compétences" nazies, au nom de la lutte contre le communisme, celle de régimes "autoritaires" installés ou tolérés dans des zones d'influence (Chine au Tibet, États-Unis en Amérique latine, France en Afrique, ex-Union Soviétique en Hongrie, Pologne et ex-Tchécoslovaquie) pour ne rappeler, par ordre alphabétique, que les seuls membres permanents du Conseil de sécurité ;

– l'accession au pouvoir des "terroristes" et/ou "criminels", qualifiés comme tels par l'un ou l'autre camp d'un monde bipolaire de 1945 à 1989 (parmi les plus célèbres négociateurs de paix Rabin et Arafat) ;

– la neutralité et l'impartialité requises de l'humanitaire[135], laissant au seul politique le soin de sanctionner la violation de l'ordre juridique international. Or cette sanction a le Conseil de sécurité pour principal dépositaire.

Là où les observations de Mario Bettati en 1993 doutaient : "Dès lors que la responsabilité pénale de certains hauts dirigeants serait établie, on voit mal comment ils pourraient être à la fois les prévenus d'un procès, organisé par ceux-là même avec qui ils négocieraient, et les interlocuteurs de ces derniers, protégés par les privilèges et immunités diplomatiques." La défense de Tadic paraphrase sans s'y tromper.

Pourtant, notre mémoire reste courte : l'un des principaux négociateurs et le successeur désigné d'Hitler[136], lors de la reddition du IIIème Reich, ont été effectivement poursuivis et condamnés à Nuremberg.

Toute difficulté ne se trouve de fait pas levée à l'égard de deux responsables majeurs de la République (autoproclamée) serbe de Bosnie : interdits de mandat politique par l'accord de Dayton, objets de la procédure de mise en cause publique "inventée" par le TPI pour dénoncer publiquement ceux qui se dérobent à sa juridiction, au 1er février 1997, Karadzic et Mladic n'ont pour autant pas été arrêtés ni a fortiori amenés à comparaître à la Haye.

Indépendamment de ces écarts, le principe de règlement pacifique des conflits participe également à la définition des "conflits autorisés".

La conquête hors la loi

L'ONU, considérée dans sa fonction historique, élabore une réponse théorique et institutionnelle à une deuxième guerre mondiale, caractérisée par la prétention de plusieurs États à dominer les autres, pour cause d'inégalité des peuples ou des nations, à conquérir, sous prétexte "d'espace vital". La paix coïncide en conséquence avec l'égalité entre les nations, grandes et petites, associée au rejet de la force ou du fait accompli comme expression légitime des intérêts "vitaux" de tel ou tel État.

En ce sens, la cohérence entre les modes de reconnaissance par les organisations intergouvernementales, les obligations assumées par les États en adhérant à ces organisations, et le droit international tend à placer les relations internationales sous le signe du droit, à l'inverse des comportements des États qui continuent à dissocier ces relations (diplomatiques, économiques et politiques) de la violation par leurs partenaires des engagements communs[137] les plus élémentaires. La notion d'engagements communs recouvre, au minimum, tant ceux que la ratification introduit dans le droit international que ceux résultant de la coutume internationale. Le fait que la communauté internationale tente de circonscrire les conflits, en classant leurs objectifs dans la rubrique licite-illicite, n'exclut pas le recours à la force. Mais l'usage de la force et/ou la justification de cet usage se trouve confié à l'Organisation des Nations Unies.

2. L'intervention réparatrice

Le professeur Dupuy évoquait le 23 octobre 1993, au cours d'un colloque organisé par l'Association Française des Nations

Unies, la double nature de la paix onusienne : paix sécuritaire (urgence : mettre fin aux troubles) et paix structurelle (fondée sur les relations amicales entre États, le désarmement, le respect des droits de l'homme etc.).

Un rôle central lui paraissait joué par le Conseil de sécurité dans le passage de l'une à l'autre : à travers l'élargissement de la notion de conflit interne avec la conjonction d'opérations de "peace making" voire de "peace building" au nom d'exigences "démocratiques" (opérations d'assistance électorale par exemple).

En réalité, les interventions onusiennes, elles-mêmes liées par les règles du droit international humanitaire[138], n'ont quasiment jamais rempli les prévisions de la charte.

Il n'existe pas de forces ni de commandement des forces des Nations Unies proprement dits. Le Conseil de sécurité peut constituer lui-même des forces coercitives (articles 43-47 de la charte) ou inviter et/ou autoriser les États membres à les mettre sur pied. Certaines opérations ont pu être simplement autorisées par les Nations Unies, sans troupes des Nations Unies : l'opération américaine en Corée[139](résolution du 7 juillet 1950) et l'opération française (dite Turquoise : résolution 929/1994) au Rwanda. L'ambiguïté a le plus souvent présidé au lancement de telles opérations, leur finalité, leur contenu et leur résultat donnant lieu à des critiques justifiées.

En revanche, des contingents nationaux ont effectivement été mis à la disposition, sous des formes et des appellations diverses, d'opérations onusiennes : Irak ("Provide Comfort" – résolution 688), Somalie ("Restore Hope" – résolution 794). "Au 31 octobre 1994, 76 pays contribuaient avec 75 523 casques bleus et observateurs aux opérations de maintien de la paix des Nations Unies (...) À la veille de l'ouverture de la 49ème session de l'Assemblée générale (...) les États membres devaient 2 milliards de dollars au budget" de ces opérations[140].

L'expérience yougoslave de la FORPRONU, avec l'escalade des moyens destinés à doter progressivement ces casques bleus d'une véritable efficacité militaire (depuis les frappes aériennes de l'OTAN jusqu'aux forces d'intervention rapide) a illustré toutes les contradictions dans cet usage de la force.

Une force qui se montre sans être autorisée à agir, perd en crédibilité. Une mission d'interposition là où l'agression est consommée ne rétablit pas l'ordre public international. Elle n'assure pas davantage l'exécution de décisions de l'Organisation qui l'a mandatée en matière humanitaire (acheminement de convois et protection des zones), ou en matière de police[141].

Une force qui se retire là où sa présence a été requise pour garantir la sécurité de populations civiles risque de passer pour complice des atrocités commises après son départ, lequel fait inévitablement figure d'abandon[142].

Dans ce cadre, le conflit en ex-Yougoslavie a bien un caractère propre, au carrefour de tous les dangers : ceux de la désagrégation, de l'agression, de l'inhumain, de la barbarie, des hommes, de l'intervention. La forme particulière, juridictionnelle, de l'intervention, tend à reprendre le contrôle d'une histoire violente, pour ne pas dire de l'Histoire tout court.

DEUXIÈME PARTIE : D'UN CONFLIT AD HOC À UN CONFLIT SOUMIS AU DROIT DE LA GUERRE

Les différentes formations du TPI, Chambres de première instance et d'appel, ont adopté, pour qualifier le conflit, simultanément un même principe d'interprétation du statut (I) et des manifestations de volonté des parties au conflit comme de la communauté internationale (II) : la recherche du sens et/ou de la commune intention.

I. L'INTERPRÉTATION TÉLÉOLOGIQUE DU STATUT

Elle n'est pas spécifique au TPI, dès lors que les juridictions internationales ont progressivement élaboré une méthode d'analyse du fait international, traduisant la liberté de motivation de toute juridiction internationale : "Le juge ou l'arbitre international qui tranche un litige, au moyen de l'acte juridictionnel, poursuit nécessairement un certain but, même si celui-ci n'apparaît pas toujours explicitement dans la motivation formelle... C'est le dispositif qui souvent, permet de retrouver, avec une marge d'erreur inévitable, la finalité poursuivie. Lorsqu'une juridiction se trouve confrontée à une question de responsabilité qui a pour base une obligation de comportement, l'élaboration d'un type de référence est une étape de raisonnement"[143].

En l'occurrence, l'alternative – caractère international ou national – du conflit était visée en tant que telle dans le statut, par son article 5 : "Le tribunal international est habilité à juger les personnes présumées responsables des crimes suivants lorsqu'ils ont été commis au cours d'un conflit armé de caractère international ou interne, et dirigés contre la population civile quelle qu'elle soit". Mais il s'agissait là uniquement des crimes contre l'humanité.

Le TPI a envisagé sa mission, en s'attachant, par-delà les règles d'interprétation stricte qui prévalent, s'agissant des seules incriminations pénales, à l'objectif de protection des victimes en vertu duquel la communauté internationale s'est saisie et l'a institué (A). Il a également examiné, concrètement, la matérialité du conflit à travers ses responsables et ses participants (B).

A. CARACTÈRE NATIONAL ET/OU INTERNATIONAL DE PROTECTION

Cette protection tient au mandat du tribunal (1) comme à la recherche d'effectivité du droit (2), dans la perspective d'une lutte contre l'impunité.

1. Le mandat du Tribunal

Le jugement de première instance du TPI, dans l'affaire Tadic, reprend à son compte les quatre étapes du processus qui ont abouti à la création du tribunal : "D'abord, avec sa résolution 764 adoptée le 13 juillet 1992, le Conseil de sécurité a souligné que les personnes qui ont commis ou ordonné la commission d'infractions graves aux Conventions de Genève, sont individuellement responsables. Ensuite, le Conseil de sécurité a rendu publique sa condamnation, en adoptant, le 12/8/1992, la résolution 771 qui appelait les États et les autres institutions à soumettre des informations substantielles au Secrétaire général (...) Enfin, par sa résolution 780 du 6 octobre 1992, le Conseil de sécurité crée une commission d'experts chargée d'enquêter sur ces violations du droit humanitaire. [Le rapport] de la commission d'experts a conclu que des meurtres délibérés, le nettoyage ethnique, des massacres, des faits massifs de torture, viol, pillage et arrestation arbitraire avaient été commis"[144].

A cette date, le, voire les conflits, sont en cours, les combattants et les populations civiles se trouvent confrontés au non-droit.

Le statut vaut donc rappel des normes applicables, des interdits fondamentaux et des conséquences désormais associées non pas à la continuation de la guerre, mais à sa conduite hors du droit international humanitaire.

La protection des victimes potentielles entre clairement dans le champ juridique du futur tribunal, elle participe, au même titre que la sanction pénale, à la reconnaissance des victimes, à la préservation de la mémoire et au rétablissement de la paix.

Cette protection a pour corollaire celle de l'ordre public international atteint par l'échelle des crimes : gravité et ampleur. "La création du Tribunal est expressément dédiée à la poursuite de manquements graves aux règles du droit international humanitaire qui font sans aucun doute partie du droit coutumier, et non à l'établissement de quelque nouveau code de conduite venu d'ailleurs "[145].

Le Tribunal le souligne également de façon récurrente[146]. "L'objet et la finalité du Tribunal international ressortent à l'évidence des résolutions du Conseil de sécurité : rendre justice pour faire obstacle à de futurs crimes et contribuer au rétablissement comme au maintien de la paix..."

La protection par catégorie résultant de l'article 2 des Conventions de Genève a, dans cette perspective, été considérée par la juridiction de première instance, dans l'affaire Tadic, comme plus ou moins libérée de l'exigence d'un conflit international, à travers une lecture particulière de l'article 2 du statut. "L'article a été rédigé de façon autonome plutôt que par référence, sous réserve de l'identification des victimes d'actes énumérés par lui ; cette identification, et elle seule, implique de se reporter aux conventions proprement dites pour la définition des "personnes et biens protégés". Dans le cas présent, il n'est pas allégué que les victimes présumées au titre de plusieurs poursuites n'étaient pas des personnes protégées. Le moyen soutenu porte sur le fait que l'application de l'article 2 présuppose un conflit international.

Cependant, l'exigence d'un conflit international ne figure pas expressément dans l'article 2 [du statut]. Incontestablement, rien dans sa formulation ne requiert un tel préalable : une fois que l'un des actes incriminés a, a priori, été commis contre une personne protégée, la compétence du Tribunal international dépend de la réunion des conditions spatiales et temporelles de l'article 1... Il n'y a aucune raison de traiter l'article 2 comme important d'office dans le statut l'intégralité des termes des conventions, y compris la référence par l'article 2 commun aux Conventions de Genève à un conflit international. Ainsi que cela a déjà été indiqué, l'article 2 du statut se suffit à lui-même... il confère simplement matière à poursuivre[147]."

La Chambre d'appel du TPI, contrairement à la Chambre de première instance, a accepté de se prononcer simultanément sur l'existence et la nature du conflit, tout en restituant aux articles 2 du statut et des Conventions de Genève un champ d'application commun, plus restrictif. "Les crimes commis contre les personnes ou les biens considérés comme "protégés" par les Conventions de Genève sous la stricte condition posée par les Conventions elles-mêmes. Clairement, ces prévisions s'appliquent à des personnes ou à des choses protégées, à l'unique condition qu'elles s'inscrivent dans un conflit international. À contrario, ces dispositions n'incluent pas les personnes ni les biens entrant dans le champ d'application de l'article 3 commun aux quatre Conventions de Genève."

Elle infirme l'analyse de première instance pour deux raisons : la volonté des États parties aux Conventions de Genève de ne pas étendre leurs prévisions aux conflits internes, sous réserve précisément des dispositions de l'article 3[148] et l'absence de revirement de l'opinio juris des États[149]. Elle réserve par ailleurs l'hypothèse d'une implication avérée de la République fédérale de Serbie et du Monténégro[150] et s'appuie sur une vision extensive de l'article 3, revisité par les interprétations également élargies du

Conseil de sécurité, pour déterminer les infractions relevant de sa compétence.

Cette position, sans renier l'esprit de l'article 2 des Conventions de Genève, expose le TPI à bien des critiques[151] et pouvait générer des conséquences regrettables sous l'angle de l'accusation. Mais elle se conjugue avec le souci du TPI d'asseoir son action sur un droit effectif, incontestable.

2. Effectivité du droit

Le statut du TPI manquerait totalement ou partiellement son objet si l'interprétation du Tribunal tendait à le priver d'effet, en développant des raisonnements privilégiant l'absurde ou compromettant l'existence même de la protection qu'il lui appartenait d'aider à garantir.

L'absurde

Le Conseil de sécurité aurait créé un tribunal chargé de juger les personnes présumées responsables de crimes commis pendant un conflit qui n'existerait pas : comme le roi de la fable, le TPI serait nu.

Le Tribunal résiste à cette première approche : "L'appelant soutient que le conflit dans la région de Prijedor (...) était limité à une prise de pouvoir par les Bosno-Serbes, à l'exclusion d'engagements militaires (tout en reconnaissant l'existence de mouvements de blindés) [152]." Le 2 octobre 1995, dans l'affaire Tadic, le TPI écarte ce moyen, au nom du droit international : "Contrairement à la prétention de l'appelant, l'étendue géographique et temporelle des conflits armés, internes ou internationaux, dépasse les lieux et dates exacts des hostilités ."

Le Tribunal met en avant l'application des Conventions de Genève I et III jusqu'à la libération et au rapatriement effectifs des personnes protégées et surtout l'application de la IVème Convention sur tout le territoire jusqu'à la fin des hostilités[153].

Il aurait pu également rappeler que l'état de guerre a perduré, bien au-delà des opérations militaires à l'issue de la deuxième guerre mondiale : jusqu'au traité de Paris de 1947 (Bulgarie, Finlande, Hongrie, Italie, Roumanie), jusqu'au traité entre les alliés et le Japon en 1951, la Chine et le Japon en 1952, jusqu'aux déclarations unilatérales de certains vainqueurs (URSS/Japon en 1956).

Cette qualification exclusive irait à l'encontre de l'objectif de protection de toutes les victimes. À ne considérer que la dimension internationale du conflit, "il en résulterait que le Tribunal international devrait regarder le conflit entre les Bosno-Serbes et les autorités centrales de Bosnie-Herzégovine comme international. Dans la mesure où il ne peut être admis que les Bosno-Serbes constituent un État "ils ne seraient pas supposés agir" comme une entité rebelle mais comme des agents d'un autre État, la République fédérale de Yougoslavie (Serbie Monténégro)". Elle aurait de surcroît, selon le TPI, pour conséquence une double aggravation, plus exactement la création de risques de non protection ou de protection discriminatoire.

L'aggravation

Elle résulterait, selon le TPI, d'un paradoxe : les violations graves du droit international humanitaire imputables à l'armée gouvernementale de Bosnie-Herzégovine contre des civils bosno-serbes ne relèveraient pas des "graves breaches" incriminées parce que, nationaux de Bosnie-Herzégovine, les individus et groupes victimes ne seraient pas des personnes protégées ; les atrocités commises par les Bosno-Serbes contre des civils de Bosnie-Herzégovine pourraient être poursuivies, parce que leurs auteurs seraient rattachés à un État (Serbie-Monténégro) dont ils n'ont pourtant pas la nationalité.

Ce raisonnement s'oppose à celui du procureur qui, ayant envisagé en première instance l'alternative conflit national–international, avait soutenu le caractère international du conflit en appel ; à la tactique de la défense[154], dans la mesure où la qualification écartée l'est dans un souci de protection des principaux accusés, eux-mêmes serbes ou bosno-serbes.

Pour que justice soit faite, une fois dépassée la politique de l'"absurde" ou du "pire", l'effectivité justifie la prise en compte par le Tribunal de la réalité du comportement des parties.

B. CARACTÈRE NATIONAL ET/OU INTERNATIONAL SUR LE TERRAIN

Sans revenir sur la présentation détaillée d'Hervé Ascensio, il importe de dégager la fonction symbolique (idéologique et stratégique) des déclarations des parties et de leurs actions (1), avant de rappeler la conclusion toute byzantine de ces débats (2).

1. Les Dires et les Actes

L'intérêt réside dans la lecture des textes et des événements spécialement entreprise par la juridiction de première instance du TPI dans l'affaire Tadic, comme lors de la mise en cause de Karadzic et Mladic.

Déclarations

La guerre en Bosnie-Herzégovine n'a pas seulement été annoncée les 15 octobre 1991[155] et 1er mars 1992 par Karadzic, avant l'état d'urgence déclaré par le président de Bosnie-Herzégovine le 8 avril 1992 ; elle a été conduite par la Serbie Monténégro[156], puis la Croatie, et autant de troupes irrégulières inspirées par deux États, sur le territoire de la Bosnie-Herzégovine. D'emblée, elle a un goût de sang, de lutte "sans merci".

Le TPI prend à cet égard aux mots, parce qu'ils ont été suivis d'effets, les responsables politiques et militaires. Le 11 juillet 1996, la décision article 61 rendue contre Karadzic et Mladic, établit ainsi le lien entre une propagande fondée sur la "réécriture de l'Histoire", la prise de pouvoir de Karadzic sur les radios (limogeage de tous les présidents de radio et rédacteurs en chef "qui ne l'"écoutent pas ou ne suivent pas la politique officielle" et la modification "radicale de la composition de la population. Les estimations du H.C.R. présentées par le Docteur James Gow, montrent qu'au mois de juillet 1994, à peu près 750 000 non-Serbes ont été déplacés de la Bosnie du nord et de l'est, la population de la République de Bosnie-Herzégovine étant, en 1941, de 4,4 millions d'habitants".

Le TPI les liste et impute à ces mots qui assassinent "la mise en œuvre systématique" d'une "politique" qui n'"a pas été l'effet du hasard", revendiquée par leurs instigateurs comme "sanglante et dure" et de nature à entraîner la "disparition" des Musulmans.

Les actes

En ce qui concerne la définition du contexte, les actes permettent au TPI d'entériner la constatation selon laquelle l'État fédéral yougoslave n'existait plus, de fait, au début du conflit entre Serbie et Croatie[157]. La disparition de la structure fédérale laisse bien en présence les seuls États membres qui lui succèdent ou revendiquent cette succession.

Tout en ne subordonnant pas l'existence de la "guerre" à la preuve d'opérations militaires, au moment des faits reprochés à Tadic, la Chambre d'appel relève la relation entre les crimes poursuivis et le contrôle exercé sur le territoire par les Bosno-Serbes, spécialement la création du camp d'Omarska, ainsi que la campagne militaire lancée depuis cette région vers d'autres localités. Sans se prononcer sur le fond de la demande du gouvernement croate à intervenir comme amicus curiae dans une procédure mettant en cause, par-delà un accusé croate, l'intervention de troupes croates de Bosnie à l'encontre de musulmans et/ou de serbes, le TPI écarte implicitement la version officielle de la Croatie selon laquelle il n'y aurait jamais eu de conflit entre la Croatie et la Bosnie ! Précisément, de quel conflit s'agit-il ?

2. La succession et/ou la coïncidence dans le temps de plusieurs types de conflits

La chambre d'appel du TPI a consacré des développements extrêmement complets à cette multiplicité des conflits : "Ainsi que les membres du Conseil de sécurité le savaient pertinemment en 1993, lorsque le statut a été rédigé, les conflits en ex-Yougoslavie pouvaient être caractérisés simultanément comme internes et internationaux, ou alternativement, comme un conflit interne parallèle à un conflit international, ou comme un conflit interne devenu international à raison d'interventions extérieures, ou comme un conflit interne ultérieurement remplacé par un ou plusieurs conflits internes ou externes par contamination." Elle a inscrit les faits pour lesquels était poursuivi Tadic dans la phase "conflit interne" exclue du champ d'application de l'article 2 des Conventions de Genève, selon l'interprétation du mandat évoquée ci-dessus. Le TPI saisi, au titre de l'article 61, a ultérieurement considéré qu'existaient de sérieuses présomptions d'implication de la RFY, levant ainsi la réserve de la chambre d'appel. D'une affaire à une autre, et au cours du même conflit[158], la qualification diffère, sachant que dans un cas (Tadic), un jugement est pendant, dans l'autre (Karadzic et Mladic), la mise en cause a simplement été rendue publique, sans qu'une déclaration de culpabilité proprement dite puisse intervenir. Il y a là un élément d'incertitude voire d'inquiétude quant à la pérennité des solutions dégagées (article 2 des Conventions de Genève).

Cette nature extrêmement variable du conflit trouve également sa traduction dans les accords entre les parties.

II. LE DROIT CHOISI

Le TPI ménage une place importante, sinon inédite, aux normes (A) sous l'empire desquelles les parties ont semblé volontairement déterminer leur régime de protection, même si ces accords ont été violés et si leur portée juridique demeurait, en toute hypothèse, incertaine. Il analyse également les réactions de la communauté internationale (B).

A. LES ACCORDS ENTRE LES PARTIES

Loin de s'en tenir uniquement au contenu formel des accords passés devant le CICR (1) ou portés à la connaissance d'organisations intergouvernementales (2), le TPI les décortique afin de retrouver la commune intention des signataires, indépendamment des termes juridiques employés.

1. Devant le CICR

L'accord du 27 novembre 1991 portait sur l'application des Conventions de Genève et des protocoles additionnels entre la Fédération, l'armée fédérale, les républiques serbe et croate, sans référence à l'article 3. L'accord du 22 mai 1992 entre la présidence de Bosnie-Herzégovine et les leaders serbe et croate vise expressément l'article 3, en y adjoignant certaines dispositions spécifiques aux Conventions de Genève applicables aux seuls conflits internationaux[159].

La chambre d'appel dégage l'objectif poursuivi par les parties et le CICR : la protection des victimes.

Bien que les auteurs n'aient pas manqué de soulever la contradiction qui consisterait à internationaliser le conflit, voire l'impossibilité de conjuguer les deux registres de protection, le TPI avalise pragmatiquement cette volonté, ainsi que les "croyances" attachées, selon lui, tant par les parties que par le CICR, à ce choix : caractère interne du conflit.

Le TPI affirme à cette occasion sa pleine confiance dans la pertinence du CICR[160]. La prise en compte de ces convictions ne fait donc pas obstacle, bien au contraire, à l'efficacité des accords de référence. Que les parties se soient fourvoyées ou non, juridiquement, dans la formulation des obligations auxquelles elles consentaient, que le CICR, selon Marco Sassoli[161], se soit ou non appuyé sur l'acceptation de règles de droit international par les parties à un conflit interne : "Le Tribunal est habilité à appliquer, en plus du droit coutumier tout traité qui : liait indiscutablement les parties au temps de l'infraction et ne dérogeait pas aux normes du droit international telles que posées par les règles coutumières du droit humanitaire. Nous en avons déduit qu'en général, de tels accords relevaient de notre juridiction au titre de l'article 3 du statut".

Le concept de conflit international résulte également de l'approche des parties par les différentes entités et organisations internationales.

2. Devant les mandataires des OIG

La guerre en Bosnie-Herzégovine est une affaire internationale. À Lisbonne le 2 mai 1992 puis à Londres les 25-27 août 1992, les conférences de paix aboutissent à la création d'un "pôle" de négociation permanent à Genève. La conférence d'Helsinki (CSCE) condamne les "violentes agressions" de la Serbie contre la Bosnie et la Croatie le 10 juillet 1992. Le pape

Jean Paul II soutient le 6 août 1992 "le droit – devoir d'ingérence humanitaire des États européens et des Nations Unies en Bosnie-Herzégovine pour désarmer ceux qui veulent tuer – cela ne signifie pas favoriser la guerre mais l'empêcher". La Conférence islamique demande le 16 novembre 1992 la levée de l'embargo au profit de la Bosnie. La Commission des droits de l'homme de l'ONU condamne le "nettoyage ethnique" le 1er décembre 1992. Ces approches traduisent bien un certain regard de la communauté internationale.

B. LE REGARD DE LA COMMUNAUTÉ INTERNATIONALE

Il a pour point de départ une menace contre la paix et la sécurité internationale (1). Il soulève les frontières au nom des valeurs de l'Humanité et internationalise (2), en ce sens, les crimes constatés.

1. La menace contre la paix

Elle ne reçoit pas d'autre définition que la déclaration à laquelle procède discrétionnairement l'Assemblée générale et/ou le Conseil de Sécurité.

Résolution de l'Assemblée générale

Datée du 18 décembre 1992, elle manifeste le sursaut de la communauté internationale et renforce un processus de "mise au ban" amorcé avec l'exclusion de la défunte République fédérale de Yougoslavie. Comme l'a invoqué la défense de Tadic, le conflit ravage l'ex-Yougoslavie depuis près de trois ans au moment où la "menace" se trouve dénoncée.

Mais cette qualification politique sanctionne précisément le franchissement d'un seuil invisible. La guerre a déjà eu lieu en Croatie. Vukovar est tombée le 17 juillet 1991 après 91 jours de siège : le 1er avril 1992 Sarajevo est assiégée à son tour. Le 15 mai 1992, 7000 personnes d'un convoi humanitaire ont été prises en otage par les Serbes, le 27 mai 1992 date le premier massacre de civils dans une queue de boulangerie (20 morts, 1500 blessés).

La Bosnie-Herzégovine est reconnue à l'ONU le 25 mai 1992 : l'état de guerre doit être proclamé dès le 21 juin et une demande d'intervention des Nations Unies se trouve sollicitée dès le 25. Le 2 août, l'existence de camps de concentration se voit stigmatisée par la presse, confirmée par le CICR et le HCR le 5 août, la Bosnie fournissant une première liste de 94 camps le 6 août. Les 23-24, la bibliothèque de Sarajevo est incendiée. Le 24 décembre, les Bosniaques dressent un premier bilan de 130 000 morts, 1 400 000 blessés. Tristes confirmations : le rapport de Tadeusz Mazowiecki dénombre le 9 février 1993, un tiers des habitants de Bosnie contraints à vivre hors de leur domicile, 700 000 en exil et 800 000 réfugiés dans leur propre pays. Le 22 février 1993, le Conseil de Sécurité crée le TPI (résolution 808).

Résolutions du Conseil de Sécurité

Comme le souligne la Chambre d'appel dans son "interprétation téléologique du statut"[162] "le contexte dans lequel le Conseil de sécurité a agi révèle qu'il tendait à atteindre ce but, sans se référer au caractère interne ou international des conflits en ex-Yougoslavie. Le Conseil de sécurité était clairement soucieux de traduire en justice les responsables des actes spécifiquement condamnés, indépendamment de toute autre considération"[163].

Le TPI cite néanmoins toutes les résolutions qui ont condamné la présence de l'armée ex-yougoslave, commandée par la nouvelle Fédération de la Serbie et du Monténégro en Bosnie-Herzégovine et en Croatie, comme autant d'atteintes à la souveraineté de ces États[164]. Elles ont fondé la conviction de l'accusation quant au caractère international du conflit. Elles trouvent leur aboutissement dans le tissu de présomptions d'implication de la Serbie–Monténégro retenu par la juridiction de première instance contre Karadzic et Mladic.

2. Conflit international

La transformation d'affaire internationale en conflit international a pris rang d'affaire judiciaire internationale à plus d'un titre : à travers les mesures provisoires de la Cour internationale de justice (CIJ) et les conclusions, également provisoires, du moins délimitées par l'article 61 du statut du TPI.

Mesures provisoires prises par la CIJ

Le 13 septembre 1993, la Cour internationale de justice a confirmé les exigences formulées aux termes de mesures provisoires applicables à la RFY et à la Bosnie, dans le cadre de son ordonnance du 8 avril 1993 : en relevant qu'elles n'avaient pas effectivement été mises en œuvre et en réprouvant les conséquences de cette abstention "particulièrement dans une situation telle qu'elle se présente en Bosnie-Herzégovine, où aucune réparation ne pourrait effacer les conséquences d'un comportement que la Cour pourrait juger avoir été contraires au droit international."

Elle acceptait par là même d'examiner, non seulement l'applicabilité de l'article IX de la Convention sur le génocide, mais encore l'extension du conflit, la RFY étant censée : "Veiller particulièrement à ce qu'aucune des unités militaires, paramilitaires ou unités armées irrégulières qui pourraient relever de son autorité ou bénéficier de son appui, ni aucune organisation ou personne qui pourrait se trouver en son pouvoir, son autorité ou sous son influence, ne commettent le crime de génocide, ne s'entendent en vue de le commettre, ou ne s'en rendent complices, qu'un tel crime soit dirigé contre la population musulmane de Bosnie-Herzégovine ou contre tout autre groupe national, ethnique, racial ou religieux."

La reprise de relations entre la RFY et la Bosnie-Herzégovine, début octobre 1996, avait clairement, entre autres enjeux, pour la Serbie, l'abandon, à plus ou moins brève échéance, de cette action judiciaire internationale.

Mesures prises par le TPI

Le dessaisissement de la République de Bosnie-Herzégovine, d'ailleurs consenti par son gouvernement, dans l'affaire Karadzic et Mladic, repose sur le principe de primauté du TPI, rapporté avec une force particulière le 16 mai 1996 : "Attendu que la mise en cause personnelle, devant le TPI (...) de personnes en position d'autorité résulte explicitement de l'article 7 du statut (...). En outre, (...) le TPI est l'organe approprié pour juger des personnes responsables de crimes du type de ceux couverts par les enquêtes actuellement menées par le gouvernement de la Bosnie-Herzégovine concernant Radovan Karadzic, Ratko Mladic et Mico Stanisic et pour examiner la responsabilité pénale individuelle de personnes en position d'autorité dans le domaine politique et militaire et dans la police. En effet, l'on peut affirmer que c'est l'une des raisons d'être du Tribunal que d'exercer sa primauté dans pareil cas[165]."

La qualification définitive retenue par le TPI le 11 juillet 1996, pour constater que le conflit en ex-Yougoslavie "a très vite impliqué plusieurs États[166] et que son caractère international est suffisamment établi à ce stade..." repose également sur l'implication "de la République de Bosnie-Herzégovine et la RSFY devenue RFY".

Le TPI s'appuie là encore sur le travail d'enquête du procureur : "Un certain nombre d'éléments factuels (...) [semblent établir que] la JNA ait continué à être impliquée en Bosnie-Herzégovine, après son retrait formel[167]."

Et le TPI conclut au manquement de la RFY aux résolutions du Conseil de sécurité comme à l'accord de Dayton, s'agissant d'exécuter le mandat d'arrêt délivré à l'encontre des accusés.

Ainsi qu'Alain Bernard le souligne dans ses commentaires, cette décision ne préjuge pas du fond du droit : d'une part parce qu'elle ne vaut pas jugement de condamnation proprement dit ; d'autre part parce que la Cour internationale de justice n'a toujours pas statué par-delà les mesures provisoires précitées. Mais elle offre un état des lieux des investigations, c'est-à-dire un peu plus que des hypothèses, qui ont fondé la conviction des juges.

Conflit international, ainsi que l'a soutenu JSF, ou mixte, il ne saurait être question de conclure sans s'interroger sur le sens, pour les victimes, de ces débats relatifs à la guerre qui n'en finit pas de cesser[168]. Quelle que soit sa qualification, elle les a confrontées, outre le tragique, la douleur, l'abandon, à l'incompréhension, à la compassion, à l'humanitaire, à la realpolitic, bref à tout, avec plus ou moins de mensonges en prime, sauf au droit.

Cette colère, je l'entends parfois, parce que les débats-colloques "post mortem" auxquels assistent ou participent des témoins, acteurs, etc. retentissent davantage comme des "trop tard" que comme l'esquisse d'une construction pour un "jamais plus".

Le droit ne verse pas de larmes, mais il dépend de nous que l'opinio juris des États qui l'établissent évolue pour que la souffrance ne reste pas sans recours. Le TPI nous y invite, des juristes et des non juristes peuvent y contribuer, pour aller plus loin.

Chapitre 5

CRIME DE MASSE ET RESPONSABILITÉ INDIVIDUELLE

HERVÉ ASCENSIO
Maître de Conférences à l'Université de Paris X-Nanterre

Le processus de purification ethnique mené en Bosnie-Herzégovine a justement frappé l'opinion publique internationale par l'ampleur des crimes commis contre les populations civiles dans le but de rendre des territoires "ethniquement homogènes". Ces crimes de masse, du fait de leur ampleur, de leur aspect discriminatoire fortement marqué, supposent un nombre élevé d'auteurs poursuivant les mêmes objectifs criminels et disposant d'une structure institutionnelle élaborée pour les mettre en œuvre. En ce sens, les crimes de masse sont des crimes collectifs. Comme on a pu le souligner à propos du génocide rwandais : *"Pour tuer un homme, la haine suffit. Pour en tuer un million, une organisation est nécessaire*[169]*."* Dès lors, la recherche des individus responsables risque de s'avérer difficile, d'autant que les crimes seront couverts par la collectivité en cause. On peut rappeler à cet égard le mot prêté à Napoléon : "Les crimes collectifs n'engagent personne[170]."

On ne saurait évidemment se satisfaire d'une situation qui érige l'impunité en principe et les crimes les plus atroces en mode de régulation des crises politiques. Le droit international, parce qu'il constitue justement le droit des relations entre collectivités humaines, s'est efforcé de développer des solutions permettant de réagir face à ces crimes, lesquels ont été peu à peu érigés en infractions internationales. Cette évolution assez complexe doit être retracée pour comprendre comment il est possible d'appréhender une criminalité de groupe en termes de responsabilité individuelle, œuvre du TPI marquant une étape importante de cette évolution. Deux points sont ici essentiels : la recherche d'un justiciable et la détermination des différents degrés de responsabilité.

I. LA RECHERCHE DU JUSTICIABLE

A. RESPONSABILITÉ INDIVIDUELLE ET RESPONSABILITÉ COLLECTIVE

Un débat classique

La difficulté d'aborder en termes de droit pénal les crimes collectifs provient de l'incertitude quant au degré précis de responsabilité de chaque individu. Aussi la doctrine a-t-elle très tôt cherché à établir une responsabilité collective. S'agissant d'infractions internationales, il paraissait logique de tenter d'établir une responsabilité pénale des États, ceux-ci étant les principaux sujets du droit international. À cela s'ajoutent des raisons pratiques : les crimes de masse sont généralement projetés et/ou perpétrés sur une vaste échelle avec une systématicité qui suppose la participation active de l'appareil étatique. Il est peut-être possible d'imaginer que de vastes crimes soient commis par un groupe privé ; mais dans ce cas la répression incombe à l'État. Son abstention signifierait soit qu'il approuve et donc participe plus ou moins directement au crime, soit que son autorité est contestée avec succès par le groupe en question, lequel constitue dès lors un pouvoir de type étatique sur le territoire où il exerce ses activités criminelles. De plus, une répression internationale semble se justifier davantage dans le cas où l'État est impliqué dans le projet criminel car il n'existe alors aucune autre autorité capable d'intervenir. À l'inverse, la répression nationale paraît plus adaptée s'il s'agit d'un groupe criminel qui aurait momentanément échappé au contrôle des autorités légales, afin de réaffirmer l'État de droit.

Cependant, l'idée de responsabilité pénale des États se heurte à deux problèmes : la difficulté de concevoir des sanctions pénales applicables à des entités collectives et l'injustice qui pourrait en résulter pour certains membres du groupe visé. Le juriste roumain Vespasien Pella avait, dans les années 1920, proposé un code répressif mondial prévoyant des mesures de sûreté comme la destruction des voies ferrées stratégiques, la réduction de l'armée, le contrôle du budget militaire[171]. L'application de peines est nettement plus délicate, encore qu'on soit parvenu à en définir pour les personnes morales en droit interne. La perte de la personnalité juridique, qui équivaudrait en droit international pour les États à celle de l'indépendance, paraît très difficilement transposable. Il est cependant possible d'interpréter ainsi l'exercice conjoint par les Alliés de la souveraineté sur l'Allemagne jusqu'à sa réunification. De plus, le projet Pella n'excluait nullement qu'une responsabilité individuelle des dirigeants puisse être mise en œuvre concurremment, de manière à compléter le schéma répressif.

Un processus de codification de la responsabilité internationale des États a été mené par la Commission du Droit international des Nations Unies (CDI) depuis les années 1970. Il touche aujourd'hui à son terme et les rapporteurs successifs, notamment les juristes italiens Roberto Ago et Gaetano Arangio-Ruiz, ont pris fermement position en faveur d'une distinction entre une responsabilité "pour délits" et une responsabilité "pour crimes", faisant apparaître la notion de "crimes de l'État". Parmi ceux-ci figurent notamment l'agression et le génocide[172]. Le régime applicable, en l'état actuel du projet, reste tout à fait incertain et pourrait même être confié au Conseil de sécurité, au cas par cas, dans le cadre de ses décisions en vertu du Chapitre VII de la charte. Cependant, un tel projet, qui continue à faire l'objet de vives discussions, n'a pas encore atteint le stade de la convention de codification. De plus, la responsabilité de l'État "pour crime" reste bien différente d'une responsabilité "pénale", telle qu'elle avait pu être envisagée dans l'entre-deux-guerres.

Le développement d'une branche spécifiquement pénale du droit international s'est dès lors et parallèlement surtout orienté vers une responsabilité individuelle, mais d'un type un peu particulier qui résulte de la spécificité des infractions.

Un débat qui se résout par la définition des infractions

La recherche des individus responsables des crimes internationaux constitue très certainement un progrès du droit international, en même temps qu'une exception à ses principes généraux. En effet, d'une part, la sanction individuelle paraît plus équitable que la sanction collective et plus simple à appliquer ; d'autre part, elle conduit à "lever le voile étatique" pour déterminer les responsabilités de chacun à l'intérieur du système juridique interne. Comme il s'agit d'infractions spécifiques, dont l'ampleur et la systématicité supposent une organisation poussée, ce ne sont pas des individus isolés qui seront recherchés, mais des individus insérés dans cette organisation, exerçant une fonction qui, seule, leur donne les moyens de mettre en œuvre les crimes ou d'y participer. Il s'agit donc de démonter les rouages d'un système généralement identifié à l'appareil étatique. La responsabilité individuelle pour les infractions internationales qui correspondent à des crimes de masse concernera donc les individus pris en tant qu'organes d'État, ou encore en tant qu'agents publics[173].

Dans le cas de la guerre en Bosnie-Herzégovine, la question est compliquée par la présence d'une administration autonome serbe de Bosnie, république autoproclamée mais non reconnue par la communauté internationale en tant qu'État et qui n'a d'ailleurs jamais souhaité accéder à la souveraineté. De là plusieurs possibilités.

La première consiste à considérer que les autorités serbes de Bosnie sont les agents de l'État yougoslave (Serbie et Monténégro). Le procès Tadic aurait éventuellement pu s'engager dans cette voie, au vu des nombreux témoignages qui confirment le rôle majeur de Belgrade dans toutes les opérations militaires, au moins pour la période où les faits reprochés à Tadic étaient commis. Mais, dans le jugement du 7 mai 1997, la majorité de la Chambre de première instance II a considéré que l'attribution de tous les actes commis par les forces serbes de Bosnie à la Yougoslavie n'était pas possible[174]. La présidente, le juge Mc Donald, a soutenu la thèse inverse dans son opinion dissidente et le jugement fait aujourd'hui l'objet d'une procédure d'appel.

Une seconde possibilité consiste en une approche moins rigoureuse de la notion d'État pour les besoins de la justice pénale ; c'est celle qui a prévalu dans le Règlement de procédure et de preuve du Tribunal, de manière à transmettre les actes d'accusation et mandats d'arrêts à l'administration de Pale, dès lors tenue pour responsable de leur inexécution. Ainsi, à l'article 2 du Règlement le terme "État" est défini comme : "Un État membre ou non membre des Nations Unies ou une entité autoproclamée exerçant de facto des fonctions gouvernementales, qu'elle soit ou non reconnue en tant qu'État"[175].

Une troisième possibilité consiste à relever que les crimes de masse ne sont plus aujourd'hui exclusivement le fait des États. C'est ce qu'a semblé faire la Chambre de première instance II dans son jugement du 7 mai 1997. Mais elle est alors conduite à souligner l'existence d'une entité de facto, la Republika Srpska, exerçant le contrôle sur une partie d'un territoire et ayant mis sur pied la structure criminelle, ce qui revient finalement à l'hypothèse précédente.

Une ambiguïté qui persiste

Cette fonction très spécifique de la responsabilité pénale individuelle en droit international peut conduire assez facilement à évoquer la responsabilité des gouvernements et, au-delà, des États, alors même que ce sont des individus qui sont poursuivis. Ainsi, le substitut du procureur du TPI a mis directement en cause dans l'affaire Mrksic, Radic et Sljivancanin ("hôpital de Vukovar"), article 61, le gouvernement de la Yougoslavie (Serbie et Monténégro) : "Lorsqu'un gouvernement appuie et abrite des gens qui sont des criminels aux yeux du monde, ce gouvernement devient criminel, et c'est exactement ce que le gouvernement de Belgrade a fait dans ce cas[176]." La stigmatisation du rôle de l'État est au coeur du système de l'article 61 du Règlement du TPI : c'est parce que l'État contrevient à ses obligations internationales que cette procédure est utilisée et elle aboutit à sa mise en cause judiciaire. Ainsi, dans l'affaire Karadzic-Mladic, la Chambre de première instance I conclut en constatant que "le défaut de signification des actes d'accusation est imputable au refus de coopération de la République fédérale de Yougoslavie (Serbie et Monténégro) et de l'Administration des serbes de Bosnie à Pale devenue Republika Srpska avec le Tribunal". Un tel constat, transmis au Conseil de sécurité des Nations Unies, peut conduire à des sanctions internationales contre les États ou entités de facto. ; cependant ces "sanctions" ont pour seul but de faire cesser l'attitude illicite et ne constituent pas une punition[177].

Le lien avec la responsabilité de l'État est encore plus évident si l'on admet que tout crime de masse suppose nécessairement et au minimum la passivité bienveillante des autorités légales assurant le contrôle effectif du territoire sur lequel il a lieu. Surtout, cette responsabilité est patente lorsque l'organisation et l'ampleur des crimes sont telles qu'elles n'ont pu être assurées que par ces mêmes autorités. La plupart des infractions internationales concernant des crimes de masse rentrent dans ce schéma. Ainsi, on a vu que la mise en œuvre de la responsabilité d'un individu comme Dusko Tadic mettait en évidence le projet politique de l'État serbe[178]. L'implication de l'État dans la commission des crimes constitue de plus la justification d'une justice pénale internationale. Pour reprendre les termes du substitut du procureur à l'ouverture du procès Tadic : "lorsqu'un individu commet un crime, l'État constitue le bastion de la justice, mais lorsque c'est l'État qui commet le crime seule la communauté des nations peut protéger l'individu[179]." Ainsi, la mise en œuvre de la responsabilité juridique des individus en droit international, pour des infractions liées à la commission de crimes de masse, traduit en fait la responsabilité morale, politique et juridique des États et autres autorités de facto. Comme la mise en œuvre devant un juge de cette responsabilité collective pose problème et ne serait pas nécessairement satisfaisante, on peut comprendre qu'elle ait jusqu'à présent surtout pris la forme d'une responsabilité des individus-agents de l'État.

B. MISE EN ŒUVRE JUDICIAIRE

L'après-première guerre mondiale

L'article 277 du Traité de Versailles prévoyait la création d'un tribunal chargé de juger Guillaume II, l'empereur allemand, tribunal qui n'a jamais vu le jour car les Pays-Bas où l'ex-empereur avait trouvé refuge ont refusé de l'extrader. Les articles 278 à 280 prévoyaient par ailleurs que les criminels de guerre allemands seraient livrés aux Alliés et jugés par leurs tribunaux militaires (internes). En fait, les Alliés abandonnèrent cette tâche à la Cour allemande de Leipzig, qui ne jugea que 45 des 896 criminels réclamés par les Alliés – et en condamna seulement neuf. Seul l'engagement de la responsabilité de Guillaume II répondait à une infraction internationale, l'"offense suprême à la morale internationale et à l'autorité des traités", les criminels de guerre étant jugés en vertu du droit commun interne. Il s'agissait de mettre en cause le chef de l'État allemand, tenu pour responsable du déclenchement de la guerre par les Alliés. Ainsi apparaissait l'idée du crime contre la paix qui allait être une des principales infractions définies dans les textes mettant en place les tribunaux militaires de Nuremberg et de Tokyo.

C'est dans le cas du "crime contre la paix" ou "agression" que le lien entre la responsabilité étatique et la responsabilité individuelle est le plus étroit. La responsabilité de l'État qui a déclenché la guerre se déplace sur celle des gouvernants qui en ont pris la décision. Qui plus est, l'agression est généralement considérée comme un "crime international" et l'on doit également noter le rapprochement avec la notion de "menace contre la paix et la sécurité internationale" qui détermine la compétence et les pouvoirs exceptionnels du Conseil de sécurité en vertu du Chapitre VII de la charte de l'ONU. Cette infraction internationale est donc tout à fait caractéristique de l'ambiguïté dans la recherche du justiciable, ici le gouvernant pris en tant que représentant de l'État. C'est aussi la plus sensible politiquement. Aussi l'infraction de crime contre la paix, qui devrait logiquement être la première à être recherchée pour les crimes survenant à l'occasion d'un conflit armé, a-t-elle été "oubliée" dans le cas de la Yougoslavie alors que toutes les infractions énumérées dans le statut du Tribunal, à l'exception du génocide, dépendent de l'existence d'un conflit armé. C'est également cette infraction qui est au coeur des controverses les plus vives à propos du projet de statut d'une Cour criminelle internationale permanente. Il est toutefois loisible de constater qu'alors même que le "crime contre la paix" ne peut être poursuivi par le TPI, la reconstruction judiciaire du phénomène de la purification ethnique met très nettement l'accent sur les origines du conflit et tend à désigner l'État aussi bien que les gouvernants responsables[180].

L'après-seconde guerre mondiale

Dès 1940-1941, les Alliés ont fait des déclarations unilatérales avertissant que les criminels de guerre seraient poursuivis. À l'issue de la guerre, deux juridictions d'exception ont été mises en place, les tribunaux militaires de Nuremberg pour les criminels allemands et de Tokyo pour les criminels japonais, respectivement par l'accord de Londres du 8 août 1945 et la Décision du Commandement en chef des troupes d'occupation au Japon du 19 janvier 1946. Les principes développés à Nuremberg ont été repris à Tokyo. Les infractions étaient de trois types : le crime contre la paix, le crime de guerre et le crime contre l'humanité. Seuls certains individus ont été jugés par ces tribunaux à la composition internationale – ou multinationale – et en vertu d'une procédure spécifique : les criminels "majeurs", responsables de crimes sans localisation juridique précise. Les autres criminels de guerre ont été renvoyés aux juridictions des puissances occupant l'Allemagne, c'est-à-dire à des juridictions internes. D'autres criminels de la seconde guerre mondiale ont par la suite été poursuivis par des juridictions nationales, en vertu des dispositions du droit interne et du droit international : procès Eichmann en Israël et Barbie en France[181].

C'est le jugement de Nuremberg qui a établi solidement et justifié le principe de la responsabilité des individus en droit international indépendamment des dispositions du droit interne, principe repris et réaffirmé par la Chambre d'appel du TPI dans sa décision relative à sa compétence dans l'affaire Tadic : "Ce sont les hommes, et non des entités abstraites, qui commettent les crimes dont la répression s'impose, comme sanction du Droit international[182]."

Par ailleurs, l'accord de Londres faisait apparaître une nouvelle catégorie juridique, les crimes contre l'humanité définis comme des actes inhumains commis contre une population civile ou des persécutions pour des motifs politiques et religieux, en liaison avec ou à la suite des autres crimes définis – crimes contre la paix et crimes de guerre[183]. Par la suite, les principes de Nuremberg ont été confirmés par les résolutions 3 et 95 (I) de l'Assemblée générale des Nations Unies des 13 février et 11 décembre 1946 et la notion a été utilisée par les juridictions nationales pour poursuivre des criminels de guerre nazis[184]. Cependant sa mise en œuvre devant les juridictions internes hors du cas de la seconde guerre mondiale reste problématique, bien que la doctrine internationale considère aujourd'hui qu'elle s'est imposée au-delà de ce seul cas et même indépendamment de l'existence d'un conflit armé[185]. Le statut du TPI a conforté la notion en l'intégrant à sa compétence et en la précisant, mais il en a restreint la portée pour la crise yougoslave au seul conflit armé ; elle est également présente à l'article 3 du statut du Tribunal pénal international pour le Rwanda.

Les efforts de codification

Les États ont tenté, après les grands procès de l'après-guerre, de codifier le droit pénal international par des conventions. Celles-ci reflètent aujourd'hui le droit coutumier, c'est-à-dire que le droit qu'elles décrivent est applicable à tous les États indépendamment de leur ratification desdites conventions.

La première grande convention est celle de 1948 pour la prévention et la répression du crime de génocide. Elle introduit ainsi une nouvelle notion, le génocide, "crime des crimes", dont on peut dire qu'il constitue une catégorie de crimes contre l'humanité caractérisée par une intention spécifique : détruire en tout ou partie un groupe national, ethnique, racial ou religieux, comme tel. La répression est centrée sur la responsabilité des individus et est pour l'essentiel abandonnée aux tribunaux de l'État sur le territoire duquel le génocide a été commis, ce qui reste pour le moins utopique. La Convention prévoyait aussi que la répression pourrait être assurée par une Cour criminelle internationale à venir. Cette disposition retrouve une actualité avec l'actuel projet de création d'une Cour criminelle internationale, près d'un demi-siècle plus tard. La Convention de 1948 contient enfin un article ouvrant la porte à la mise en cause de la responsabilité des États, l'article IX, qui permet de soumettre à la Cour internationale de justice les différends entre les parties relatifs à la Convention. Cette disposition est à l'origine de l'affaire actuellement pendante devant la CIJ et qui oppose la Bosnie-Herzégovine à la Yougoslavie (Serbie-Monténégro)[186].

Le droit des conflits armés a été codifié dans les quatre grandes Conventions de Genève de 1949, qui définissent toute une série d'infractions constituant des crimes de guerre. Elles ont été complétées par les deux Protocoles additionnels de 1977, dont le caractère coutumier reste sujet à controverses. La responsabilité des États peut être engagée selon les règles classiques du droit international public. En ce qui concerne les individus, la répression est confiée aux tribunaux nationaux selon un principe dit de "compétence universelle", qui s'avère d'une application aussi rare que difficile[187]. En l'absence de dispositions législatives nationales, les possibilités de poursuite restent donc limitées. La création des deux tribunaux ad hoc, pour l'ex-Yougoslavie et pour le Rwanda, a dès lors constitué un progrès car elle a permis de poursuivre sur le plan pénal et au niveau international les individus pour infractions graves au droit des conflits armés.

Parallèlement, une vaste entreprise de codification des règles relatives au droit pénal international avait lieu dans le cadre onusien. La Commission du Droit International des Nations Unies (CDI), à la demande de l'Assemblée générale, a ainsi tenté d'élaborer dans les années 1950 un projet de code des crimes contre la paix et la sécurité de l'humanité ainsi qu'un projet de juridiction pénale internationale. L'examen de ces projets a été suspendu par l'Assemblée générale, respectivement en 1954 et 1957.

Les développements récents

Le droit pénal international a connu un développement spectaculaire à la suite du conflit yougoslave puis du drame rwandais, qui conduisent le Conseil de sécurité des Nations Unies à créer deux juridictions ad hoc. Il utilise pour cela une technique juridique efficace, le recours à une résolution obligatoire prise dans le cadre du Chapitre VII, qui présente l'avantage de couper court aux hésitations de la communauté internationale et de lier tous les États. Le statut du Tribunal pour l'ex-Yougoslavie est ainsi posé par la résolution 827 du 25 mai 1993, et celui pour le Rwanda par la résolution 995 du 8 novembre 1994.

Parallèlement l'idée d'une juridiction pénale internationale permanente avait été relancée par l'Assemblée générale qui demande en 1990 à la CDI d'élaborer un nouveau projet. La CDI, stimulée par la création du Tribunal pour l'ex-Yougoslavie, a présenté un projet en 1994[188], projet actuellement discuté par une commission préparatoire à la tenue d'une conférence internationale prévue pour 1998[189]. S'agissant d'une juridiction permanente, et non d'une juridiction ad hoc, il a semblé que la voix de création choisie ne pouvait être qu'un traité, instrument plus classique et moins controversé qu'une résolution du Conseil de sécurité – laquelle pose par ailleurs des problèmes juridiques dans ce cas. Ce faisant, la communauté internationale prend le risque d'une approche non-universelle et "à la carte", chaque État étant libre de ratifier ou non et de faire des réserves à certains articles, notamment sur la compétence. La tâche – difficile – de la conférence consistera à élaborer un texte définitif capable de rassembler la communauté internationale sans faire de trop importantes concessions. Une juridiction pénale doit avant tout préserver un ordre public cohérent, notion qui s'accommode mal d'une approche diversifiée.

II. LES DIFFÉRENTS DEGRÉS DE RESPONSABILITÉ

A. LES GOUVERNANTS

Le principe

D'après le principe n° 3 issu du droit de Nuremberg, "le fait que l'auteur d'un crime international a agi en qualité de chef d'État ou de fonctionnaire ne dégage pas sa responsabilité en droit international". Ce principe est réaffirmé à l'article 7, paragraphe 2, du statut du TPI et à l'article 6, paragraphe 2, du statut du Tribunal international pour le Rwanda. Est ainsi rejetée la théorie de l'acte d'État, selon laquelle la responsabilité des gouvernants ne pourrait jamais être engagée car ceux-ci seraient systématiquement protégés par la souveraineté de l'État au nom duquel ils agissent. La souveraineté des États dont il s'agit est la souveraineté au sens du droit international, c'est-à-dire une souveraineté externe, attribut juridique de l'État en vertu du droit international : elle ne saurait justifier les actes individuels qui constituent une menace à l'ordre public international, ni empêcher leur répression. Le Tribunal de Nuremberg est même allé plus loin en liant la responsabilité des gouvernants à une violation du droit international par l'État : "Celui qui a violé les lois de la guerre ne peut, pour se justifier, alléguer le mandat qu'il a reçu de l'État, du moment que l'État, en donnant ce mandat, a outrepassé les pouvoirs que lui reconnaît le droit international[190]."

Participation directe et indirecte

Il est rare que les gouvernants participent personnellement à l'exécution des crimes ; ceux-ci peuvent cependant leur être imputés soit qu'ils les aient planifiés soit qu'ils n'aient rien fait pour les empêcher alors qu'ils en avaient le pouvoir. Il y a ainsi une modalité directe ou indirecte de la participation au crime pour les gouvernants. Dans les deux cas, la position de l'individu dans la hiérarchie politico-administrative constitue un élément de preuve essentiel. Dans l'affaire Karadzic-Mladic, le témoin-expert Paul Garde a présenté et explicité les documents de l'accusation démontrant la position d'autorité des deux accusés.

Radovan Karadzic a constamment détenu les postes clés dans le processus de mise en place d'une entité serbe-bosniaque autonome. Président du SDS depuis sa création en juillet 1990, il assure constamment un contrôle fort sur les activités du parti, très centralisées. Il devient chef de l'exécutif de la République autoproclamée des serbes de Bosnie-Herzégovine et met en place des mesures d'exception. D'après la "Constitution" du 12 mai 1992, il assure les fonctions caractérisant celles d'un chef d'État et ses pouvoirs ont encore été étendus par un amendement qui en fait le commandant en chef de l'armée. De nombreux témoignages et documents démontrent son contrôle sur les troupes en relation avec les bombardements de rassemblements de civils et sa parfaite connaissance des conditions de vie dans les camps. Certains transferts de prisonniers ont été effectués selon ses ordres exprès. De même, ses propres déclarations lors de la prise en otage de soldats de l'ONU ou encore lors de la chute de Srebrenica démontrent son contrôle des opérations.

Ratko Mladic peut également être rangé dans la catégorie des "gouvernants", compte tenu de l'étroite imbrication des fonctions politiques et militaires au sein de l'entité autoproclamée de Republika Srpska. Nommé général de la JNA à la suite des opérations en Croatie, il devient ensuite chef d'état-major du deuxième district militaire à Sarajevo avant de présider à la transformation des troupes de la JNA présentes en Bosnie-Herzégovine en "armée de la République serbe de Bosnie-Herzégovine" dont il devient chef d'état-major. Son contrôle absolu sur les forces serbes de Bosnie a été démontré à de nombreuses reprises et, il a également exercé des fonctions politiques en négociant et en signant plusicurs accords ensuite exécutés par ses troupes. Il a montré au moins à une occasion être au courant des conditions de vie dans les camps, qui étaient sous le contrôle de l'armée, et n'a jamais pris la moindre mesure disciplinaire alors qu'il connaissait les obligations du droit international humanitaire. Ratko Mladic est même souvent allé au-delà de la seule planification puisque sa présence a été rapportée sur les lieux de commission de certains crimes et qu'il "a personnellement supervisé certaines opérations, dont la prise de Srebrenica et les atrocités commises par la suite, dans les moindres détails[191].

En ce qui concerne le type de responsabilité encourue, l'acte d'accusation évoquait à la fois une participation directe par la planification et indirecte par la négligence criminelle, ce qui correspond aux articles 7, paragraphe 1, et 7, paragraphe 3, du statut. Mais l'accusation de génocide reposait seulement sur l'article 7, paragraphe 3. La Chambre de première instance, dans sa décision du 11 juillet 1996, a entendu inciter très fermement le procureur à compléter l'acte d'accusation sur ce point. Selon elle, "les éléments de preuve et les témoignages présentés sont suffisants pour soutenir l'existence d'une participation active des plus hauts dirigeants politiques et militaires dans la commission des crimes par les forces militaires et policières serbes bosniaques dans les camps d'internement. Les modalités uniformes dans la commission desdits crimes, leur systématicité, leur étendue sur tout le territoire contrôlé par les serbes de Bosnie, les mouvements de prisonniers entre les différents camps, ainsi que la teneur de certaines déclarations des accusés, sont des indices graves permettant de montrer que Radovan Karadzic et Ratko Mladic ont planifié, ordonné ou de toute autre manière aidé et encouragé à planifier, préparer ou exécuter le génocide perpétré dans les camps d'internement[192]."

Le complot criminel

Une politique criminelle est rarement le fait d'un seul homme – comme on avait fait semblant de le croire pour Guillaume II – ; elle est plus généralement le fait d'une équipe ou d'un groupe de personnes proches du pouvoir. Comme il est assez difficile de déterminer la part exacte de responsabilité de chacun, le droit mis en place à Nuremberg avait eu recours à deux notions, celle d'organisation criminelle et celle de "conspiracy". La première consistait à ériger en crime le simple fait pour un individu d'avoir appartenu à certains organismes officiels de l'État allemand. Il s'agissait d'un retour à une responsabilité collective restreinte. Si le Tribunal de Nuremberg a procédé à une telle déclaration pour quatre corps[193], il en a largement restreint les effets en ajoutant un élément de participation intentionnelle. Il s'est davantage intéressé à la "conspiracy" ou "complot", notion anglo-saxonne qui traduit une complicité entendue très largement. La "conspiracy" était constituée en infraction autonome dans le seul cas des crimes contre la paix, ce qui permettait une imputabilité très large, et en modalité de commission des crimes pour les crimes de guerre et crimes contre l'humanité. Dans le cas du TPI, l'élaboration d'une politique criminelle n'est jamais constituée en infraction autonome mais constitue une modalité de commission du crime, modalité qui caractérise en fait la responsabilité directe des gouvernants (article 7, paragraphe 1). Ainsi qu'on l'a noté, la décision du 11 juillet 1996 insiste très clairement sur cet aspect dans le cas de la responsabilité encourue par Radovan Karadzic et Ratko Mladic. Pour cela, elle s'appuie sur une analyse en termes généraux qui évoque une planification dont les accusés ne sont pas les seuls auteurs. Le complot d'un groupe de responsables politiques et militaires serbes en faveur de la constitution d'une "Grande Serbie" apparaît dès lors en filigrane de toute la décision. En conséquence, la Chambre incite le procureur à "enquêter sur des responsabilités à des échelons décisionnels du même ordre, voire plus élevés[194]." Ici, l'idée du complot criminel paraît resurgir, non pas en tant qu'infraction, mais comme principe capable d'orienter la politique des poursuites du procureur.

B. LES EXÉCUTANTS

Le principe

L'article 8 du statut de Nuremberg disposait : "Le fait que l'accusé a agi conformément aux instructions de son gouvernement ou d'un supérieur hiérarchique ne le dégagera pas de sa responsabilité, mais pourra être considéré comme un motif de diminution de la peine, si le Tribunal décide que la justice l'exige." Cette disposition est reprise presque textuellement à l'article 8, paragraphe 4, du statut du TPI. Elle établit clairement la responsabilité des exécutants puisque selon le Tribunal de Nuremberg : "Le vrai critérium de la responsabilité pénale, celui qu'on trouve, sous une forme ou sous une autre, dans le droit criminel de la plupart des pays, n'est nullement en rapport avec l'ordre reçu. Il réside dans la liberté morale, dans la faculté de choisir, chez l'auteur de l'acte reproché[195]."

Cette position très "philosophique" a pour mérite de marquer clairement qu'aucun individu, quelle que soit sa position dans la hiérarchie, ne saurait échapper à la mise en œuvre de sa responsabilité pénale internationale et donc d'inciter au refus d'exécution. Il est toutefois possible de tenir compte de la pression exercée par le système sur l'individu, mais uniquement dans le cadre des circonstances atténuantes.

La participation à la purification ethnique

Les individus mis en accusation par le TPI sont très majoritairement des exécutants, encore que la catégorie soit vaste et couvre des cas très dissemblables[196]. On trouve ainsi des responsables de camps, des gardiens de camps, des responsables politiques locaux ayant participé activement à la purification ethnique à l'intérieur comme à l'extérieur des camps, des soldats. Ces cas illustrent différents aspects du phénomène de la purification ethnique et s'expliquent également par les aléas des arrestations.

Cette diversité présente un avantage : elle révèle des

similitudes et une organisation précise de l'ensemble des crimes. Les différents actes d'accusation constituent ainsi autant d'éléments démontrant l'existence d'un système criminel et d'une planification; éléments qui permettent de remonter vers la responsabilité des gouvernants. Le phénomène est très net en ce qui concerne l'infraction de crime contre l'humanité dont la définition, ainsi que l'a souligné la Chambre de première instance II dans l'affaire Tadic, implique assez directement l'existence d'une politique criminelle[197]. Ceci explique que la plupart des enquêtes en cours ait été évoquée par le procureur comme éléments de preuve lors des audiences "article 61" contre Radovan Karadzic et Ratko Mladic[198].

La première condamnation d'un exécutant par le TPI a eu lieu le 29 novembre 1996 dans l'affaire Erdemovic. Cet ancien soldat de l'armée serbe, emprisonné à La Haye, avait déjà comparu en tant que témoin lors des audiences de l'article 61 contre Radovan Karadzic et Ratko Mladic[199]. Lors de son procès, il a à nouveau reconnu avoir participé aux exécutions massives de civils lors de la purification ethnique consécutive à la prise de Srebrenica ; mais il a également déclaré avoir agi sous la contrainte, après menace directe de son supérieur. En première instance, ces derniers éléments n'ont pas suffi à exonérer Drazen Erdemovic de sa responsabilité. En effet, la Chambre de première instance I a relevé que, s'ils pouvaient éventuellement "être considérés comme des faits justificatifs de la conduite criminelle, pouvant aller à la limite, jusqu'à l'abolition de l'élément moral de l'infraction et par là même de l'infraction"[200], il fallait pour cela qu'ils répondent à trois conditions strictes : l'acte incriminé doit avoir été commis pour éviter un danger direct à la fois grave et irréparable ; il ne devait pas y avoir d'autre moyen adéquat pour s'y soustraire ; le remède ne devait pas être disproportionné par rapport au mal[201]. En l'espèce, les conditions n'étaient pas réunies. Les circonstances ont cependant été prises en compte, de même que la coopération de l'accusé avec le TPI, dans le cadre des circonstances atténuantes, c'est-à-dire au moment de la fixation de la peine. Drazen Erdemovic, de ce fait, a été condamné à dix années d'emprisonnement. Ce jugement a toutefois fait l'objet d'une cassation par la Chambre d'appel du TPI[202] et devra être rejugé pour vérifier la réalité du plaidoyer coupable, notamment à propos de l'accusation de crime contre l'humanité qui suppose une intention spécifique.

La seconde condamnation a été celle de Dusko Tadic, qui se situait à un niveau hiérarchique intermédiaire puisqu'il s'agissait d'un dirigeant local du SDS. Sa participation à des actes matériels a été plus difficile à établir, puisqu'il plaidait non coupable, et a nécessité plus de six mois de procès. L'affaire est actuellement en appel ; mais quelle qu'en soit l'issue, le procès de première instance aura permis de décortiquer la politique de purification ethnique menée dans la région de Prijedor, politique dont Dusko Tadic constituait l'un des rouages[203].

La détermination de l'intention

La question de la détermination de l'intention reste essentielle en ce qui concerne les exécutants. Il est nécessaire de démontrer une intention aggravée pour le crime contre l'humanité, et encore plus pour le génocide. La Chambre de première instance II a ainsi pu noter, dans son jugement du 7 mai 1997 dans l'affaire Tadic : "C'est le fait que l'acte est commis dans le contexte d'une attaque généralisée ou systématique contre une population civile qui le définit comme un crime contre l'humanité, par opposition à un simple crime de guerre ou à un crime enfreignant une législation pénale nationale, ajoutant ainsi un facteur d'importance. Par conséquent, en plus de l'intention de commettre le crime de base, l'auteur doit être conscient du contexte plus large dans lequel il est commis[204]."

Pour le génocide, à l'intention de s'inscrire dans le cadre d'une politique d'agression massive ou systématique dirigée contre une population civile, s'ajoute l'intention d'éliminer physiquement le groupe persécuté.

Cette exigence quant à l'élément intentionnel explique peut-être que, dans l'affaire Tadic, le procureur du TPI ait renoncé au chef d'inculpation de génocide, qui avait pourtant été retenu par le procureur de la République fédérale d'Allemagne lors de son arrestation. De même, dans l'affaire Erdemovic, il semble que ce soit à propos du crime contre l'humanité que la nécessité de vérifier la réalité du plaidoyer coupable ait conduit à annuler le jugement de première instance. À l'inverse, l'intention se déduit plus facilement des faits pour les crimes de guerre, ce qui laisse apparaître une hiérarchie dans les infractions liées aux crimes de masse.

Ainsi, la preuve de la culpabilité des exécutants pour les crimes les plus graves est sans doute plus difficile à apporter que celle des gouvernants qui contrôlent le système criminel. Loin d'être paradoxale, cette situation répond à la spécificité des crimes de masse : l'intention criminelle est d'autant plus caractérisée et d'autant plus évidente que les individus ont une position élevée dans la hiérarchie politico-militaire et disposent d'un véritable pouvoir sur le groupe.

La réponse du droit pénal international aux crimes de masse est centrée sur la notion de criminalité de système. Les individus sont poursuivis en tant qu'ils prennent place dans ce système. Oublier cette spécificité de la responsabilité individuelle lorsqu'il s'agit de réprimer des crimes de masse risque fort d'avoir des effets néfastes. Une juridiction internationale ne remplirait certainement pas sa fonction si elle devait se contenter de juger des exécutants pour des crimes spécifiques alors que les infractions les plus graves ont été élaborées afin de sanctionner les responsables de l'ensemble du processus criminel, c'est-à-dire principalement les gouvernants. On doit à cet égard saluer l'action des juges du TPI qui ont tenté de réagir à l'inexécution des mandats d'arrêt contre les deux leaders bosno-serbes Radovan Karadzic et Ratko Mladic par la mise en œuvre de la procédure "article 61". On a pu espérer un moment que cette relance de la procédure judiciaire, qui était sans doute aussi un appel à l'opinion internationale, permettrait leur arrestation. Mais bien souvent il ne suffit pas que la justice soit forte ; il faut aussi que la force soit juste, en l'occurrence que les puissances occidentales participant à l'IFOR/SFOR incitent à l'exécution des mandats du TPI. Sans cela, la paix restera précaire et le crime de purification ethnique impuni.

Chapitre 6

L'EXTERMINATION CULTURELLE PAR LE VIOL

Du viol systématisé en Bosnie

LILIANE DALIGAND
Professeur des Universités – Praticien hospitalier
Université Lyon I – Centre hospitalier Lyon-Sud

I. LE CORPS DE LA FEMME EST LE LIEU DE LA TRANSMISSION DE LA CULTURE

Dans le ventre des femmes germe la parole échangée avec l'homme aimé. Cette parole s'inscrit dans une langue et dans une culture, ou tout au moins dans l'acceptation d'une différence culturelle et langagière. C'est la rencontre où se dit le Désir de l'Autre en réciprocité.

Par cette parole tendue dans l'entre deux masculin/féminin l'enfant qui va naître s'ouvre à l'origine, à ce qui parle depuis toujours dans tout homme.

Le ventre des femmes amoureusement fécondé est alors le terreau culturel du nouvel être. Dans le ventre des femmes se nouent nature et culture, au cœur de la vie humaine.

Au sein de la femme ainsi devenue mère, l'enfant en gestation est à l'écoute des sonorités de la voix modulées par la langue, motion et effet de la culture, et marque sonore de l'ethnie.

La femme en son corps parlant et possiblement fécondée est figuration du don. C'est le signe, par la main accordée, de l'alliance entre voisins, familles ou peuples. C'est le trait du semblable au creux de la différence. C'est la reconnaissance de l'universalité de l'homme à travers la diversité des langues, des us et des coutumes.

Le ventre de la femme est le creuset de l'humanité reconnue, de la vie maintenue par le don.

Chaque être est marqué dans sa particularité sexuelle, dans sa masculinité ou sa féminité, dans ce rapport au réel de la radicale différence de chacun. C'est cette différence reconnue, ce mystère de l'hétérogénéité homme/femme acceptée, qui autorise, par l'union des deux, l'éclosion d'une nouvelle vie au sein d'un seul : le creux de la femme.

La femme, au risque de sa fécondation, fait jouer similitude et différence des êtres pour affirmer l'unité de l'homme en sa vie.

La femme, dans l'alliance, de fille devenue épouse, est déjà fécondée de l'espérance de la maternité. Elle devient mère en devenant épouse. Elle est mère et épouse à égalité. Elle ne peut être l'une et l'autre que si elle s'accepte dans l'une et l'autre. Un enfant ne peut avoir comme mère que l'épouse reconnue de son père. Le corps de la femme est le lieu de toutes les alliances : des épousailles et de la maternité.

C'est en cette chair marquée par la parole de l'Autre que se dit l'interdit de l'inceste, le renoncement à la jouissance et l'appel à la vie.

II. LE VIOL CONTRE L'HUMANITÉ

La destruction de l'être se fait au pire au corps de la femme.

L'intrusion dévastatrice taraudant la chair de la femme avance inexorablement dans l'aridité du désert langagier, dans l'évanescence de la parole.

Le viol, toujours muet, cloue la langue, même et surtout s'il se perpètre sous la profération sonore de l'injure ou de la menace. C'est le geste sans parole de la non vie, c'est l'expulsion de sens de l'histoire personnelle.

C'est l'affirmation totalitaire du retour à la jouissance perdue, au paradis sans parole et sans Autre, dont la désespérance se donne illusion.

En ce lieu de néantisation, hors similitude et différence, ne se creuse que le gouffre du néant où le violeur précipite sa victime. Le viol est toujours annulation de l'autre, du Désir de l'Autre.

La guerre est la mise en commun des forces annulatrices du Désir. Il n'y a plus d'autres. Autrui n'est plus manifeste dans la différence de l'ethnie et de la culture. Mais autrui n'est plus un semblable. La fraternité a sombré et sombre l'égalité quand est annulé le rapport similitude/différence. Les armées de la confusion totalitaire, précipitées dans la géhenne du non-désir, vont au chaos et, pire, au néant.

Chaque viol par un agresseur sur une femme agressée est la mise en scène de cette annulation. L'affirmation que le rapport à la seule chair de l'autre, dans la dissociation de la chair et de l'esprit, pourrait être hors Désir et ne détruire que la victime, est mensongère. L'agresseur chute avec sa proie, et devant l'horreur du néant ainsi ouvert sous leurs pas, nombreux sont les soldats qui reculent d'épouvante.

Le viol sans parole féconde un ventre sans Désir d'où sourd un enfant sans origine. Ainsi le produit du viol, d'apparence humaine, est vu comme un monstre, fermé qu'il est à son origine, à cette voie par où "ça parle" en chacun. Non reconnu par la double lignée de l'ascendance, la voie des générations lui reste verrouillée.

Ruser pour obliger l'enfant du viol à naître est se précipiter diaboliquement dans la dégénération. Et l'agresseur pervers qui se croit à l'abri s'annule, comme sa victime, dans la déshumanisation.

L'enfant à naître ne reçoit pas de prénom de celle qui le porte malgré elle. Elle ne l'appelle pas à la vie. Cet enfant ne peut être appelé : il n'a pas les deux témoins de sa naissance. Il est chassé du symbolique par le refus de la nomination. La forclusion du nom du père est dans l'acte de viol.

Cet enfant est étrange car s'il entend la voix et le langage, il n'y trouve pas place. Il est devenu l'enfant de la haine. Maintenu en vie, il devient un individu non dans la différence mais dans la mise à part. Il est hors génération et hors culture.

Et les yeux de ces enfants ouvrent sur la folie de ces hommes, sur ceux qui refusent d'articuler une parole à un regard.
L'avortement évacue la chair de la femme mais ne l'en purifie pas pour autant. Son ventre, centre de son corps, n'est plus qu'une enceinte vide de tout sens et de toute parole, un creuset froid et stérile.

La femme violée es, ou méprisée et rejetée dans la prostitution, ou idolâtrée et hissée sur le piédestal du héros. Ce ne sont là que deux représentations de la même enveloppe creuse, et d'ailleurs refusées par ces femmes violées qui veulent rester dans l'espoir de recouvrer une parole échangée à égalité avec l'Autre ; d'être un parmi d'autres dans la communauté humaine.

Le viol public d'une mère devant sa fille ou d'une fille devant sa mère, ainsi que devant les pères, les fils, les frères et les sœurs, est un geste qui diffuse les effets de la néantisation à chacune des personnes liées dans un rapport symbolique de parenté.

Ainsi, le geste du violeur s'affirme dans sa fonction incestueuse, dans son agression contre la loi de la parenté, dans l'annulation de ce qui fait génération : voie ouverte à l'origine, et à la parole qui y vient. Le viol martèle, réitère sa volonté d'annulation féroce de ce qui parle en l'homme.

La multiplicité des actions de viol sur les mêmes, dans l'enclos d'un lieu devenu bordel, tend à réduire le corps de la femme à une chair meurtrie et flétrie ayant perdu tout sens.

Le coup répété au ventre de la femme, au lieu du don de vie, manifeste l'exaspération contre l'obstacle du sexe, marque de l'indélébile différence.

L'opiniâtreté des violences manifeste la butée au réel où chaque violeur se heurte. La désespérance s'affiche dans les coups agresseurs comme la souffrance dans la chair agressée.

L'acte bordélique est un acte profanatoire du corps de la femme, réceptacle du sacré de la vie humaine.

Dans la guerre, la soldatesque pille les temples comme elle ravage le ventre des femmes. La religion de l'adversaire est niée et son Dieu renversé. Pas de tabernacle pour ce Dieu-là, pas de ventre des femmes pour ces gens-là. Les lieux où se recueille la parole d'amour sont détruits.

Les nazis, sans prôner le viol systématique, ont trouvé aristocratiques les expériences pseudo-scientifiques sur le ventre des femmes. Ils l'ont détruit par la stérilisation, par la souillure marquée à jamais du sceau de la souffrance. Sous les pyjamas rayés des déportées les cicatrices en restent le témoignage honteux.

Les victimes ont tout perdu. La honte leur a clos les lèvres et les a privées de force pour faire témoignage.

III. LE VIOL COMME PURIFICATION ETHNIQUE

L'effort, prônant le viol, pour entraîner la ruine d'une culture, l'élimination d'un peuple de son pays, peut aller jusqu'au mensonge qui dénomme la violence : "purification". Comme si le pur pouvait naître de la souillure et l'honneur de la honte.

Le viol systématisé est la Solution Finale par le vide (de sens) de la chair restée dans l'apparence de la vie humaine.

Les produits de la fécondation voués à l'expulsion comme excréments retournent, dans le secret, au minéral. Il se révèle, là, l'impossible accession d'un produit de nature à la culture.

Le produit conservé jusqu'à la parturition est un monstre venu de nulle part qui sous une figuration humaine réactive le mythe de l'envahisseur, destructeur de l'humanité.

Cette monstruosité s'affiche dans la dissociation du rapport vie/mort. Sous la menace de mort la femme violée est fécondée. La mort mise en place de la vie initie mensongèrement une nouvelle chair.

Sous l'impossibilité d'avorter, par la vie obligée, le fœtus va à son terme. Là, dans son illusoire expression biologique, la bascule se fait du seul côté de la vie. La mort au commencement donne une vie dans ses fins, démonstration, au réel, de la dissociation vie/mort. Après la désarticulation du masculin et du féminin, le viol systématisé vise le rapport vie/mort.

Le viol des hommes – sodome – est une humiliation. L'émasculation, une amputation castratrice insurmontable, et l'homme en ce cas est un déchet ou un martyr. Mais l'agression du mâle n'est pas la voie efficace pour l'annulation culturelle, la solution finale, le gommage de l'ethnie.

Comme toujours en pareille opération, ce sont "les femmes et les enfants d'abord".

Il n'y a pas d'agression égalitaire dans chacun des deux sexes.

Il n'y a pas de véritable répondant masculin au viol au féminin.

Le crime contre l'humanité préfère la femme et les enfants.

Mais quelles que soient son ampleur et sa durée, le mal est toujours vaincu. L'agresseur toujours réduit. Le profanateur toujours condamné.

La femme demeure l'Autre de la parole de l'homme. Ève reparaît toujours comme "celle-là" qui ouvre l'homme à son Désir.

Paru dans un numéro spécial de VIFF-ECRIT – 8 mars 1993. Élaboré à partir de documents, dossiers et témoignages, et plus particulièrement celui d'Amnesty International : *Bosnie-Herzégovine : Flagrantes atteintes aux droits fondamentaux de l'homme* (octobre 1992), celui de Médecins sans frontières : *Le processus de purification ethnique dans la région de Kozarac* (décembre 1992) et celui du Mouvement français pour le planning familial : *Femmes violées de Bosnie-Herzégovine* (février 1993).

CHAPITRE 7

LES ENJEUX DE LA POURSUITE
ou
LES CONSÉQUENCES POLITIQUES DU JUGEMENT INTERNATIONAL

ISABELLE PRAT
Docteur en droit

Il s'agit moins de paraphraser l'ouvrage de Jacques Bainville intitulé *"Les conséquences politiques de la Paix"*, commentant, au lendemain de la première guerre mondiale, avec un accent tristement prophétique, les limites et les risques associés au traité de Versailles, que de s'interroger sur les défis relevés par le Tribunal pénal international pour l'ex-Yougoslavie.

Dans cette perspective, il importe, au-delà de l'état des lieux (I), d'examiner quelques unes des différences susceptibles de jouer un rôle essentiel, entre le précédent tiré des procès de Nuremberg ou de Tokyo et l'action des Tribunaux ad hoc institués cinquante ans plus tard (II).

I. L'ÉTAT DES LIEUX : UNE JURIDICTION À DEFAUT DE POLITIQUE INTERNATIONALE ?

La création du TPI constitue le point d'orgue d'une valse hésitation politique à l'égard des États et entités issus de l'ex-Yougoslavie, après l'échec des instances de médiation européennes, comme des monopoles institués en matière de décision politique internationale. Réponse de substitution, cette soumission au Droit, cette quête de justice, ouvre simultanément une voie exemplaire à la réintroduction du Juridique dans le système géopolitique international.

L'état des lieux est donc indissociable de l'objectif assigné au TPI (A), contre l'impunité tirée par certains de leurs pouvoirs. Mais la réalisation de cette mission se heurte d'emblée à la résurgence, directe ou indirecte, des mécanismes de contrôle politique antérieurs (B).

A. IDENTIFIER, POURSUIVRE ET CONDAMNER LES PRINCIPAUX RESPONSABLES

Cet objectif, encadré par le respect des "standards" les plus élevés du droit international en matière de respect des droits de la défense, constitue bien, au moment où se trouve résolue la création du Tribunal (résolution 808 du 22 février 1993), un avertissement solennel et concret (1) à l'intention des différentes parties au conflit, comme de leurs responsables, sur la suite judiciaire (2) réservée aux crimes d'ores et déjà dénoncés à travers l'ex-Yougoslavie.

1. L'avertissement solennel

Le TPI l'a exprimé à plusieurs reprises et notamment lors de la mise en cause publique de Karadzic et Mladic :

"Une telle répétition d'actes criminels similaires, qui tous visent le même type de population et manifestent la même volonté d'annihilation de la culture et du rite religieux, une telle massification dans les effets des crimes commis, posent légitimement la question de savoir à quel niveau de responsabilité il faut remonter pour trouver tout à la fois la conception, la planification et l'organisation, c'est-à-dire le plan concerté, puis l'exécution, c'est-à-dire l'obtention du résultat recherché.

Ce regard porté sur l'analyse du conflit dans l'ex-Yougoslavie ne peut que converger, sans préjudice des responsabilités plus directes, sur ces responsables d'ordre politique au sens le plus élevé du terme : la responsabilité pénale individuelle des supérieurs hiérarchiques et, en l'occurrence celle des dirigeants politiques et militaires. Il n'est d'ailleurs pas d'exemple historique (...), où ce ne soit par l'analyse du conflit sous "cet "angle (...) que l'on ne rencontre le niveau exact de responsabilité, c'est-à-dire le niveau majeur, suprême[205]."

Il peut tenir dans les trois chiffres soulignés par le bulletin du TPI n°13 : au 18 décembre, dix-huit actes d'accusation ont été rendus publics[206], mettant en cause soixante-quatorze accusés dont sept se trouvaient effectivement détenus à La Haye, un seul d'entre eux, Drazen Erdemovic, ayant été jugé et reconnu coupable, puis condamné le 29 novembre 1996 à dix ans d'emprisonnement pour "participation à l'exécution sommaire de centaines de musulmans bosniaques à la suite de la prise de Srebrenica". Appel a été interjeté contre cette décision.

Il résulte également de la double nature des actes incriminés – la triade infernale réunit systématiquement les "violations graves des Conventions de Genève de 1949", "violations des lois ou coutumes de guerre", et "crimes contre l'humanité" dans 2/3 des actes d'accusation, le crime de génocide se voyant reproché à 4 accusés (Zeliko Meakic/camp d'Omarska, Dyusko Sikirica/camp de Keraterm, outre Karadzic et Mladic) – et des responsabilités exercées par leurs auteurs : 28 des accusés, parmi lesquels 4 sont détenus (la moitié des personnes transférées à La Haye),voient souligner leur responsabilité de commandement ou de supérieur hiérarchique, à commencer par celle des représentants auto-proclamés de la Républika Srpska[207].

Il réside dans les poursuites engagées par le TPI, dans le cadre de sa mission, postérieurement aux accords (14 décembre 1995) et, parallèlement à la mise en œuvre (les élections "libres" de l'automne 1996 par exemple) de l'accord de Dayton : à la fin de l'année 1995, seuls 12 actes d'accusation avaient été émis contre

52 accusés.

Quel est le contenu de la "suite judiciaire" à ces poursuites ?

2. Le traitement judiciaire des infractions internationales les plus graves

Les leitmotiv des actes d'accusation du TPI se réfèrent à une stratégie simultanément déclinée en termes d'impartialité et d'exemplarité.

Impartialité

Elle revêt deux significations principales.

Impartialité à l'égard des parties au conflit : les communiqués de presse du 21 et 27 juillet 1995[208] insistent par exemple sur la poursuite d'infractions survenues en 1992 et 1995 tant en Croatie qu'en Bosnie, les atrocités visant aussi bien : des Bosniaques musulmans, des Bosniaques croates que des Croates proprement dits ; un large éventail de crimes (implantation de camps de la mort, campagnes de terreur, bombardements et déportation de civils, pillages, destruction de lieux de culte...) ; une diversité d'implication et de rang des responsables.

Le communiqué du 13 novembre 1995[209] s'attache pour sa part à stigmatiser le rôle dirigeant d'autorités autoproclamées croates dans la persécution et l'élimination de la population civile musulmane de la vallée Lasva. Celui du 21 mars 1996 s'appuie sur les résultats tangibles de la volonté d'enquêter sur tous les crimes de l'ex-Yougoslavie, sans distinction d'appartenance politique ou ethnique de leurs auteurs ou victimes, en dépit du manque de coopération des autorités dont relèvent les témoins et/ou victimes, s'agissant en l'occurrence des horreurs commises à l'encontre de Serbes bosniaques dans le camp de Celebici[210].

Impartialité à l'égard des accusés : une véritable logique de justification a été mise en place pour tenter de prévenir toute allégation par la défense d'une violation de ses droits. L'égalité des armes a pris devant le TPI, une place considérable au cours des débats, se traduisant par des révisions substantielles du Règlement de procédure, dans la mesure où "l'énormité" des incriminations, le nombre et la dispersion des victimes qui ne disposent pas d'une action en tant que telle devant le Tribunal, rendent décisive la discussion des éléments de preuve de l'imputation de tel fait à tel accusé. La rapidité de réaction de l'accusation à la mise en cause de la fiabilité d'un témoin dans l'affaire Tadic illustre la vigilance salutaire du TPI[212].

Le TPI a relevé dans le même sens les "précautions liminaires" liées à la mise en œuvre de la procédure de l'article 61 (voir développements d'Alain Bernard) : démarches réitérées auprès des autorités susceptibles d'accueillir sur leur territoire les accusés et garanties de la parfaite connaissance par ces derniers des accusations portées à leur encontre.

Procédure nouvelle et procès par définition sensibles, le TPI rappelle systématiquement sa mission de justice et la justice doit être exemplaire.

Exemplarité

Elle s'entend de l'exemplarité à l'usage des "justiciables", mais également de la détermination d'une ligne de conduite juridictionnelle.

Les communiqués servent à cet égard, d'outils d'explication et d'apprentissage : qu'ils mettent systématiquement en exergue le fait que le Secrétaire Général et la Conseil de sécurité ont pour premier objectif d'établir des responsabilités individuelles pour les crimes commis afin d'éviter une imputation collective, ou qu'ils rappellent l'absence de tout "préjugé" de l'accusation à raison de l'appartenance à une nationalité, ethnie ou une religion, tout en relevant la carence ou l'insuffisance de la coopération du gouvernement de la République fédérale de Yougoslavie des autorités de Pale ou de Knin dans le cadre des enquêtes diligentées par le Tribunal.

Ils permettent parfois le commentaire éthique politique que la décision proprement dite n'autorise pas nécessairement. Le communiqué de presse portant sur l'allocution du procureur Goldstone au département Européen de l'Université de Maryland (29 mai 1996) en appelait ainsi à des sanctions prononcées par le Conseil de sécurité à l'encontre des parties soustrayant les accusés à la juridiction du TPI, en souhaitant l'exécution par l'IFOR des mandats d'arrêts internationaux lorsque les accusés se trouvaient sur un territoire relevant de son autorité. Le communiqué relatif à la déclaration du président Cassese au cours de la Conférence de Florence sur la mise en œuvre à mi-parcours de l'accord de Dayton, rend compte des manquements aux obligations de coopération avec le TPI en dégageant, au 13/6/1996, les risques nés de la persistance de cet état de fait : pour la crédibilité des instances internationales, pour la perspective même d'une justice internationale, pour le respect des traités internationaux, pour la restauration effective de la paix et de la démocratie.

Par-delà les justiciables, c'est bien une universalité du Droit qui surgit.

Le soutien de principe dû au TPI a été réaffirmé[213] sous des formes qui induisent néanmoins, à notre sens, un risque de retour en arrière.

B. JUGER (...) JUSQU'OÙ ?

Le TPI s'expose avec l'accord de Dayton à une certaine marginalisation (1) dans le processus de paix ; alors que son statut le maintient dans un espace international qui pourrait être qualifié de liberté surveillée (2)

1. Marginalisation

Elle naît du rapprochement entre le principe et sa mise en œuvre.

Le principe : un TPI dominant

L'accord de Dayton vise la mission du TPI, à titre principal, en plusieurs occasions en traitant à l'article IX de l'annexe 1 A (accord sur les aspects militaires de la paix) des "échanges de prisonniers". Le paragraphe g de ces dispositions prévoit que "chaque partie se conformera à toutes ordonnances ou requêtes du Tribunal international (...) aux fins de l'arrestation, de la détention, de la présentation au Tribunal de toutes personnes, ou encore de l'accès aux dites personnes, qui (...) sont accusées de violations relevant de la compétence juridictionnelle du Tribunal". Le soupçon "raisonnable" suffit, poursuit ce paragraphe, à justifier "une durée de détention suffisante pour permettre une consultation adéquate des autorités du tribunal". (Un point 2 ajoute à cet ensemble l'autorisation de répertorier "les tombes et sépultures (...) aux seules fins d'[y] accéder (…) afin d'exhumer et d'évacuer les corps des personnes militaires et civils décédés sur le territoire, y compris ceux des prisonniers décédés".)

L'annexe 11 (accord sur la force de police internationale), dans son article VI – droits de l'homme – requiert la communication des renseignements dont les membres de cette force viendraient à avoir connaissance, en matière de "violations des libertés fondamentales ou des droits de l'homme internationalement reconnus" au TPI.

La résolution précitée du Conseil de sécurité parachève cette référence au TPI, en réitérant l'interdiction faite par l'accord de Dayton aux personnes condamnées par le TPI ou accusées par lui, lorsqu'elles n'ont pas obéi à son mandat de comparaître de se porter candidates, voire d'être désignées – par élection ou autrement – à une charge publique sur le territoire de la Bosnie-Herzégovine.

Il y a cependant plus d'une nuance, en pratique, entre ces règles et leur effectivité.

Les lacunes : un TPI dérogatoire

La dérogation tient précisément au caractère ad hoc du Tribunal, par opposition aux pratiques existantes des États pour réguler leurs relations internationales. L'exclusion politique, prévue par l'accord de Dayton, se révèle ainsi doublement relative : théoriquement, libre à d'autres États, y compris la République de Serbie Monténégro, d'ouvrir une carrière politique aux personnes poursuivies ; et d'une certaine manière, libre aux personnes poursuivies de déférer ou non au mandat qui les désignent. À fortiori, libre aux personnes suspectées, de passer outre les soupçons. L'hypothèse, on l'a vu, n'est pas totalement absurde... or, ces considérations contreviennent très exactement aux obligations générées, pour l'ensemble des États, avant Dayton, par les résolutions créant le TPI .

De surcroît, à travers ces accords, le TPI cesse d'être l'instrument central de restauration de la paix. Spécialement, sa vocation de représentation de la conscience de *l'humanité* se trouve désormais partagée avec d'autres organes intermédiaires, localement institués en ex-Yougoslavie :

Commission des droits de l'homme (créée par l'annexe 6 consacrée aux droits de l'homme), comprenant un médiateur des droits de l'homme et une Chambre des droits de l'homme, compétente pour se saisir ou examiner les plaintes ou allégations individuelles ou collectives (ONG ou groupe d'individus inclus) de violation des libertés et droits fondamentaux contre "un responsable ou organe des parties, des cantons, des municipalités ou tout individu agissant sous l'autorité d'un tel responsable ou d'un organe gouvernemental". L'attribution d'une mission de justice à cet organisme, pour souhaitable qu'elle puisse être dans le nouveau contexte constitutionnel de la Bosnie-Herzégovine, inscrit néanmoins une forme de concurrence, notamment en ce qui concerne les actions menées au nom de personnes disparues (paragraphe 2 de l'article IV).

Commission pour les personnes déplacées et les réfugiés (créée par l'annexe 7, pour assurer les restitutions ou la réparation civile des préjudices immobiliers). Sur ce point, les prévisions du statut du TPI demeuraient plus que squelettiques (voir développements de Philippe Expert).

Haut Représentant nommé, aux termes de l'annexe 10, pour veiller sur l'exécution de l'accord cadre, sur l'ensemble de ses "aspects civils".

L'annexe 7 (accord sur les réfugiés et les personnes disparues) prononce dans son article VI l'amnistie de "tout réfugié ou toute personne déplacée retournant chez soi, inculpé d'un délit autre qu'une violation grave du droit humanitaire international (...) ou d'un crime de droit commun sans rapport avec le conflit. Aucune inculpation sera prononcée pour des motifs politiques ou tout autre motif non valable, ou encore pour tourner l'application de l'amnistie."

Cette amnistie ne remet évidemment pas en cause la prééminence de l'appréciation du TPI sur l'existence, la qualification, la poursuite et la sanction d'infractions qui relèvent de son mandat, par rapport à des juridictions internes.

Le placement de tout crime de droit commun dans l'escarcelle de l'oubli, sans autre forme de procès, repose sur le louable souci de ne pas ajouter à la souffrance de ceux qui ont dû fuir, la menace d'un impossible retour pour cause d'intimidation ou de discrimination.

Il constitue, à n'en pas douter, au même titre que l'invitation à la "recomposition" des forces "nationales" autour et au nom de l'adoption incantatoire de l'intégralité des standards internationaux[214] édictés en matière de droits de l'homme et de droit humanitaire, l'un des instruments de la "paix" de Dayton. Il reste néanmoins assorti des mêmes limites que celles constatées lors du rétablissement d'un État de droit dans d'autres parties du monde. L'absence de sanction pénale ne devient "acceptable" par les victimes qu'à condition de ne pas coïncider avec la négation de l'offense et l'irresponsabilité morale de son auteur[215].

Le rôle exclusif du TPI pour entendre et dire ce que le silence, à défaut, recouvrirait, acquiert, à raison de ce choix, une dimension supplémentaire encore plus cruciale. Dernier refuge de la Parole, dernière opportunité pour que les acteurs, bourreaux et victimes traduisent publiquement la "banalité du mal" qui a frappé le coeur des Balkans et celui de des Grands Lacs en moins de cinq ans.

L'amicus curiae du gouvernement américain l'a scandé : l'espace confié au TPI, celui de la recherche et de la sanction des responsables, écarte par opposition et par définition d'emblée l'amnistie[216].

L'évolution marquée par l'entrée de la paix de Dayton dans le champ du juridictionnel international renforce la nécessité de s'interroger sur l'influence réciproque de ces modes d'intervention internationale : le premier renouant avec les médiations traditionnelles (conférence-traité...), le second, au nom d'une justice internationale en "construction".

La marginalisation s'ajoute aux processus d'encadrement du TPI.

2. Liberté surveillée

Le TPI se voit soumis à une triple "tutelle" : Conseil de sécurité, "pairs" et opinion publique.

Le Conseil de Sécurité

Sa vigilance prêterait théoriquement le moins à discussion, puisque inhérente au statut du TPI. Elle s'est manifestée à au moins trois reprises : amicus curiae des États-Unis, mise en accusation de Karadzic et Mladic et défaut d'arrestation des intéressés.

Amicus curiae du gouvernement des États-Unis

Pour les États membres du Conseil de sécurité, le pouvoir

discrétionnaire du Conseil pour qualifier l'existence d'une menace contre la Paix ou pour arrêter les mesures corrélatives est décisif. L'amicus curiae du gouvernement des États-Unis, dans l'affaire Tadic, témoigne de cette conviction. Selon ses auteurs, le Conseil de sécurité, toujours saisi, dans le cadre de sa mission permanente, aurait nécessairement eu vocation à connaître seul, en ex-Yougoslavie (comme pour les autres situations de menace contre la paix et la sécurité internationales) de toute contestation, modification (voire suppression) relative aux mesures ordonnées par lui. L'appréciation politique exclusive du Conseil de sécurité, outre qu'elle avait d'ores et déjà écarté les arguments[217] de l'avocat de l'accusé Tadic en décidant de créer un organe judiciaire, aurait fait en soi obstacle à tout contrôle juridictionnel. "La question de savoir si un type d'action particulier offre une réponse appropriée à telle menace contre la Paix n'est pas une question de droit mais de politique et de volonté politique. Ces décisions doivent souvent être prises dans l'urgence par un organe politique représentant des États prêts à prendre les actions nécessaires à leur mise en œuvre. Les cadres de la charte des Nations Unies ont confié cette fonction sensible au Conseil de sécurité ; il serait incohérent à raison de la composition même de cette instance de soumettre l'exercice de ces fonctions par le Conseil à un contrôle judiciaire a posteriori."

Très clairement, les États, et au premier chef les membres du Conseil de sécurité, partagent cette vision d'une subordination du juridique à la responsabilité politique.

JSF a combattu utilement cette analyse.

Le TPI a su affirmer son indépendance dans l'exercice de sa mission en se déclarant compétent pour examiner l'exception d'incompétence soulevée par la défense de Tadic et fondée précisément sur une vérification des attributions du Conseil. Le Tribunal a ainsi tendu à donner pleinement son sens au premier serment établi en application des articles 12 et 13 de son statut, prêté par chacun des magistrats qui le composent : "Je déclare solennellement que je remplirai les devoirs de ma charge et exercerai mes prérogatives en qualité de juge du Tribunal international pour la poursuite de personnes responsables de sérieuses violations du droit humanitaire international commises sur le Territoire de l'ex-Yougoslavie depuis 1991, dans l'honneur, avec loyauté, impartialité, en mon âme et conscience".

Mais le poids politique du Conseil de sécurité demeure : organe subsidiaire créé par lui, le TPI, doté d'un statut orienté vers la réalisation d'un objectif, est politiquement exposé à l'appréciation par le Conseil de la réalisation de cet objectif sinon de la détermination d'autres priorités.

L'évaluation par le Conseil de sécurité des poursuites du TPI

Le Conseil de sécurité a expressément demandé "une enquête approfondie et minutieuse" sur les "violations du droit humanitaire et des droits de l'homme commises dans les zones de Srebrenica, Zepa, Banja Luka et Sanski Most entre juillet et octobre 1995", tout comme il a solennellement exigé qu'il soit mis un terme aux violations du droit humanitaire et des droits de l'homme en général, "au pillage et à la destruction systématiques de maisons et autres biens" en particulier, dans sa résolution 1034 du 21 décembre 1995.

Ladite résolution a par ailleurs "noté" que le Tribunal international avait mis en accusation le 16 novembre 1995 Radovan Karadzic et Ratko Mladic "au motif qu'ils sont directement et personnellement responsables des atrocités commises en juillet contre la population musulmane bosniaque de Srebrenica".

Le vocabulaire est révélateur : nulle "satisfaction" n'accompagne, contrairement à d'autres résolutions du Conseil à cette même période, le constat.

Les poursuites initiées par le TPI depuis lors devaient naturellement inclure les faits, dénoncés avec accablement, perpétrés, entre autres, dans les zones dites de sécurité de l'ONU ; reste à savoir dans quelle mesure elles n'ont pas absorbé une part décisive des ressources du TPI par rapport à d'autres événements, plus anciens, ou moins relayés par la préoccupation du Conseil.

Les priorités ou les abstentions du Conseil de Sécurité

Tout aussi nettement, le Conseil de Sécurité et, dans leurs domaines de responsabilité, l'IFOR et l'OTAN, n'ont pas souhaité veiller à l'exécution des mandats d'arrêt internationaux lancés par le TPI, en recourant à l'ensemble des moyens à leur disposition[218].

Cette carence flagrante ne repose évidemment pas sur un refus formel mais sur une délégation du Conseil à l'IFOR et à l'OTAN, puis sur une interprétation a minima par ces deux forces de leurs mandats. Néanmoins, nul n'est dupe du camouflet ainsi porté à l'essentiel, ce qui renforce le regard critique des tenants du droit positif international et de l'opinion publique.

Les "Pairs"

Premiers magistrats d'une juridiction inédite, les juristes du TPI sont issus de formations nécessairement situées dans l'espace et dans le temps[219]. Ces "appartenances" les confrontent, dans l'aire juridique mixte née du statut du TPI (Coutume et conventions internationales, principes généraux du droit...) à la réaction de leurs "pairs" (auteurs, magistrats, avocats "internationalistes"). Dépositaire des standards édictés depuis Nuremberg en matière de droit international, le TPI dépend, au moins partiellement, en termes de légitimité, de l'appréciation plus ou moins favorable des experts et autres professionnels du droit international, notamment à travers les organisations spécialisées en droit pénal, en droit humanitaire et en droits de l'homme.

Les spécialistes du droit anglo-saxon et du droit continental trouvent en particulier dans le Tribunal un "modèle vivant" de juridiction pénale internationale dont ils ne manquent pas de déplorer, respectivement, la non conformité à leurs systèmes nationaux : en matière de droits de la défense – la priorité accordée par les règles de procédure du TPI à la protection d'un certain nombre de témoins constitue, pour les premiers, une dérogation incompatible avec le caractère pleinement contradictoire du débat – en matière de contumace – l'exigence de la présence de l'accusé pour examiner le bien-fondé des poursuites et prononcer un jugement constitue, pour les seconds, un obstacle regrettable à l'effectivité du droit international, pire un facteur de l'impunité contre laquelle ce Tribunal a été institué.

La volonté politique du TPI d'assurer son impartialité l'a conduit à compléter, modifier, au fil de ces trois premières années d'existence (onze versions), des phases non négligeables des procédures en cours.

Ainsi que l'a précisé le bulletin du TPI n° 13, le président Cassese a répondu à cette problématique le 19 novembre 1996 : "Il était essentiel dans l'intérêt de la justice, de modifier le Règlement du fait de l'apparition de problèmes nouveaux ou de situations imprévues. Le Règlement a été modifié pour diverses raisons : renforcer les droits de l'accusé [220] ; mieux protéger les victimes et les témoins[221] ; prendre en considération des opinions du pays hôte ; [en] améliorer la clarté, la cohérence et le caractère exhaustif (....) On peut certes se demander comment il se fait que le Règlement n'était pas d'entrée de jeu, parfaitement exhaustif, cohérent, clair ? Poser cette question, c'est déjà y répondre. Il aurait été tout simplement impossible, pour le premier tribunal pénal véritablement international, d'adopter le tout premier code international de procédure et de preuve sur la base d'un premier projet réglant parfaitement toutes les questions diverses dont doit s'occuper le Tribunal (....) Il aurait été tout aussi impossible que toutes les questions qui se posent quotidiennement aient été parfaitement envisagées et résolues au début de 1994, plus de douze mois avant que le premier accusé arrive même au Tribunal."

Cette élaboration d'un droit international au sein du TPI effraie au moins autant qu'elle séduit. Chacun des bilans annuels d'exercice du TPI a permis au président Cassese de placer la barre du droit international un peu plus haut : en matière de coopération internationale, avec les États[222] ou avec les ONG, en matière d'information des usagers du droit international[223] ; en tranchant des questions de droit international essentielles, légitimité et légalité internationales, compétence ratione materiae, dénonciation publique des faits reprochés à des accusés volontairement défaillants, droits de la défense.

Le dernier rapport[224] du président Cassese, englobait le travail accompli en trois ans :

- le passage de sessions périodiques (trois de douze semaines chacune) au siège permanent des Chambres du Tribunal (depuis mai 1996) ;
- le cumul de rôles assumés par cette instance : au nombre de trois : enquête (police), jugement, application des peines (gestion du centre de détention) ;
- le "jalon" posé sur "l'état actuel du droit pénal international et en particulier du droit humanitaire" (définition du conflit armé et du droit applicable au conflit armé national ou international).

Il date pour l'avenir, pour l'opinion publique, la première tentative de représentation de l'humanité face à ceux de ses membres qui l'ont bafouée.

L'opinion publique

Le tribunal répond de sa mission tant devant les victimes que devant les générations appelées à reconstruire cette Histoire.

Son œuvre doit devenir partie intégrante du processus de décision des idéologues au pouvoir lorsque ce pouvoir repose sur la négation de l'Autre, du "si c'est un Homme"[225].

Il participe à cette reconnaissance, au moins partielle, de l'individu-acteur de la scène internationale, citoyen-justiciable[226]. En ce sens, il a développé une stratégie d'information–dialogue avec les médias.

Le président Cassese consacre d'ailleurs une fraction de son rapport à "l'évolution spectaculaire de la manière dont est perçu le tribunal" : d'"alibi... de l'hypocrisie", le TPI a acquis la dimension d'un "commencement" ou "d'une urgence de justice"[227]. Les avertissements du TPI, par communiqués de presse interposés, touchent à la pédagogie même de la justice contre "les futurs tyrans" : montrer qu'il n'y a ni courage[228], ni gloire, ni victoire à remporter, en s'abritant derrière des qualificatifs ("sale guerre"), des ordres, des anathèmes.

Le président ne perd pas de vue le fait que l'Assemblée générale des Nations Unies a rappelé, à plusieurs reprises, qu'elle examine la justice "rendue par les deux TPI ad hoc" constitutive de première expérience concrète en la matière, dans le cadre du débat relatif à la création d'une juridiction pénale internationale permanente. Là, se situe d'ailleurs l'obsession du TPI : se démarquer des jugements Nuremberg et de Tokyo, créer un précédent utile à l'instauration d'une véritable justice internationale.

II. L'ACTION PUBLIQUE : D'UNE JURIDICTION POLITIQUE À LA JUSTICE INTERNATIONALE ?

Le TPI le revendique notamment dans sa décision du 10 août 1995 (paragraphes 18,19 et 23) : "[Le TPI] est le premier tribunal international jamais institué par la Nations Unies. Ses seuls prédécesseurs, les tribunaux militaires internationaux – Nuremberg et Tokyo – ont été créés dans des circonstances très différentes (...) multinationaux et non pas internationaux au sens strict, dans la mesure où seuls les vainqueurs étaient représentés. À l'opposé, le Tribunal pénal international n'est pas l'organe d'un groupe États : c'est l'organe de toute la communauté internationale."

Création politique (A), le TPI n'entend pour autant pas servir de simple rustine à des relations internationales en mal de justice (B).

A. UNE CRÉATION POLITIQUE

Nul ne saurait sérieusement contester le caractère politique de la décision prise par le Conseil de sécurité en instituant le TPI. Aussi le TPI emprunte-t-il d'emblée tant à la logique judiciaire (1) qu'à la logique transactionnelle (2).

1. La logique judiciaire

Le TPI dispose d'atouts majeurs par comparaison avec les Tribunaux de Nuremberg et de Tokyo :

- juridiction civile, et non pas militaire ;
- juridiction constituée avant le règlement militaire des conflits ;
- juridiction précédée par différentes enquêtes internationales : le procureur Telford Taylor, a souligné l'insuffisance des renseignements recueillis antérieurement aux procès de Nuremberg[229].

Plus significativement, s'agissant de rendre la justice, il n'existe aucune liste préétablie des "accusés" auxquels devraient être reprochés les crimes commis à compter de 1991. Les souvenirs du procureur Taylor précités laissent pour le moins songeur, lorsqu'il est établi qu'avait été envisagée par le gouvernement britannique, un temps suivi par le gouvernement américain, l'exécution sommaire de milliers de "responsables" présumés (politiques ou militaires) et que la liste difficilement "négociée" entre les représentants des États vainqueurs a abouti, par erreur, à la poursuite d'une génération Krupp à la place d'une autre...

Mais surtout, alors que l'innovation en termes de poursuites au regard du droit international à la fin de la deuxième guerre mondiale tenait, pour le procureur Jackson, dans l'incrimination de la guerre d'agression et du complot, l'attention du TPI se trouve directement centrée sur le crime contre l'humanité, conformément à son statut et sous l'impulsion convergente du président Cassese et du procureur Goldstone.

Le procureur Goldstone le rappelait assez vivement le 2 février 1996[230] : "Question : les présidents Slobodan Milosevic et Franjo Tudjman peuvent-ils être poursuivis par le TPI ? Réponse : Tout d'abord si quelqu'un possède la moindre preuve de l'implication des présidents Milosevic ou Tudjman dans les crimes de guerre, je demande qu'il nous l'apporte. Mais, il y a une grande différence entre le tribunal de Nuremberg et le TPI. À Nuremberg, les pays victorieux ont décidé de qualifier de crime le fait de mener une guerre d'agression. Mais, pour le droit international, mener une guerre même agressive n'est pas un crime[231] et nous n'avons pas le pouvoir d'inculper les gens pour avoir fait la guerre. Encore faut-il savoir comment ils la font !"

Cette absence de liste signifie clairement que pour toute la durée de fonctionnement du TPI, ce dernier a vocation à connaître des et à poursuivre les crimes relevant de son mandat. Souvent présentés comme les grands absents des procès du TPI les responsables politiques précités[232], au même titre que d'autres dirigeants gravement mis en cause[233], ne se trouvent nullement à l'abri d'une action du TPI.

L'article 53, paragraphe B du Règlement de procédure portant sur "la non-divulgation" d'un acte d'accusation jusqu'à sa signification à l'accusé vise des "circonstances exceptionnelles", sans en préciser la nature. Cette procédure reste en vigueur, au 10 janvier 1996, pour un acte d'accusation.

En toute hypothèse, le TPI a déjà fait la démonstration de la subordination de la poursuite à un critère principal : la réunion d'éléments de preuve suffisants.

Est-ce à dire qu'il fait abstraction de toute considération de politique internationale ? Certainement pas.

2. La logique transactionnelle

Cette terminologie renvoie, non pas à une idée de compromis, ni a fortiori de compromission, mais à des techniques de communication, plus précisément d'analyse du langage des différents interlocuteurs possibles de la juridiction. Pour renforcer sa position de juridiction internationale impartiale et indépendante, face aux velléités de marginalisation précédemment évoquées, l'efficacité de l'échange entre le Tribunal et ses mandants suppose un vecteur commun : les valeurs officiellement mises en avant par ces derniers.

Le Tribunal joue l'ensemble des "cartes" qui lui sont théoriquement allouées : l'accord de Dayton, pour assurer la sécurité de ses enquêteurs, des bureaux qu'il a ainsi été autorisé à ouvrir à Sarajevo et à Belgrade, comme celle des transferts à La Haye ; l'opinion publique internationale, mobilisée par les "conditions" de la chute de Srebrenica et d'autres zones de sécurité, pour lancer publiquement les mandats d'accusation contre Karadzic et Mladic.

Le traitement par le Tribunal du défaut d'arrestation de Karadzic et Mladic, illustre particulièrement bien ce propos. Qualifié de "consternant" dans le rapport d'activité du Tribunal, il est naturellement mis en perspective avec une manœuvre "particulièrement dangereuse de la République fédérative de Yougoslavie visant à ce que les personnes déjà mises en accusation soient jugées dans ces territoires et ne soient donc pas déférées au Tribunal".

Pour résister à cette tentative d'éviction de la justice internationale, le TPI utilise donc la tribune publique constituée par les organes qui l'ont institué. Evoquant "le souvenir sinistre des procès de Leipzig de 1920-1922[234]" le président du Tribunal constate que le renvoi aux juridictions nationales, dans ces circonstances, aboutirait à "l'antithèse même de l'idéal de justice internationale pour la défense duquel le Tribunal a été créé". Le risque se trouve ainsi transféré de la perte de crédibilité du Tribunal vers la perte de crédibilité de l'Assemblée générale et du Conseil de sécurité, qui ont imposé ledit tribunal à toutes les parties. Et ce haut magistrat, au nom de la politique judiciaire internationale confiée au Tribunal, de conclure : "Le refus que certains États persistent à opposer illégalement à la remise des accusés au tribunal risque fort d'aller à l'encontre du but poursuivi par le Conseil de sécurité et de rallumer l'incendie auquel a mis fin l'accord de Dayton." En d'autres termes, le danger ne menace pas la justice internationale mais vos décisions et la paix – précaire – annoncée aux victimes parce que justice leur serait rendue.

Mais, même à mots couverts, c'est bien de justice que le TPI entretient le politique.

B. UNE "CIVILISATION" DE LA JUSTICE

Le président Cassese a fait siens[235] deux commentaires, l'un formulé par le Haut Commissaire aux droits de l'homme, M. Jose Ayala Lasso, l'autre par l'ancien rapporteur spécial sur la situation des droits de l'homme dans les territoires de l'ex-Yougoslavie, M. Tadeusz Mazowiecki.

Le premier s'exclamait : "Ensemble, nous devons débarrasser cette planète de l'infamie selon laquelle une personne risque plus d'être jugée pour avoir tué un être humain que pour en avoir tué 100 000." Le second avertissait : "La question de la Bosnie pèsera sur l'avenir de l'ordre international et des principes de civilisation."

Le terme de "civilisation" a trop souvent été employé pour ne pas avoir été dévoyé au cours des tumultueux rapports entre de soi-disant "civilisateurs" et leurs victimes. Au sens où l'entend M. Mazowiecki, cette "civilisation" par le contrôle et la réparation judiciaire internationale suscite manifestement les craintes des États.

Plus que l'épouvantail du "gouvernement des juges" régulièrement agité devant et par les détenteurs du pouvoir dit "politique", c'est bien la question du droit international par opposition aux relations internationales qui est sous-jacente au débat.

Le fait que le TPI existe, enquête, juge, sanctionne et détienne effectivement, même symboliquement, rompt avec le droit "purement potestatif" dont se sont volontiers accommodés bien des États, à commencer par les membres du Conseil de sécurité.

La discussion technique autour d'une future juridiction pénale internationale permanente donne ainsi lieu à des propositions en recul très net sur les prérogatives actuelles du TPI.

La France, tout en adhérant au principe de responsabilité pénale des accusés ayant une "qualité officielle" suggérait en 1996 : que la compétence de la Cour puisse être subordonnée, outre le consentement de l'État sur le territoire duquel les faits ont été commis ou dont relève(nt) la ou les victime(s) au consentement de l'État "de la nationalité de "la ou les personnes soupçonnées d'avoir commis ces faits[236]" ; que ne puissent être poursuivies devant la Cour "les personnes qui ont accompli des actes commandés par le Conseil de sécurité ou qui ont agi en son nom et conformément au mandat par lui délivré" ; que "toute personne entendue ou interrogée par la Chambre de première instance puisse "opposer" le secret défense ! (sous réserve de confirmation par son État d'origine...).

Les modalités d'intervention des mandataires des Nations Unies ont régulièrement soulevé des difficultés : en Somalie, lors d'affrontements ayant entraîné des morts parmi la population civile, en ex-Yougoslavie, lors de la reddition des "zones de sécurité", et sans même évoquer les effets encore inconnus, sur les militaires et les civils irakiens, des destructions auxquelles se trouve imputé, depuis quelques mois, le syndrome dit de la "guerre du Golfe" dont souffrent des contingents américains engagés sous couvert des Nations Unies. Une telle immunité mérite en conséquence sérieusement discussion.

Les préventions, citées à titre d'illustration, émanant de la France, c'est-à-dire d'un État théoriquement partisan de la création d'une telle Cour, laissent augurer la complexité du débat avec des États résolument imperméables sinon radicalement hostiles à ce concept !

D'autres réticences sont pour leur part liées à la relecture de la décision politique qu'impliquera a priori l'avènement d'une juridiction pénale internationale, à tout le moins dans le déclenchement et la conduite de conflits nés postérieurement[237] à la date d'entrée en vigueur du statut de la nouvelle institution.

Le procès de Nuremberg et de Tokyo s'étaient gardé d'insister sur les formes de la guerre sous-marine adoptée par l'Allemagne[238] ainsi que sur les bombardements massifs et indiscriminés de cibles civiles par les alliés, sans même évoquer le lancement de la bombe atomique[239].

Le droit pénal international et notamment le droit humanitaire interprété à La Haye et à Arusha, offrira un précédent jurisprudentiel de premier plan à la future Cour pénale internationale.

La soumission des responsables des opérations militaires aux obligations corrélatives à "l'aune" du droit international devrait singulièrement modifier les réflexions stratégiques développées aux XIXème et XXème siècles ("guerre totale" notamment).

Le chemin de la "responsabilité individuelle" à la "désobéissance légitime" pourrait contribuer à cette quête d'universalité : universalité de la justice, celle qui protégerait l'Homme de l'Homme.

La justice ne se résume pas, dans ce schéma, à adopter, affirmer, sanctionner tel ou tel "droit". Elle traduit bien davantage la volonté de restituer à l'Homme nu, selon Annah Arendt, sa dimension irréductible. Le petit prince de l'an 2000 n'aura peut-être pas à demander "dessine-moi la Justice". Le TPI en offre sans doute l'indispensable esquisse, et hommage doit, sur ce point être rendu aux acteurs de ce "leadership moral", auquel le président Cassese appelait l'ensemble de la communauté internationale.

Chapitre 8

LA DÉFENSE DES ACCUSÉS, DE NUREMBERG À LA HAYE : L'EXEMPLE DE L'AFFAIRE TADIC

ALAIN OTTAN
Ancien Président de JSF – Avocat au Barreau de Montpellier

Dans tout procès criminel, le rôle de la défense est essentiel ; il n'y a pas de débat de qualité, pas de décision valide qui ne suppose la présence d'une défense efficace et respectable. Le débat criminel exige des avocats clairvoyance et responsabilité. Leur crédibilité requiert de la distance vis-à-vis du client, et toujours, vis-à-vis des victimes, respect et délicatesse. L'avocat ne peut se confondre avec l'accusé, et, dans l'intérêt même de ce dernier, l'avocat doit toujours faire preuve de discernement, en évitant de plaider l'insoutenable. C'est ainsi que, depuis toujours, la profession d'avocat s'impose comme indispensable à une justice démocratique et inspire le respect.

Ces quelques principes élémentaires s'imposent avec plus de force encore lorsqu'il s'agit de juger des crimes contre l'humanité. La négation obstinée de faits solidement établis, la remise en cause des fondements et des effets des crimes, voire leur justification, ne pourraient être justifiés par la seule volonté du client, dont l'avocat n'est pas le porte-voix qu'il pourrait quelquefois souhaiter. Ainsi, la défense ne peut être ni négationniste ni révisionniste, si peu que ce soit, sauf à adopter l'idéologie de ceux qui rêvent de détruire l'équilibre des sociétés civilisées.

Cependant, pour être efficace, particulièrement dans un procès pénal de dimension nationale ou internationale, la défense doit adopter une stratégie, nécessairement inscrite dans la réalité politique. Cette stratégie peut être de rupture. En l'occurrence, la menace voilée de ne pas aller jusqu'au terme du procès, avec le risque de discréditer la sanction, a bel et bien été brandie par la défense de Tadic. Mais, faisant honneur à sa fonction, et en tirant probablement avantage, la défense a joué le jeu jusqu'au bout, participant ainsi à la reconnaissance d'un ordre judiciaire incontestable en permettant d'emblée au Tribunal, en quête de légitimité, mis en place par le seul Conseil de sécurité, d'apparaître immédiatement dans un procès public planétaire constituant l'épilogue d'une longue procédure, tout à la fois impartial, efficace et crédible.

L'enjeu était considérable, le Tribunal international pour l'ex-Yougoslavie constituant la première manifestation, depuis les tribunaux militaires de Nuremberg et Tokyo, de mise en œuvre d'une justice pénale universelle.

Pour mesurer, par deux indicateurs simples, l'évolution des droits reconnus à l'accusé à un demi-siècle d'écart, il suffit de se rappeler que les dirigeants nazis poursuivis après la deuxième guerre mondiale encouraient la peine de mort, et que le droit d'appel ne leur était pas reconnu. Or, le Tribunal pénal pour l'ex-Yougoslavie, qui récuse statutairement la peine capitale, se doit d'être pleinement garant des droits de la défense pour incarner une justice moderne transparente, impartiale et exemplaire. Créé en plein conflit armé, pour participer au rétablissement de la Paix, mais dépourvu de moyens de police, il a brillamment franchi l'obstacle, permettant même, par son statut et son Règlement de procédure et de preuve, à la défense des possibilités d'action considérables, et de contester l'institution, la procédure et le droit applicable, en toute légalité.

I. LES DROITS DE LA DEFENSE, DE NUREMBERG À LA HAYE, TEXTES ET POLITIQUE SUIVIE

A. STATUT ET RÉGLEMENT DE PREUVE

Le statut du Tribunal adopté par le Conseil de sécurité des Nations Unies le 25 mai 1993 a marqué, d'emblée, la volonté de ses promoteurs de n'encourir aucun reproche au regard des droits des "personnes présumées responsables de violations graves du droit international humanitaire commises sur le territoire de l'ex-Yougoslavie depuis 1991".

C'est ainsi que "tout suspect interrogé a le droit d'être assisté d'un conseil de son choix, y compris celui de se voir attribuer d'office un défenseur, sans frais, s'il n'a pas les moyens de le rémunérer et de bénéficier, si nécessaire, de services de traduction dans une langue qu'il parle et comprend à partir de cette langue" et que "la Chambre de première instance veille à ce que le procès soit équitable et rapide et à ce que l'instance se déroule conformément aux règles de procédure et de preuve, les droits de l'accusé étant pleinement respectés".

La présomption d'innocence est solennellement affirmée et le droit de l'accusé à interroger ou faire interroger les témoins à charge et à obtenir la comparution et l'interrogatoire des témoins à décharge dans les mêmes conditions que les témoins à charge est proclamé.

Quant au Règlement de procédure et de preuve, adopté le 11 février 94, (il est à noter que le Règlement initial a été amendé afin d'élargir les droits des suspects et des accusés) il concrétise la résolution du Tribunal d'aller plus loin encore dans la protection des droits des suspects et accusés qui sont, dès leur première comparution, invités à plaider coupable ou non coupable.

Leurs avocats reçoivent toutes les pièces utilisées par le procureur comme moyens de preuve en communication "dès que possible après la comparution initiale de l'accusé". Ces pièces comprennent, notamment, les "livres, photographies, pièces à conviction et tous documents se trouvant en sa possession ou sous son contrôle, qui sont soit nécessaires à la défense de l'accusé, soit seront utilisés par le procureur comme moyens de preuve au procès, soit ont été obtenus de l'accusé ou lui appartiennent".

Par ailleurs, dès que possible et en toute hypothèse avant le début du procès, le procureur est tenu d'informer la défense du nom des témoins qu'il a l'intention d'appeler aux débats pour établir la culpabilité de l'accusé ou réfuter les moyens de défense de l'accusé.

Ainsi, après la comparution initiale de l'accusé, et avant le procès proprement dit, celui-ci a la possibilité de soulever cinq types d'exceptions préjudicielles : l'exception d'incompétence, l'exception fondée sur des vices de forme de l'acte d'accusation, l'exception d'irrecevabilité d'éléments de preuves obtenus de l'accusé ou lui appartenant, l'exception de disjonction de chefs d'accusation ou d'instance, l'exception fondée sur le rejet d'une demande de commission d'office d'un conseil. Toutes ces exceptions doivent être soulevées avant l'audience de jugement au fond.

Par ailleurs, dès le début du procès proprement dit, et avant la présentation par le procureur de ses moyens de preuves, chacune des parties peut faire une déclaration liminaire, la défense ayant la possibilité d'attendre que le procureur ait présenté ses moyens de preuve avant de présenter elle-même ses propres moyens de défense. La présentation des preuves de la défense intervient après celles du procureur ; il en est de même, après présentation de tous les moyens de preuve, de la plaidoirie de la défense qui intervient après le réquisitoire. Enfin, toutes les communications échangées entre l'avocat de la défense et son client sont secrètes sauf si l'accusé consent à leur divulgation.

B. ÉLÉMENTS DE COMPARAISON AVEC LE TRIBUNAL DE NUREMBERG

Ces dispositions statutaires et réglementaires sont conformes aux normes édictées par le Pacte des droits civils et politiques, notamment l'article 14, et la Convention européenne de sauvegarde des droits de l'homme, notamment l'article 6.

Ces dispositions marquent, au regard des droits de l'accusé, de notables avancées de procédure par rapport aux tribunaux militaires de Nuremberg et de Tokyo, où le pragmatisme l'emportait très largement sur la norme.

Il n'est pas inutile de revenir, à titre de comparaison, sur les actes constitutifs du tribunal militaire international de Nuremberg, contenus dans l'accord de Londres du 8 août 1945, qui ont dégagé des règles statutaires intéressant directement l'exercice de la défense des accusés ; ainsi :

- l'article 16 du statut du Tribunal de Nuremberg, sous le titre "Procès équitable des accusés" prévoit sommairement, préalablement au jugement des intéressés, la remise de l'acte d'accusation et des documents annexes, traduits si besoin est, dans un délai raisonnable avant le jugement ; la possibilité offerte aux accusés de s'expliquer sur les charges retenues contre eux ; la conduite du procès dans une langue par eux comprise ; le possible concours d'un avocat ; et le droit d'intervenir au cours du procès par production de preuves ou questionnement des témoins de l'accusation ;
- l'article 24 du statut décrit ensuite les 11 phases successives du procès : lecture de l'acte d'accusation, déclaration des accusés sur le choix de plaider coupable ou non coupable, déclaration préliminaire de l'accusation, indication par l'accusation et la défense des preuves soumises au Tribunal, questions du Tribunal aux témoins et accusés, interrogatoire des témoins et accusés par l'accusation et la défense, plaidoiries de la défense, réquisitoire de l'accusation, déclarations éventuelles des accusés, jugement.

On le voit, le statut du tribunal militaire de Nuremberg ne prévoyait pas la Commission d'office au bénéfice des accusés, n'affirmait pas en préambule la présomption d'innocence, et n'autorisait aucune exception préjudicielle (quoi qu'à l'ouverture des débats de Nuremberg, les avocats des accusés aient courageusement soulevé à titre de questions préalables la violation du principe de non rétroactivité de la loi pénale et le défaut d'impartialité de la juridiction).

Ainsi, le procureur Jackson pouvait-il affirmer : "Le statut auquel le Tribunal doit son existence contient certaines conceptions juridiques inséparables de sa compétence et qui doivent diriger sa décision. La validité des clauses du statut s'impose à nous tous, que nous ayons accepté la charge de juger ou celle de poursuivre... les accusés ne peuvent recourir à aucune autre loi que celle qui leur accorde le droit d'être entendus... Cette fixation du Droit par le statut est définitive."

Ce statut situait chronologiquement la plaidoirie de la défense (préalablement écrite et soumise à la censure du président) avant le réquisitoire. Il faut dire que l'objectif principal des promoteurs du tribunal militaire de Nuremberg était, tout en permettant aux accusés de s'exprimer et d'être véritablement défendus, de parvenir à un jugement relativement rapide : "Il ne faut cependant pas considérer les instructions d'après notre système judiciaire où le droit de la défense est une question constitutionnelle. Des instructions sérieuses sont, pour l'accusé, naturellement nécessaires, afin que nous soyons sûrs de punir les véritables coupables, pour des véritables raisons, mais nous pouvons équitablement avoir recours dans ces jugements à une procédure qui rendra impossible les procédés dilatoires utilisés par les accusés de nos procès criminels ordinaires (...) Aucun procédé d'obstruction ou de temporisation ne doit faire traîner le procès (...) Il faut sacrifier un peu à la perfection pour aller vite ; la rapidité a plus d'importance que toute convenance personnelle pour tous ceux d'entre nous qui accomplissent ce travail (...) Nous pourrions, avec les dépositions des témoins prolonger l'exposé des crimes pendant des années. Mais dans quel but ? Nous arrêterons le procès lorsque nous aurons prouvé les crimes évoqués au moyen de preuves qui semblent convaincantes et pertinentes sans qu'il soit besoin de les accumuler inutilement. Nous doutons beaucoup que l'on puisse nier sérieusement la réalité des crimes que j'ai relatés."

Il n'est donc pas surprenant que l'article 18 du statut du tribunal militaire de Nuremberg ait précisé que le procès devait se limiter à un examen rapide des questions soulevées par l'accusation, prendre des mesures strictes pour éviter toute action qui entraînerait un retard non justifié, et que l'article 19 ait libéré le Tribunal des règles techniques relatives à l'administration des preuves, pour adopter et appliquer autant que possible une procédure rapide et non formaliste.

Toutefois, force est de constater que le tribunal militaire de Nuremberg a permis à tous les accusés de plaider non coupable et d'être défendus par des avocats allemands librement choisis, eux-mêmes nazis pour certains d'entre eux.

C. PLUS PRÉCISEMENT, EN CE QUI CONCERNE L'ACCÈS AU DROIT À LA DÉFENSE DEVANT LE TPI

La promotion effective de la défense a constitué un objectif essentiel des responsables du Tribunal de La Haye, ainsi le président Cassese déclare : "Le Tribunal considère les droits de la défense et le principe de l'égalité des armes entre les parties comme sacro-saints."

Dans le cadre du système d'assistance judiciaire prévue par le Règlement du Tribunal, géré par le greffe, la défense a pu bénéficier de moyens matériels conséquents pour accomplir sa tâche, et Dusko Tadic, considéré par le Tribunal comme indigent, en application de l'article 5 de la directive n° 1/94 amendée le 30 janvier 95, relative à la commission d'office et de la défense, a pu être défendu par deux conseils choisis sur une liste de volontaires outre un consultant juridique.

Ces conseils ont été honorés à raison de 110 dollars par heure de vacation pour le premier et 80 dollars par heure pour les deux autres : ils ont perçu en outre, en application de l'article 23 de la même directive, un forfait de base de 400 dollars à chacun des cinq stades de procédure suivante : enquête, mise en accusation, audience de jugement, appel et révision. Le coût des voyages nécessaires à la défense – en classe économique pour les trajets aériens en première classe pour les trajets ferroviaires – et tous les frais par elle ont été pris en charge par le Tribunal ; ces frais comprennent les frais de constatations, expertises, transport et hébergement des témoins. Les avocats perçoivent également, lors des déplacements, une indemnité journalière dite de subsistance. Les conseils de Tadic ont enfin pu s'adjoindre les services de deux enquêteurs, un chercheur et un traducteur. L'on voit donc bien l'importance des moyens mis à disposition de la défense des accusés.

II. STRATÉGIE DE LA DÉFENSE

Il a été affirmé que Tadic, arrêté en février 1994 en Allemagne, transféré à La Haye en avril 1995, n'est qu'un personnage secondaire, voire insignifiant à l'échelle du conflit qui a déchiré l'ex-Yougoslavie, de sorte que son procès n'aurait aucun sens.

L'argument n'est pas nouveau. Déjà, devant le Tribunal de Nuremberg où tous les accusés étaient pourtant des responsables de premier plan, le rôle d'Hitler et celui du général Jodl, pourtant chef de l'état-major, avaient ainsi été mis en parallèle par le défenseur de ce dernier : "On ne pourra arriver à une juste compréhension de JODL, ni à une appréciation équitable de ses actes, si l'on ne considère pas les deux hommes qui se trouvaient en présence. Les représentants du ministère public ont rendu leur tâche bien aisée. Si Hitler était encore en vie, il occuperait, en sa qualité de chef des grands criminels de guerre, la première place au banc des accusés et serait considéré comme l'origine et la source de toutes les atrocités commises. Mais comme il est mort, son rôle est minimisé dans l'appréciation de la culpabilité des autres accusés et on juge leur conduite presque comme s'il n'avait jamais existé."

Il est vrai que l'absence d'Hitler devant le Tribunal de Nuremberg a provoqué de légitimes frustrations et autorisé la défense des 25 accusés à minimiser, par comparaison, le rôle des présents à l'exception notable d'Herman Goering qui s'est très vite imposé comme le seul véritable rival du procureur Jackson. Les mêmes causes produisant les mêmes effets, l'absence de poursuites effectives contre Milosevic, définitive, et celle de Karadzic, que l'on espère provisoire, ne peut que légitimer devant le Tribunal de La Haye les mêmes arguments pour tenter d'amener le Tribunal à admettre une atténuation de responsabilité en faveur de personnages sans envergure.

Toutefois, si l'on veut bien considérer les faits imputés à Tadic, il faut rappeler l'extrême gravité des crimes dont il était accusé, consistant notamment en de multiples actes de persécutions, traitements inhumains et cruels, viols, homicides volontaires, tortures et assassinats, commis dans et à l'extérieur des camps de détention d'Omarska, Keraterm et Ternopolje entre mai et décembre 1992 (région de Prijedor). Pour ces faits, Tadic était passible aux termes du statut du Tribunal de la réclusion criminelle à perpétuité. Qu'il n'ait pas plaidé coupable, au regard de la gravité des crimes qui lui sont imputés, et de la peine qu'il encourt, ne saurait surprendre. C'est donc une défense d'alibi qu'il a choisie.

Certes, la réalité des camps, incontournable, n'a pas été niée, ni la purification ethnique. La défense a même affirmé que Tadic est d'autant moins suspect d'avoir commis des crimes sur la personne de Musulmans bosniaques qu'il aurait toujours vécu parmi eux, en bonne intelligence, et qu'il n'aurait eu aucune raison de se livrer à des exactions.

Là encore, devant le Tribunal de Nuremberg, la même argumentation avait été utilisée pour nier toute participation à l'holocauste des juifs : "Aujourd'hui encore, Messieurs, Funk ressent, comme particulièrement tragique le fait que ce soit précisément lui qui soit chargé de ces choses, lui qui n'a jamais prononcé une parole de haine contre un juif et qui, au contraire, a toujours agi dans le sens de la tolérance et de l'égalité de droits, même vis-à-vis des juifs, partout où il l'a pu."

Sur le plan de la procédure, la défense de Tadic s'est montrée très offensive sur 2 axes principaux, consistant d'une part à combattre par tous moyens les témoignages et éléments à charge recueillis par le procureur, et d'autre part à récuser l'affirmation selon laquelle l'intéressé aurait agi dans le cadre d'un conflit armé international, seule situation qui, selon la jurisprudence de la Chambre d'appel, donne compétence au Tribunal de La Haye.

A. EXCEPTIONS DE LÉGALITE ET DE COMPÉTENCE

Comme cela était prévisible, la défense n'a pas manqué de soulever les exceptions préjudicielles prévues à l'article 73 du Règlement de procédure et de preuve.

Les exceptions de légalité et de compétence du Tribunal soulevées pour la première fois dans l'affaire Tadic traduisent incontestablement une vision politique du conflit ex-yougoslave, tout en cherchant en outre à contester ou atténuer les effets judiciaires de la participation criminelle – contestée – de l'accusé.

Laissant de côté les arguments de la défense de Tadic qui a

dénié au Tribunal pénal le droit de le juger, en tant que création du seul Conseil de sécurité des Nations Unies, il convient d'examiner rapidement les considérants avancés pour réfuter la compétence proprement dite du Tribunal, à la fois dans son objet et dans son champ géographique.

Ainsi, la défense de Tadic n'a-t-elle pas hésité à soutenir que les seules juridictions habilitées à le juger étaient celles du lieu où ses crimes supposés auraient été commis, c'est-à-dire en Bosnie-Herzégovine : "Dès lors que la Bosnie-Herzégovine a été reconnue comme un État indépendant, cet État a compétence pour juger les crimes commis sur son territoire (...) L'État de Bosnie-Herzégovine exerce sa juridiction, pas seulement dans les affaires pénales ordinaires, mais également dans le cas de prétendus crimes contre l'humanité, comme par exemple dans le cas des poursuites contre Monsieur Karadzic (...) L'État de Bosnie-Herzégovine est indiscutablement compétent pour poursuivre les violations du droit humanitaire, et il n'y a pas de raison pour que cet État n'exerce avec diligence son droit de poursuivre de telles violations..." Allant plus loin, il était même suggéré de laisser à la République serbe de Bosnie le soin de juger ces faits : "En tant qu'État, la République serbe de Bosnie exerce, comme les autres États indépendants, sa prérogative de juger les crimes commis sur son territoire."

En réalité, cette exception d'incompétence territoriale tendait à dénier au Tribunal le droit de se substituer aux juridictions locales devant lesquelles Tadic ne risquait rien ; il contestait en définitive le principe même d'une justice pénale internationale.

De même, Tadic s'est affirmé hors du champ de compétence statutaire du Tribunal au motif que le conflit dans lequel il était impliqué était, selon lui, un conflit interne, et non un conflit international. Il s'agissait, au plan politique, d'exonérer la République fédérale de Yougoslavie, son armée et ses dirigeants, de toute responsabilité dans les crimes commis au préjudice des populations musulmanes, et d'accréditer la thèse d'une guerre civile limitée : "Le conflit armé sur le territoire de la Bosnie-Herzégovine concerne certains groupes de population uniquement à l'intérieur de son territoire et constitue, par conséquent, un conflit armé interne."

Poursuivant, la défense a voulu réduire le champ du crime contre l'humanité aux seuls conflits internationaux pour en exonérer Tadic : "Seul un crime commis en exécution ou en relation avec un conflit international peut être qualifié de crime contre l'humanité."

Il a également été soutenu, non sans audace, que l'établissement du Tribunal était un obstacle aux négociations et à la paix : "Qui pourrait venir à la table des négociations pour recevoir un mandat d'arrêt ?" Dès lors, c'est sans état d'âme que la défense a suggéré que l'amnistie, à l'exemple de ce qui s'était produit en Afrique du Sud et en Argentine, serait le meilleur moyen de favoriser la paix : "Si le but final est d'établir la paix en Bosnie-Herzégovine (...) ne serait-il pas très préférable d'amnistier les accusés pour parvenir à cet objectif ?" Dans la même veine, la défense a cherché à banaliser les crimes commis en ex-Yougoslavie, et, évoquant le cas de la Corée, du Vietnam, de l'Algérie, du Cambodge, du Liban, de l'Afghanistan, du Congo belge, de l'Irak et du Panama, elle a estimé discriminatoire et sélective la création du Tribunal par le Conseil de sécurité pour les seuls crimes commis en ex-Yougoslavie.

À la suivre, en l'absence de circonstances nouvelles et exceptionnelles, il fallait donc ne rien faire, et accepter le cycle sans fin de l'impunité... Quel singulier retour en arrière, si l'on veut bien considérer que l'un des principaux acquis de Nuremberg a été d'établir la responsabilité d'une nation dans sa conduite internationale, et que la condamnation des chefs de l'Allemagne nazie a été la première brèche ouverte, dans le domaine judiciaire, au dogme de la souveraineté des États !

B. AUTRES EXCEPTIONS PRÉJUDICIELLES

Plusieurs autres exceptions ont été soutenues, relativement à la forme des accusations, aux témoignages, et à la jonction des accusations retenues contre Tadic.

La défense a d'abord dénoncé dans sa demande du 4 septembre 1995 le caractère vague et général, selon elle, des accusations retenues par le procureur et en a déduit qu'il ne pouvait dès lors y avoir de procès équitable, compte tenu de l'impossibilité pour Tadic de vérifier les témoignages à charge et de collecter des témoignages à décharge. Elle a également déploré l'existence de qualifications concurrentes retenues contre lui. Elle a demandé que toutes les auditions et pièces, lettres de l'accusé notamment, transmises par les autorités allemandes, soient écartées des débats. Cette demande a été rejetée le 14 novembre 1995.

Elle a également cherché à atténuer l'effet de l'accumulation des charges retenues contre l'accusé en demandant le 10 avril 1996 une disjonction des poursuites liées aux faits supposément commis hors du camp d'Omarska. Selon la défense, ces faits constituaient des infractions séparées ; au surplus, pour elle, l'accumulation des charges était de nature à entraîner un procès complexe, voire incompréhensible, au détriment de l'accusé. En bref, la quantité des faits poursuivis n'aurait plus permis de juger équitablement l'accusé : "L'accumulation d'une telle quantité et variété de charges à l'encontre de l'accusé est telle que l'effet ne peut que lui être préjudiciable (...) au cours d'un procès qui combine cette quantité et cette variété de charges, il sera impossible d'éviter la confusion, et enfin de compte cela contrariera un procès équitable."

La défense a également sollicité le 20 mars 1996 le recueil de témoignages à décharge depuis Banja Luka par vidéoconférence, en application de l'article 71-d du Règlement de procédure et de preuve qui permet, en cas de circonstances exceptionnelles et dans l'intérêt de la justice de recueillir des dépositions par ce procédé.

À cet effet, il a été indiqué par la défense qu'il serait impossible de faire venir déposer des témoins à décharge devant le Tribunal de La Haye, ces derniers craignant, avec raison selon l'accusé, d'y être interpellés.

Il s'agissait, par avance, (et alors même que, comme l'a relevé le procureur dans son mémoire en réplique du 27 mars 1996, la défense n'avait même pas communiqué les noms de ses témoins à décharge) d'expliquer l'incapacité de la défense à citer, en nombre équivalent à ceux de l'accusation, des témoins à décharge.

Dans ses décisions des 25 juin et 16 août 1996, le Tribunal a autorisé l'audition par vidéoconférence de 13 personnes désignées, 10 autres bénéficiant de mesures de confidentialité. Il faut dire que, préalablement, le procureur avait demandé le 18 mai 1995 des mesures de protection en faveur de 7 témoins auxquels la défense s'était opposée au nom du droit à un procès public et équitable ! ...

Dans sa décision du 16 août 1995, le Tribunal avait décidé de ne pas divulguer les noms et identités de 6 témoins, puis devait prendre d'autres mesures complémentaires : différé de certaines retransmissions télévisées, déformation des images (sauf pour l'accusé et ses avocats), huis clos lors de certaines auditions, protégeant à l'identique témoins de l'accusation et de la défense.

Il a aussi été demandé l'arrêt de la diffusion télévisée du procès, en particulier en ex-Yougoslavie. Dans sa décision sur cette exception, la Chambre a noté que la défense ne s'était pas opposée à l'ouverture des débats, à cette diffusion ; elle a rappelé que le procès, public, avait un rôle pédagogique ; elle a toutefois interdit la présence dans la salle de personnes ultérieurement appelées à déposer lors de l'audition d'autres témoins ou experts.

Il faut également souligner l'attitude intransigeante de la défense vis-à-vis des témoins à charge cités par l'accusation en invoquant des risques de collusion entre témoins, et le fait que la désignation de Tadic dans la presse, y compris par voie photographique, était de nature à les influencer.

Au total, l'analyse de l'ensemble des exceptions développées par Tadic permet donc de relever l'existence d'une tactique défensive précise :

– une critique fondamentale du droit de juger du TPI de La Haye explicitement présenté comme un obstacle à la paix ;
– l'affirmation du caractère banal, localisé et individualisé des faits reprochés à Tadic, exclusifs de toute implication dans un processus global et délibéré de purification ethnique exécuté au moyen de crimes massifs contre l'humanité ;
– une accusation de partialité objective du TPI, en l'état d'accusations prétendument trop nombreuses et imprécises, et d'un prétendu déséquilibre entre les témoins à charge et à décharge, les uns étant décrits comme influencés ou partisans, et les autres menacés ou mis à l'écart ; quoique la défense ait pu faire entendre, durant huit semaines, 40 témoins à décharge.

III. LES LIMITES DE LA PROCÉDURE ACCUSATOIRE FACE À LA DÉFENSE POLITIQUE

On l'a vu, la ligne de défense de Tadic n'était pas seulement tactique, mais également politique et la question s'est rapidement posée de savoir, une fois dénoncée l'institution judiciaire et son mode de fonctionnement, quelle serait son attitude.

En effet, quelques craintes pouvaient être nourries par la déclaration préliminaire de Maître Wladimiroff à l'ouverture du procès, le 7 mai 1995.

"Ce n'est qu'en janvier qu'il a été possible d'accéder dans la zone géographique d'investigation de notre affaire (...) une des parties est affectée plus lourdement que l'autre par cette situation. Tous les témoins de l'accusation vivent maintenant hors de cette zone, mais tous les témoins de la défense s'y trouvent (...) La défense est particulièrement handicapée pour enquêter sur les faits (...) L'expérience a montré que le procureur, en raison de son statut d'organe officiel du Tribunal, a pu obtenir la coopération des autorités nationales (...) L'on ne peut dire la même chose pour la défense (...) La question qui se pose en définitive est de savoir si un procès équitable est possible. (...)

"Avec des instruments légaux limités, des moyens de contrainte limités et des éléments incomplets, il y a danger d'hyper-médiatisation et de mauvaise justice. Quand les limites seront-elles atteintes ? Il a été dit, à juste titre, que sans une vraie défense, il n'y a pas de procès équitable. Dans des circonstances normales, il n'est pas difficile d'approuver le travail de l'institution judiciaire, dès lors qu'il s'applique de manière équilibrée à l'accusation et à la défense. Mais cette affaire et ce procès ne sont pas normaux. Les circonstances dans lesquelles il s'ouvre sont spécialement mauvaises... La question de savoir jusqu'à quel point la présence de la défense justifie l'impression que ce procès est équitable, s'est posée depuis le début. La vraie question ici est de savoir si nous pourrons assurer une vraie défense. Pour la défense, la question finale est de savoir si, dans ces conditions, un procès équitable est tout simplement possible. Le fait que ce procès débute aujourd'hui ne nous donne pas une réponse définitive. L'on pourrait sérieusement considérer que les conditions d'un procès équitable ne sont définitivement pas remplies. Les raisons en ont déjà été données. Ce qui reste incertain, c'est le point qui devra être atteint pour en conclure qu'un procès équitable n'est plus possible, et c'est ce qui nous préoccupe beaucoup (...) Nous sommes sur le rebord du procès équitable. Ne nous poussez pas au-delà."

Pourtant, à l'issue des débats, la défense était toujours à sa place, et avait, jusqu'au bout, assumé ses responsabilités, combative mais responsable.

Comment ne pas évoquer alors, en parallèle, les paroles prononcées le 31 août 1946, au moment de se retirer avec ses assesseurs pour délibérer, par le président du Tribunal de Nuremberg, Sir Lawrence : "Le Tribunal a été informé que les avocats recevaient des lettres d'Allemands qui critiquent d'une façon inconvenable leur attitude de défenseurs, au cours de cette procédure. Le Tribunal protégera les avocats pour autant que cela sera nécessaire et il ne doute pas que le conseil de contrôle les protégera ensuite contre de telles attaques. Le Tribunal estime que les avocats ont accompli un devoir public important, en accord avec les hautes traditions de leur profession judiciaire, et il les remercie de leur assistance."

Cet éloge était tout à fait justifié. Depuis la requête présentée le 19 novembre 1945, pour soulever l'incompétence du Tribunal, jusqu'aux plaidoiries, les contributions des défenseurs allemands des accusés de Nuremberg furent exceptionnelles, au point que certains commentateurs estimèrent ensuite que les avocats des accusés avaient préparé, à Nuremberg, le retour de l'Allemagne au sein de la communauté des nations.

En refusant une stratégie de rupture qui leur aurait sans doute été plus confortable, les avocats ont permis, à La Haye comme à Nuremberg, l'authentification de la justice et la construction d'un ordre pénal international respectueux des droits fondamentaux. En ce sens, leur rôle mérite éloge et admiration.

Chapitre 9

LA VOIX DES VICTIMES

PHILIPPE EXPERT
Avocat au Barreau de Nîmes

Quelle espérance, après le malheur, la victime doit-elle garder avec le procès ?

Elle attend que la justice dise, publiquement, qu'elle a été victime de la personne déclarée coupable. La vérité et le droit sont ainsi proclamés par l'institution judiciaire, le martyre, la violence, l'offense, souvent l'humiliation, également reconnus. Mais le dommage doit encore, à défaut d'être réparé, être indemnisé par le coupable jugé responsable. Le droit et la justice pour les victimes tendent à la satisfaction de ces deux revendications légitimes.

La place de la victime devant le Tribunal pénal international ne répond pas pleinement à ces exigences.

La justice des Nations Unies, par ses tribunaux ad hoc, a pour tâche de juger les personnes présumées responsables des violations graves du droit international humanitaire. L'introduction de la présomption de responsabilité, et en cela les juridictions créées par le Conseil de sécurité sont d'autant plus exceptionnelles, pose l'existence du crime poursuivi, de son impossible justification et définit, le plus souvent en les désignant collectivement, les victimes. Le juge recherche alors si l'accusé est coupable, qualifie juridiquement son acte, détermine son degré de responsabilité et statue sur la sanction.

Le Règlement de procédure et de preuve, adopté par les juges du Tribunal pénal international, ne confère à la victime qu'un rôle passif. Nous le verrons, la constitution de partie civile, droit d'intervenir au procès, n'existe pas. De même, la qualité de plaignant ne lui est pas accordée. La poursuite est en effet de la seule initiative du procureur. La victime témoigne mais ne participe pas à la démonstration de la culpabilité et l'indemnisation n'est pas ordonnée par la juridiction internationale.

Mais devait-il et pouvait-il en être autrement ? Deux conceptions différentes du procès ajoutées à des considérations pratiques expliquent les règles particulières applicables devant les Tribunaux ad hoc de La Haye et d'Arusha appelés à juger les crimes commis en ex-Yougoslavie et au Rwanda.

L'observation des systèmes judiciaires, au travers des procédures accusatoire et inquisitoire, enseigne que la filiation du Tribunal pénal international procède plus largement du droit anglo-saxon que de la tradition romaniste (I).

Le rappel des différences essentielles entre ces deux systèmes judiciaires (A) permet d'appréhender et de comprendre les raisons de l'absence de droits conférés à la victime dans le procès pénal international (B).

La place, cependant, reconnue aux victimes par les dispositions spécifiques contenues dans le statut et le Règlement de procédure et de preuve (II) est originale. Il est leur est accordé, pour leur témoignage, protection et assistance (A). Leur participation renforcée à l'établissement de la vérité judiciaire, lorsque l'accusé fait défaut au procès, veut leur offrir une "tribune pour l'Histoire" (B).

I. LA PLACE DE LA VICTIME DANS LA PROCÉDURE SPÉCIFIQUE DU TPI

A. LE DUALISME PROCÉDURAL

Deux conceptions du rôle, des droits et des devoirs de la victime dans le débat pénal coexistent dans les démocraties judiciaires modernes. Les formes et les modalités d'intervention, d'action, varient d'un pays à l'autre : la procédure est accusatoire ou inquisitoire.

La procédure accusatoire

La procédure accusatoire, dite de common law, est en vigueur dans les nations anglo-saxonnes. Elle se caractérise par l'évocation d'une cause opposant un accusateur-procureur ou victime à une personne dénommée. Le procès se développe alors sous la direction et l'initiative des parties elles mêmes, en principe à égalité d'armes. Le juge arbitre le débat ; il règle les incidents et tranche les conflits dans le cadre d'un système de preuve spécifiquement prévu par la loi. Le magistrat du siège, contrairement au procureur, n'enquête pas. Les rôles sont parfaitement dissociés. La victime, dans cette procédure, commune dans ses grandes lignes à de nombreux pays dont les États-Unis, le Canada et l'Angleterre, n'a pas toujours de position officielle dans les débats lorsque les poursuites ont été déclenchées par l'autorité publique. La victime n'est pas "partie" au procès, elle ne dispose pas de "qualité", au sens juridique du terme particulière. Elle ne sera en conséquence ni informée des suites de l'affaire la concernant parfois directement, ni avisée officiellement de la date du jugement de l'auteur présumé.

Mais la victime, lorsqu'elle est à l'origine des poursuites, devient acteur à part entière sauf dans l'hypothèse où le procureur décide de diriger personnellement l'accusation. Elle mène enquête, recherche et fait entendre des témoins, des experts. À l'audience la victime et son avocat disposent d'une grande latitude d'intervention. Les interrogatoires et contre-interrogatoires se succèdent sous le contrôle du juge.

Globalement, dans le système accusatoire, l'action privée est exercée de manière autonome, distincte de l'action publique. La réparation du dommage et l'indemnisation des préjudices relèvent en conséquence du domaine purement civil.

La procédure inquisitoire

À l'idée d'égalité des armes qu'incarnerait davantage le système accusatoire l'on oppose volontiers le caractère secret et déséquilibré de la procédure inquisitoire. L'introduction d'éléments du premier dans l'autre système tempère aujourd'hui ces différences fondamentales.

Dans les pays ayant adopté la procédure inquisitoire – par exemple la France – la poursuite s'effectue presque toujours à partir de l'État. Le procès est alors mis en mouvement par son représentant : le ministère public.

Dans les affaires criminelles l'enquête judiciaire, encore appelée information pénale, est menée et dirigée par le juge d'instruction. Elle s'effectue à sa quasi seule diligence et de manière confidentielle, sauf bien entendu pour les parties qui ont accès à leur dossier. Rien ne filtre en principe de cette instruction où, pour ses seules nécessités, l'incarcération de la personne suspectée peut être ordonnée. C'est le même magistrat qui recherche la vérité et place éventuellement en détention provisoire.

Puis viendra le jugement. Le procès est public hormis les cas désormais exceptionnels de huis clos, prononcés en matière de viol, à la demande du plaignant. La victime d'un dommage personnel et direct, présentant un lien de causalité avec l'infraction, peut agir à tous les niveaux de la procédure. Elle est avisée de son droit de se constituer partie civile. Elle se joindra à l'action publique déjà engagée par le parquet soit devant le juge d'instruction si la procédure est en cours d'information, soit ultérieurement en se présentant devant la juridiction de jugement. Elle peut elle même prendre l'initiative d'une procédure pénale en cas de classement sans suite. Quand un délit, clairement établi, n'est pas jugé à l'initiative du parquet elle dispose du droit de poursuivre elle même devant le tribunal correctionnel dans le cadre de ce que l'on nomme la citation directe. Elle pourrait aussi saisir le juge d'instruction d'une plainte avec constitution de partie civile lorsque les faits sont plus complexes. Mais une fois l'action publique enclenchée, le procureur retrouve toujours son rôle prépondérant.

La personne lésée se manifeste si elle le souhaite, en matière délictuelle et à fortiori en matière criminelle, par l'intermédiaire d'un avocat, lequel, à tous les stades de la procédure, bénéficie d'un libre accès au dossier et de possibilités d'intervention, à quelques réserves près, identiques à celles de la défense.

Pour la réparation, la différence avec le système accusatoire est importante. La victime est habile devant la juridiction pénale à revendiquer l'indemnisation de son préjudice, matériel ou moral, résultant de l'infraction.

L'exercice de l'action civile dans le procès pénal présente l'objectif tout à la fois de participer à la recherche de vérité en contribuant à la démonstration de la culpabilité de l'auteur du délit ou du crime et d'obtenir réparation. Pour cela, la victime investie de la qualité de "partie" au procès, dispose de la faculté de produire des preuves, des témoignages, de solliciter des actes d'instruction : auditions, expertises, confrontations...

Durant l'audience de jugement, l'avocat de la partie civile développe son argumentation, en fait et en droit. Il répond aux incidents qu'élèvent l'accusé et son défenseur et veille à la totale application de la loi. Il se prononce éventuellement sur la qualification des faits pour laquelle il peut ne pas être d'accord avec le ministère public. Il argumente enfin sur les modalités et les moyens de la réparation destinée à compenser les dommages subis par la victime. Seul le domaine de la sanction, de la peine, échappe à la partie civile. L'intervention de la victime au débat judiciaire représente une bonne garantie de l'équilibre et de l'équité du procès. Sa voix, singulière ou écho d'un groupe, quelquefois dissonante des réquisitions du procureur – lorsque ses intérêts et ceux de la société divergent – assure certainement, en complément de l'opposition frontale et parfois réductrice procureur-accusé, une plus juste analyse du crime, de ses causes et de ses conséquences.

B. LA VICTIME N'EST PAS UNE "PARTIE" AU PROCÈS DEVANT LE TRIBUNAL PÉNAL INTERNATIONAL

Le Tribunal pénal international est d'inspiration anglo-saxonne dans ses modalités de fonctionnement et tant le statut que le Règlement de procédure et de preuve qui le complète empruntent à ce droit. Indépendamment des trois Chambres, deux de première instance et une d'appel, comptant au total onze juges, le bureau du procureur constitue une entité à part, totalement autonome. La poursuite est de sa seule initiative[240] : il a exclusivement compétence pour instruire les dossiers[241], conduire les enquêtes, entendre les témoins et les victimes[242]. Au terme de ses investigations, suffisamment de charges étant réunies contre le suspect, il présente l'acte d'accusation au juge pour confirmation. Jusqu'alors le juge n'est pas intervenu. À ce moment de la procédure, l'enquête laisse place au débat, opposant l'accusateur au suspect devenu accusé, sous l'arbitrage et l'autorité des magistrats de l'une ou l'autre Chambre du Tribunal.

La victime ne peut pas se constituer partie civile

La victime est dépourvue de prérogatives et de droits que ce soit au cours des enquêtes ou durant les audiences de mise en accusation et de jugements. Au mieux, en vertu du "droit d'alerte", peut-elle informer le bureau du procureur d'agissements dont elle a eu à souffrir.

Aucune action ne peut être entreprise par des personnes physiques ou morales ou par un groupement de victimes atteintes par des crimes réprimés par la loi pénale internationale.

La victime admise ou plus précisément invitée à témoigner ne participe pas directement à la discussion relative à la culpabilité. Sa relation des faits, à condition que son audition intervienne en audience et ne soit pas seulement recueillie par un enquêteur du procureur au stade des investigations, est entendue par le Tribunal mais demeure, en principe, exclusive de toute analyse ou articulation juridique. Une association de rescapés de la politique de purification ethnique ne serait pas admise à discuter la qualification pénale que proposerait l'accusation. Et pourtant les incriminations de crimes contre l'humanité, de génocide ou encore de crimes de guerre, d'acceptions spécifiques, suscitent parfois interprétations.

En ne permettant pas aux victimes de participer activement aux procès les concernant, les règles de type accusatoire, propres au Tribunal pénal international, les réduisent au rôle de témoin.

Mais était-il concevable d'autoriser des constitutions de parties civiles ? La nature des procès et le caractère massif des crimes ne le permettaient sûrement pas. De telles interventions se seraient accompagnées d'obstacles matériels et juridiques insurmontables au regard des milliers de gens fondés à se présenter en qualité de victimes ou comme leurs représentants. Le droit de se constituer partie civile, sous réserve de la recevabilité liée à l'existence d'un préjudice en relation directe avec une infraction, doit être total. Par essence individuel mais bénéficiant à tous, ce droit ne saurait être limité à certaines personnes voire réservé à de seuls groupements ou associations. L'on ne concevrait pas en effet qu'une disposition spéciale interdît l'intervention singulière en imposant aux victimes d'agir collectivement. Les difficultés pratiques, notamment d'organisation des audiences, apparaissent alors évidentes. Qu'adviendrait-il du procès des auteurs du siège de Sarajevo si la population de la ville, au travers de chacun de ses habitants, se constituait partie civile ?

La finalité du Tribunal est bien en réalité d'abord de stigmatiser les crimes bouleversant la conscience universelle, ensuite de poursuivre et châtier les coupables.

La victime n'a pas d'action civile

La réparation légitimement due aux victimes n'est pas, conséquence de l'impossibilité de se constituer partie civile, davantage envisagée. Certainement là encore aurait-il été irréaliste, dans le prolongement de la décision pénale, d'initier un débat sur les "intérêts civils", c'est-à-dire sur l'indemnisation. Pour reprendre l'exemple du procès du siège de la capitale bosniaque, il n'est pas pensable d'exiger des juges qu'ils examinent une par une les demandes susceptibles de leur être soumises. Chaque décision suppose en effet un traitement individualisé, propre à la situation familiale, affective, médicale, patrimoniale voire économique de la personne lésée. Les discussions, en ces matières, répondent à différents paramètres, sur la foi de documents techniques ou de rapports d'expertises. Gigantesque, ce contentieux semble bien totalement inadapté à l'institution pénale internationale.

Pour autant le Tribunal ad hoc ne méconnaît pas ces questions. Le statut et le Règlement de procédure et de preuve renvoient aux juridictions nationales l'examen des actions en réparation de préjudices. Ainsi le greffier[243] a-t-il l'obligation de transmettre aux autorités compétentes des États concernés le jugement par lequel l'accusé a été reconnu coupable. La victime et ses ayants droit pourront intenter une procédure devant les tribunaux de leur pays ou présenteront une demande à toute autre institution compétente. La décision de condamnation du TPI s'imposera alors à la juridiction nationale saisie.

Toutefois, existe une disposition à caractère patrimonial immédiatement applicable. Dans le prolongement de la sanction pénale prononcée et si l'infraction commise a permis l'acquisition illicite d'un bien, la Chambre de première instance, après l'avoir constaté, peut en ordonner la restitution. Le Règlement[244] invite le juge à déterminer les modalités de cette remise du bien et l'autorise à prendre toutes les mesures conservatoires appropriées pour sa préservation, sa protection et celle du produit de son aliénation.

Les propositions françaises pour la création d'une Cour criminelle internationale suggèrent, à cet égard, d'aller plus loin. Ainsi des blocages de comptes bancaires et des désignations d'administrateurs séquestres devraient pouvoir être ordonnés aussi bien dans le cadre du jugement d'une personne présente à son procès que dans l'hypothèse d'une procédure où l'accusé serait en fuite ou introuvable.

L'ampleur des crimes jugés à la Haye et leurs conséquences sur les populations rendent cependant, à notre sens, utopiques les recours en indemnisation devant la seule institution judiciaire. Et d'ailleurs quelle réparation, de quelle nature et sous quelle forme ? La justice, même internationale, n'aura jamais les moyens de faire assurer, à toutes les personnes lésées, un équitable dédommagement. Et finalement, la réparation judiciaire après une telle tragédie n'est elle pas illusoire, sa mise en œuvre impossible ?

Un fonds d'indemnisation spécifique apparaîtrait plus adapté et répondrait certainement mieux au caractère exceptionnel des situations. La création d'un tel fonds, dont les sources de financement relèvent du débat politique – à l'exception des confiscations et amendes prononcées par les tribunaux à l'encontre des condamnés – présenterait l'avantage de favoriser une plus juste et efficace réparation, que la victime puisse ou non désigner un responsable, que celui-ci soit sanctionné par le TPI ou par une juridiction nationale.

La seule qualité de victime ouvre droit à indemnisation. Démunie et désemparée, il serait anormal que la personne déjà affectée physiquement, moralement et matériellement ait à engager une action judiciaire. Il revient aux États et à la communauté internationale de prendre en charge l'initiative de cette réparation, sous couvert d'un organisme indépendant, en assurant globalement une répartition plus satisfaisante que ne le serait celle procédant de décisions de justice éparses.

Ni capacité à agir, ni indemnisation prévue, le TPI n'offre en définitive aucun droit, au sens procédural du terme, à la victime. Ce principe recueille cependant, à quelques exceptions près, une adhésion générale puisque le projet le plus récent sur la création d'une Cour criminelle internationale, qui serait compétente pour les crimes les plus graves intéressant tous les pays, complémentaire naturellement des systèmes nationaux de justice, retient quasiment le même règlement. Ainsi dans cette nouvelle justice à l'échelle du monde, la victime n'aurait donc aucun pouvoir ? Il serait inexact de le prétendre. Le rôle que lui assignent le statut, le Règlement et les juges mérite d'être examiné à la lumière des premières décisions. Cette jurisprudence préfigure ce que seront les règles de la juridiction pénale permanente dont l'année 1998 devrait conduire à la création.

II. LE RÔLE DE LA VICTIME DEVANT LE TRIBUNAL PÉNAL INTERNATIONAL

Si la victime ne peut se constituer partie civile, ses droits n'en sont pas pour autant méconnus. Le procureur, au nom de l'intérêt général, avec d'importants et efficaces moyens, les représente toutes. Il est leur voix, l'expression d'un universalisme, le porte-parole d'une paix et d'une humanité martyrisées que la justice doit rétablir par le Droit. Soumettant aux juges les actes d'accusation, il engage et oriente les audiences du tribunal selon une logique – une politique – préalablement déterminée. Les victimes deviennent ses témoins à charge qu'il convient de protéger. Elles rétablissent la vérité historique quand l'accusé fait défaut.

A. LE TÉMOIN DE L'ACCUSATION

Ceux qui ont souffert des violations du droit international sont entendus dans les enquêtes et quelquefois présents lors des procès. Leur audition est utile à l'établissement des faits, à la démonstration des culpabilités. L'éloignement du Tribunal, la peur ou la crainte du procès, les traumatismes subis, ont amené les juges, à travers le Règlement de procédure et de preuve qu'ils ont établi, à encourager les mesures d'accueil, d'aide et de protection en faveur des témoins.

L'accueil des témoins

Il est instauré[245] auprès du greffier, une Division d'aide aux victimes et aux témoins dont la mission est de recommander l'adoption de mesures de protection[246]. Ce service spécifique doit encore fournir conseil et assistance, tout particulièrement pour les victimes de viols et d'agressions sexuelles. Le greffe, investi de la responsabilité de l'accueil de ces témoins est doté, du moins cela est-il expressément prévu, d'un personnel qualifié. La Division a vocation à faciliter le déplacement des personnes résidant sur les territoires de l'ex-Yougoslavie ou en tout autre pays où elles auraient trouvé refuge et devant apporter leur témoignage devant le Tribunal. Les textes encouragent la mise en œuvre d'un accueil et d'une prise en charge psychologique, médicale, juridique et matérielle satisfaisants. Mais seront-ils pleinement respectés ? Il convient de rester extrêmement vigilant : la venue au procès des victimes, sans oublier leur retour, dépourvus de soutien et d'accompagnement efficaces, aggraverait leur traumatisme.

La protection des témoins

Déposer implique de se faire connaître des juges mais également de celui que l'on dénonce et accuse. La crainte d'une pression, d'une menace ou de représailles n'est jamais à exclure. La sérénité du débat judiciaire et la sécurité des témoins commandaient l'adoption de mesures de protection. Aussi des dispositions ont été envisagées par le Règlement de procédure et de preuve[247] pour les dépositions lors des audiences a priori publiques.

Tout d'abord le Tribunal peut garantir l'anonymat du témoin ou de la victime. Sa déposition pourra être recueillie à l'aide de moyens techniques permettant l'altération de la voix ou de l'image, par le biais d'un circuit de télévision fermé, et encore par l'emploi d'un pseudonyme. L'audition se déroulera aussi à huis clos, si cela s'avère nécessaire.

Les premières audiences en fournissent quelques exemples significatifs. La première Chambre a eu recours à l'utilisation de ces textes. Lors de l'évocation du dossier Nikolic, elle rendait ordonnance décidant de ne pas divulguer au public et à la presse les éléments du dossier. Il s'agissait de protéger les témoins vivant dans la région de Tuzla. La Chambre numéro deux, dans l'affaire Tadic, le 14 novembre 1995, amenée à statuer sur une exception préjudicielle soutenue par le procureur, ordonnait qu'un témoin déposerait anonymement toujours vis-à-vis du public et de la presse et que ses déclarations interviendraient dans le cadre d'une session à huis clos. Le procureur avait été plus loin encore dans sa requête en sollicitant la confidentialité de renseignements personnels relatifs au témoin et à ses parents, demandant même l'ajournement de la divulgation à Tadic et à ses conseils de son nom. Cas par cas, le Tribunal examine la particularité des situations pouvant l'amener à recourir à ces mesures.

Ainsi, doit-on souligner cet autre exemple. Le 18 octobre 1996, dans le dossier Erdemovic, la première Chambre, sur la recommandation de la Division d'aide aux victimes et aux témoins, faisait comparaître un témoin, cité par la défense, sous le pseudonyme X, sans divulguer quelque renseignement que ce soit le concernant. Son entrée dans la salle d'audience était protégée et des systèmes de distorsion de l'image et du son utilisés[248].

Cette "discrétion" accordée au témoin à décharge, appelé à la barre par l'accusé, ne suscite guère de critique. De même il n'y a pas difficulté lorsque l'anonymat se cantonne au public et aux médias. Mais, pareille restriction ne heurte-t-elle pas la notion même de procès équitable quand elle est étendue à l'accusé ? Autrement dit, la défense peut-elle jouir de l'équité si elle est dans l'impossibilité de préparer adéquatement ses arguments et interroger les témoins à charge en ignorant d'où vient l'attaque ?

Souvent, l'accusateur est une victime. La question est délicate et les juges l'ont résolue en estimant que la communication à l'accusé des données d'identification des témoins admis à déposer anonymement interviendrait avant le commencement du procès et dans des délais permettant à la défense de s'organiser[249]. Il en serait différemment qu'à raison de considérations très particulières. Cette réserve dans laquelle les droits de la défense ne primeraient pas s'était manifestée dans le procès Tadic ; les magistrats soulignaient alors "que la situation du conflit armé qui existait et continuait d'exister dans la région où les atrocités présumées avaient été commises constituait une circonstance exceptionnelle par excellence". Les acteurs judiciaires doivent en tout état de cause s'incliner devant les mesures restrictives de publicité décidées par les juges. La divulgation par l'accusé, les avocats ou leurs mandataires à des tiers des informations couvertes par cette confidentialité serait poursuivie pour "outrage au tribunal".

Ainsi, nous observons que les juges veillent en permanence au caractère équitable du procès, au respect des droits de l'accusé et à la protection des victimes et des témoins.

B. TÉMOINS POUR L'HISTOIRE

Ce Tribunal pour l'Histoire, les événements l'ont largement démontré, se heurte à un manque de coopération voire à l'obstruction de certains États et son action serait empêchée si les juges n'avaient recours à la procédure spéciale de l'article 61 du Règlement de procédure et de preuve. Prévue en cas d'inexécution d'un mandat d'arrêt, l'utilisation de cette forme renforcée de mise en accusation illustre parfaitement la volonté de la juridiction ad hoc de ne pas laisser totalement impuni le crime.

Même en l'absence physique des coupables, il est indispensable de les désigner solennellement. Applicable lorsque l'accusé s'est volontairement soustrait à l'action de la justice cette procédure autorise une Chambre de première instance à conforter l'acte d'accusation et à décerner un mandat d'arrêt que tous les États devraient mettre à exécution, faisant du coupable présumé un prisonnier ou un perpétuel fugitif. Dans ce procès sans accusé présent à l'audience, qui n'est cependant pas une procédure de contumace comme elle existe en France, le procureur a toute latitude pour exposer et développer les preuves fondant son accusation.

La décision la plus significative rendue selon les règles de cette procédure dite de l'article 61 concerne, le 11 juillet 1996, la confirmation de l'acte d'accusation pris à l'encontre de Karadzic et Mladic. À cette occasion le communiqué de presse du Tribunal de la Haye, le 26 juin 1996, en soulignait l'objectif : "Permettre aux victimes de faire entendre leur voix dans une enceinte internationale."

Les populations civiles de Sarajevo, notamment représentées par leur maire, et les habitants de la zone "protégée" de Srebrenica, devaient, par des témoignages forts suscités par le procureur, révéler au monde – et pour la première fois dans une audience judiciaire – la barbarie incriminée. Bien qu'aucune déclaration de culpabilité ni sentence ne sanctionne cet avant jugement, les victimes s'expriment ainsi largement et par leurs représentants dénoncent les comportements et les responsabilités.

Cette procédure constitue "une tribune pour les victimes auxquelles est offerte la possibilité de voir leur témoignage consigné pour la postérité, ou de façon directe si elles sont invitées à déposer publiquement, ou de façon indirecte lorsque le procureur parle en leur nom" rappelait ce même communiqué de presse, ajoutant "l'accusé ne (pourra) échapper à la justice internationale en se soustrayant au Tribunal qui constituera un dossier historique contre lui".

La Chambre de première instance rappelait également dans son jugement, au terme de l'examen du dossier Karadzic et Mladic, en délivrant mandat d'arrêt international à leur encontre, que les victimes citées à comparaître devaient "faire entendre leur voix et les pérenniser dans l'histoire". Les magistrats ajoutaient que la justice pénale internationale, dont le cours ne saurait s'accommoder des défaillances des individus ou des États, s'engageait à poursuivre sa mission de recherche de la vérité sur les actes perpétrés et les souffrances endurées ainsi que l'identification des responsables présumés et leur arrestation.

Le procès instruit, seules les victimes présentes, contre les chefs politique et militaire de la République autoproclamée des

Serbes de Bosnie révèle la volonté, sans cesse réaffirmée depuis sa création, du Tribunal international de ne pas se cantonner à déclarer coupables des sans grades ou des petits chefs. La mise en accusation de ces hauts responsables présente, dans le moment où elle intervient, une valeur de symbole. Elle était certainement attendue par les victimes. Elle leur est due. Elle constitue l'affirmation de l'indépendance de l'autorité judiciaire, de la prééminence du droit et de l'indispensable établissement de la vérité historique.

Les interventions en qualité d'amicus curiae de diverses personnalités autorisées de la communauté des Nations, ainsi par exemple sur les méthodes du viol comme arme de la purification ethnique, renforcent en les corroborant et en les situant dans leur contexte les témoignages des populations martyres. L'amicus curiae est, et devrait l'être davantage à l'avenir, source d'expression indirecte des victimes.

L'on peut s'interroger sur la pertinence de la solution adoptée quant à la représentation, somme toute minimaliste, des victimes dans le procès pénal international. Doit-on s'en satisfaire ? La poursuite et la répression des coupables constituent-elles finalement le seul objectif de l'instance judiciaire créée par le Conseil de sécurité ? Certes, le procureur s'y exprime au nom de la communauté des hommes civilisés désireux de combattre la violence, l'intolérance et la force par le droit. La tenue des procès, il est vrai, avec des milliers de victimes constituées "partie civile" apparaîtrait bien surréaliste. Mais, la reconnaissance de la vérité à laquelle ces victimes aspirent principalement ne risque-t-elle pas de n'être que partielle ? Au-delà de l'efficience du Tribunal pénal international, l'enjeu réside bien dans cette interrogation.

Juger l'histoire de la chute de l'enclave de Srebrenica, c'est aussi analyser les raisons d'un lâche abandon, aujourd'hui reconnu par tous. La victime, libre et indépendante, admise à intervenir aux audiences en qualité de partie civile n'aurait pas manqué de soumettre cette discussion à l'intelligence des juges. L'accusation le fera-t-elle ? Les États le permettront-ils ? Les témoins y parviendront-ils ?

Le crédit de l'institution judiciaire des Nations Unies dépend indiscutablement de cette capacité à dénoncer toutes les responsabilités. À défaut, la parole des victimes serait confisquée et chacune d'elles éprouverait le sentiment d'avoir été bâillonnée.

Chapitre 10

LE TRIBUNAL ET LE FUGITIF : RÉFLEXIONS SUR L'ARTICLE 61 DU RÈGLEMENT DE PROCÉDURE ET DE PREUVE DU TRIBUNAL INTERNATIONAL POUR L'EX-YOUGOSLAVIE

ALAIN BERNARD
Avocat au Barreau de Paris

La décision de créer le Tribunal pénal international pour l'ex-Yougoslavie résulte des articles 808 et 827 du Conseil de Sécurité des Nations Unies agissant en vertu du chapitre VII de la charte des Nations Unies. Elle a été prise en ces termes : "Décide de créer un tribunal international dans le seul but de juger les personnes présumées responsables de violations graves du droit humanitaire international commises sur le territoire de ex-Yougoslavie entre le 1er janvier 1991 et une date que déterminera le Conseil après restauration de la paix, et d'adopter à cette fin le statut du tribunal international... "

Le Règlement de procédure prévu par l'article 15 du statut du Tribunal pénal international a été adopté le 11 février 1994 (ci-après "le Règlement"), après l'adoption du statut du Tribunal le 25 mai 1993.

On sait que ce code de procédure ne comporte aucune disposition concernant la procédure de contumace. Les auteurs du code ont estimé qu'une telle procédure était inopportune et que seuls les accusés présents pourraient être jugés.

Ils ont en effet considéré – et affirmé – que toute personne contre laquelle une accusation était portée avait droit "à être présente au procès et à se défendre elle-même ou à avoir l'assistance d'un défendeur de son choix" (article 21-4 du statut), principe repris dans les articles 88A et 101D du Règlement de procédure à l'occasion de l'énoncé des règles relatives au prononcé du jugement.

Cependant, cette carence (volontaire) aurait pu aboutir à une paralysie des procédures puisqu'il aurait suffit à un inculpé de ne pas comparaître pour ne pas être jugé.

On se souviendra, à cette occasion que la mise en accusation de Guillaume II à la fin de la première guerre mondiale n'avait pu être suivie d'effet, l'intéressé s'étant réfugié aux Pays-Bas qui refusaient de le livrer. Les choses en étaient restées là.

Pour éviter de tels errements, le Règlement de procédure du Tribunal pénal international a institué une procédure originale dite "procédure de l'article 61", se déroulant en l'absence de l'accusé. Sa mise en œuvre pose, selon nous, deux questions essentielles : s'agit-il d'un procès ? (I) ou d'une procédure de mise en accusation particulière (II) ?

I. S'AGIT-IL D'UN PROCÈS ?

La procédure instituée par l'article 61 du Règlement de procédure a toutes les apparences d'un procès. Cependant, en l'absence de toute sanction, il apparaît qu'il ne peut s'agir d'un procès aboutissant à un jugement.

A. LES POURSUITES INITIALES

Le chapitre V du Règlement de procédure détermine les modalités d'élaboration et de présentation au Tribunal de délivrer les ordonnances, citations, et mandats nécessaires... à la conduite du procès. Le mandat d'arrêt ainsi délivré est accompagné de l'acte d'accusation ; il est transmis aux "autorités nationales de l'État sur le territoire ou sous la juridiction ou le contrôle duquel l'accusé réside ou a eu sa dernière résidence connue" (articles 54 et 55), l'article 56 rappelant que l'État ainsi requis "agit sans tarder".

Si ce mandat n'a pu être exécuté, l'acte d'accusation est publié dans les journaux à grande diffusion de l'État ou les territoires où le procureur a des raisons de croire que l'accusé peut se trouver.

Tout ceci ressemble donc bien aux préliminaires d'un procès. Mais on observe qu'aucun acte juridictionnel n'est encore intervenu d'une part et, d'autre part, qu'en l'absence de l'accusé, le procès ne peut avoir lieu.

B. L'INTÉRÊT DE L'ARTICLE 61

C'est à partir d'un constat de carence, qui est en réalité la non-comparution de l'accusé, qu'il s'agit de mettre en œuvre la procédure : si le mandat d'arrêt n'a pas été exécuté et, "dès lors que l'acte d'accusation n'a pas été signifié à l'accusé", il appartient alors au procureur d'établir devant le juge de première instance qu'il a pris des mesures raisonnables pour effectuer les significations (de l'acte d'accusation) à personne[250] et qu'il a essayé "selon d'autres modalités" d'informer l'accusé de l'existence de l'acte d'accusation. Le juge ordonne alors au procureur de saisir de l'acte d'accusation une Chambre de première instance du Tribunal pénal international. Il n'existe toujours pas, à ce stade, d'acte juridictionnel préjudiciable à l'accusé.

L'acte d'accusation est donc soumis à la chambre de première instance en audience publique.

Quant à l'audition des témoins, elle n'est pas expressément prévue par le texte de l'article 61 mais en résulte implicitement, ledit texte (c) prévoyant que si la chambre considère sur la base des éléments de preuve "ainsi que de tous autres" (c'est-à-dire les témoignages) qu'il existe des charges suffisantes à l'encontre de l'accusé....

Sous cette apparence anodine, ce texte va immédiatement prendre une importance capitale dans la procédure, en permettant l'audition de témoins (pour l'essentiel "à charge") puisqu'il s'agit de savoir, à ce stade, s'il existe des raisons suffisantes de croire que l'accusé a commis une ou des infractions qui lui sont reprochées.

C'est l'audition des témoins qui permet en réalité de donner tout son relief et sa solennité à la procédure de l'article 61.

On l'a bien vu dans le dossier Nikolic, et encore dans le dossier Martic.

Mais c'est surtout dans les dossiers Karadzic et Mladic que l'audition des témoins a joué un rôle majeur de mobilisation et de dénonciation, à défaut duquel la paralysie recherchée par les accusés aurait pu faire oublier leurs forfaits.

C'est ainsi que le Tribunal a entendu à l'occasion des procédures article 61 concernant MM. Karadzic et Mladic (du 27 juin au 8 juillet 1996) le Professeur Garde, M. John Ralston, Me Irma Oosterman, M. Tarik Kupusovic (maire de Sarajevo), M. Jean-René Ruez, le Dr Kaiser, notamment, mais aussi M. Drazen Erdemovic, accusé dans le cadre d'une autre procédure, mais dont le témoignage accablant est essentiel pour les événements de Srebrenica de juillet 1995 et, enfin, de Mme Christine Cleiren, déposant en qualité d'amicus curiae.

Ce sont donc des témoins, au sens classique du terme, mais également des "sachants" qui sont entendus. Grâce à cela, la Voix des Victimes peut être entendue. Elle l'a été à ces audiences.

Si la Chambre considère que l'acte d'accusation est fondé, en tout ou partie, et "qu'il existe des raisons suffisantes" de croire que l'accusé a commis une ou toutes les infractions qui lui sont reprochées, elle "statue en conséquence". En d'autres termes, la Chambre prend acte qu'il existe des "raisons suffisantes de croire"... sans bien entendu se prononcer sur la culpabilité de l'accusé.

La Chambre saisie délivre alors contre l'accusé un mandat d'arrêt international qui est transmis à tous les États. Il n'existe donc toujours pas d'acte juridictionnel. Pour l'essentiel, la procédure de l'article 61 est ainsi terminée. On constate donc à cette occasion, que l'acte d'accusation initial est, le cas échéant, confirmé et que des témoins sont entendus, le tout au cours d'une véritable audience publique. Cependant, le Tribunal ne prononce aucune sanction, n'applique aucune peine et les défenseurs de l'accusé ne peuvent être entendus[251].

II. UNE PROCÉDURE DE MISE EN ACCUSATION ?

Sans être des sanctions, les décisions prises à l'issue de la procédure article 61 produisent des effets juridiques importants différents selon qu'il s'agit de l 'accusé ou des tiers.

A. Á L'ÉGARD DE L'ACCUSÉ

Il s'agit de :

1. la confirmation de l'acte d'accusation ;
2. l'" invitation ", le cas échéant, du parquet à compléter les actes d'accusation (aff. Karadzic et Mladic décision du 11.6.96 - pages 57 à 61- idem dans aff. Nikolic.) ;
3. la délivrance d'un mandat d'arrêt international.

On sait que le Tribunal ne dispose pas de police judiciaire. Il est donc contraint de s'en remettre, pour l'exécution de ses décisions, aux autorités disposant d'une force publique. Ce sont les "autorités nationales" de l'État où l'accusé a son dernier domicile connu qui reçoivent mission d'exécuter le premier mandat d'arrêt délivré par le tribunal (cf. supra I/A). Mais si par hypothèse, cet Etat est "défaillant" et que le mandat n'a pu être exécuté, il y a recours à l'article 61.

Cet article permet à la Chambre saisie de délivrer "contre l'accusé un mandat d'arrêt qui est transmis à tous les États" (article 61D), dès lors qu'elle estime "qu'il existe des raisons suffisantes de croire que l'accusé a commis une ou toutes les infractions" qui lui sont reprochées et que le procureur a rendu compte de ses diligences pour signifier "à personne" l'acte d'accusation.

L'accusé non comparant devient ainsi un "fugitif international", le mandat ainsi délivré étant alors exécutoire dans tous les États participant à Interpol.

B. Á L'ÉGARD DES TIERS

C'est l'un des aspects novateurs de la procédure : tant le statut du Tribunal (article 29) que le Règlement (article 2A) obligent les États ou les entités requis à coopérer avec le Tribunal pénal international. La même obligation résulte de l'accord de Dayton.

On sait que l'acte d'accusation soumis à la chambre de première instance est suivi de la délivrance d'un arrêt transmis aux "autorités compétentes".

Pour ce qui concerne Karadzic et Mladic les actes d'accusation ont été transmis le 10 mai 1996 à la "Republika Srpska" et le 13 mai 1996 à la R.F.Y, le procureur demandant à cette occasion, en application de l'article 60 du Règlement, à ce que ces actes d'accusation soient publiés dans des journaux à grand tirage.

Le 11 juillet 96, la Chambre de première instance du Tribunal pénal (présidence de M. Jorda) a constaté que les actes d'accusation n'avaient pas été signifiés "à personne" et que les mandats n'avaient pas été exécutés par les États ou les "entités" requis.

Enfin, Le Tribunal pénal international constate (après avoir relevé que la R.F.Y. s'était engagée lors des négociations de Dayton, à prendre les mesures nécessaires pour que la "Republika Srpska" respecte les obligations résultant du traité, notamment celle de coopérer avec le Tribunal, article 1-A et 2 des accords et article 10 de l'annexe 1A) les manquements de la R.F.Y et de la R.S. à leurs engagements internationaux.

En conséquence, le Tribunal pénal international considère que le défaut de "signification à personne" des actes d'accusation est imputable à la R.F.Y. et à la R.S. et qu'il en dresse constat, aux fins d'information du Conseil de sécurité.

On ne sait encore quelle application sera faite de ces dispositions et surtout de ses suites. Deux thèses sont actuellement en présence[252].

Selon la première, seules les personnes "en position significative d'autorité" dans l'État ou l'entité envisagés pourraient être considérées comme ayant refusé la juridiction du Tribunal pénal international et la coopération avec lui. Ce sont ces personnes qui seraient sanctionnées. Selon la seconde, il s'agirait d'une étape normale d'une procédure conduisant à la délivrance des mandat d'arrêt internationaux sans considération de la position hiérarchique des accusés. C'est l'État défaillant qui serait alors sanctionné.

Dans l'affaire Nikolic[253], le Tribunal pénal international a estimé que l'inexécution du mandat d'arrêt était imputable à "l'entité bosno-serbe" de Pale. Cette décision a été transmise au Conseil de sécurité conformément à l'article 61 du Règlement, mais à ce jour aucune mesure de contrainte n'a été prise, malgré la constatation de ce manquement flagrant. Rappelons que Nokolic était le commandant du camp de Vlasenica où la population musulmane a été détenue dans le cadre du nettoyage ethnique de la région. Il est certain que l'autorité du Tribunal pénal international serait sensiblement confortée si le Conseil de sécurité prenait des mesures coercitives à l'égard de l'État ou de l'entité défaillants ne respectant pas leurs engagements internationaux.

Il y a un élément novateur supplémentaire apporté à cet édifice par la décision du 11 juillet 1996 (procureur du Tribunal pénal international c /Karadzic et Mladic). Tout en déclarant que le mandat sera transmis à tous les États, le Tribunal ajoute "et en tant que de besoin, à la Force de mise en œuvre" (l'IFOR). Il en avait été de même dans la procédure Martic (8 mars 1996).

Pour qui se souvient des provocations et affronts infligés par certains des accusés au Tribunal pénal international et des déclarations de responsables militaires sur le terrain déclarant ne pas avoir reçu mandat d'arrêter les accusés qui narguaient ainsi la communauté internationale, cette décision apparaîtra comme essentielle et permettra d'éviter à l'avenir de tels errements.

On constate donc que la procédure de article 61 du Règlement permet la confirmation de l'acte d'accusation initial et, qu'au-delà de cet aspect formel, elle va surtout permettre de mettre l'accusé défaillant et l'État complice devant leurs responsabilités.

Tel est le cas de la position adoptée par le Tribunal pénal international s'agissant du sort réservé à ses injonctions (voir deuxième amicus curiae co-signé par JSF et commentaire de Marie Luce Pavia) et également des rappels publics lancés par cette juridiction en cas de passivité de l'IFOR[254].

C'est donc une procédure de mise en accusation originale et inédite, puisqu'au-delà de l'accusation qui est par hypothèse acquise, elle doit normalement entraîner l'arrestation de l'accusé.

La finalité de l'article 61 du Règlement était d'empêcher l'accusé de paralyser la procédure. Les instruments juridiques utilisés à cette fin : confirmation de l'acte d'accusation, audience publique, audition des témoins, d'une part, délivrance d'un mandat d'arrêt international constituant l'accusé en "fugitif international" d'autre part, mise en cause de la responsabilité des "États ou entités" complices de l'accusé défaillant enfin, permettront, s'il y a volonté politique de la communauté internationale, d'appréhender et de juger les fuyards.

Il faut maintenant attendre – et espérer – que le Conseil de sécurité, saisi par le président du Tribunal pénal international dans le cadre de l'article 61 du Règlement prenne les mesures de coercition qui permettront de mettre un terme à ces errements. Le jour où un accusé sera livré pour être jugé par le Tribunal pénal international, grâce à l'application de l'article 61 du Règlement, marquera une avancée du Droit Pénal International.

Chapitre 11

REGARDS CROISÉS SUR LE TRIBUNAL PÉNAL INTERNATIONAL POUR L'EX-YOUGOSLAVIE

VALÉRIE MARANGE
Journaliste et philosophe - Le 7 août 1997

Au sujet de quelques questions, "sans frontières".

A la fin de 1996, Isabelle Prat m'a chargée de réaliser pour cet ouvrage trois entretiens avec trois dirigeants d'ONG. Il s'agit de : Claude Aigues-Vives, Vice-Président de Médecins du Monde et médecin psychiatre, Xavier Dhonte, Président d'Amnesty International section française et avocat, et Marie Luce Pavia, Présidente de Juristes Sans Frontières et professeur d'université. Il s'agissait de comprendre l'approche, par chacune de ces trois personnes de cette nouvelle étape du droit international que constituait la création de deux tribunaux pénaux internationaux.

Pourquoi Isabelle Prat me confia-t-elle cette tâche, il faudrait sans doute le lui demander, mais je crois que ce fut principalement, au-delà de mes diverses casquettes[235], en raison de ma capacité, excessive peut-être, à poser des questions, à moi-même et aux autres... Des questions, je m'en posais et m'en pose encore sur le sens de ces événements, qui me semblent difficiles à analyser dans le cadre rassurant d'un progrès du droit international, en marche vers un nouvel ordre mondial meilleur... Le conflit du Golfe nous a assez éclairés sur ce point et le narcissisme moderne aurait bien tort d'oublier que, dans l'histoire longue, du droit romain au droit de Schengen, des principes aussi fondamentaux que l'hospitalité ont non pas progressé mais régressé[256]... De plus il est bien possible que le seul droit qui m'intéresse vraiment, soit celui dont Mme Pavia dit qu'il serait la fin du droit, le droit de résistance à l'oppression...

Mes questions, donc, je les ai posées, en plusieurs temps, oralement ou par écrit, entre l'automne 1996 et l'été 1997. Le processus d'échanges se révéla en effet complexe, et beaucoup de questions sont restées sans réponse, peut-être "angoissantes parce que trop précises", ainsi que l'a exprimé Claude Aigues-Vives, qui connaît comme médecin de l'âme le problème !

Pendant ce temps, les événements bougeaient, déplaçant les questions, et parfois les réponses : ainsi Claude Aigues-Vives, très favorable au départ de nos entretiens au principe d'une justice individualisante, sur le thème de la "séparation des salauds du reste de leur peuple", se montra-t-il lors du dernier entretien beaucoup plus intéressé par la question des États, grands coupables impunis de ces conflits... Ces deux dimensions coexistent donc dans la version finale de l'entretien, au risque peut-être de la contradiction, mais contribuant plutôt, à mon sens, à ouvrir plus largement la question, en indiquant à quelles difficultés l'humanitaire se trouve aujourd'hui confronté.

Xavier Dhonte, avocat de métier, se montra sans aucun doute le moins disert, allant jusqu'à revendiquer "le droit à exercer son métier sans trop parler", souci bien respectable dans un monde si encombré de donneurs de leçons. C'est en fin de course, à la fin juin, qu'il me donna peut-être une clef de cette prudence, en me racontant à quelle difficulté il s'était lui aussi trouvé confronté comme avocat français défendant des génocidaires au Burundi. Le récit de cet incident, à mon avis, éclaire bien des questions plus qu'un long discours.

De mes trois interlocuteurs, c'est sans doute Marie Luce Pavia qui s'avéra, d'un entretien à l'autre, la plus constante, semblant rebondir avec aisance sur chacune des difficultés soulevées pour développer une ligne déjà fortement charpentée, celle de la procédure judiciaire comme garant sinon d'un État, du moins d'une "société" internationale de droit. Bien entendu, ses réponses que je trouve passionnantes, et qui ne manquent pas d'échos du côté des philosophies du jugement, ne laissent pas pour moi d'ouvrir d'autres questions, d'ailleurs esquissées dans ces entretiens, sur les rapports des États et des droits "au-delà de l'État" auxquels travaillent nos ONG. Ces questions, relancées par ce dialogue très "serré" avec la présidente de JSF, pourraient d'ailleurs s'adresser à mes trois interlocuteurs : si tous les trois s'entendent à dénoncer le cynisme des États, sur quoi se fonderont, ou, si nous admettons avec M.L. Pavia que la question des fondements ne soit pas la bonne, dans quels processus s'exerceront des droits internationaux ?

Les processus judiciaires, autrement dit les procès, sont-ils la réponse qui viendrait clore la crise de la souveraineté – nationale et internationale – qu'on observe en ex-Yougoslavie ou en Afrique des Grands lacs ? Une justice victimologique serait-elle le garant de notre citoyenneté de demain, et le corps judiciaire le recours éclairé à l'incurie des États et de leur "syndicat" ? Il revient ici à Marie Luce Pavia de développer au plus loin cette hypothèse, avec laquelle semblent flirter nos trois ONG.

Quant à la modeste "questionnante" que j'ai ici été, qui peut-être a trop lu Kafka, elle reste à cet égard un peu dubitative comme sur la question de l'ingérence : au-delà de l'État, il n'y aurait donc finalement que des juges, et nos droits ne seraient au fond que des droits de plaignants ou de victimes ? Dubitative mais toujours passionnée : la casuistique et la pragmatique de ces affaires judiciaires nous en apprend sans doute plus qu'un cours de philosophie politique ou juridique.... Et toujours attentive au formidable travail des trois ONG, à leur engagement audacieux ainsi qu'à leurs difficultés : ici résiderait l'éthique de la question, ou du moins une partie de cette éthique, l'autre étant de rester toujours "sans frontières", une "pensée qui ne se contente jamais" comme le disait Paul Hazard au sujet de l'Europe, autre utopie "au-delà de l'état"...

I. CLAUDE AIGUES-VIVES ONG CONTRE SYNDICAT DES ÉTATS

Comment des organisations humanitaires en viennent-elles à s'intéresser, à s'impliquer dans le fonctionnement de Tribunaux pénaux internationaux ?

Le soignant humanitaire, ce tiers, qui se sert du biais du corps souffrant pour rentrer en relation, doit aussi être quelqu'un qui puisse mettre en perspective l'histoire de ces gens. Le médecin est souvent aveugle de ce point de vue. Il ne voit que le sang qui coule, et n'arrive pas à analyser la violence politique et interculturelle. Le travail judiciaire peut lui éviter de se retrouver à consolider des groupements paramilitaires qui terrorisent les populations.

Il s'agit de nommer la violence politique et de la décrire, ensuite à chacun de prendre ses responsabilités. Il s'agit de comprendre que les choses sont complexes et d'essayer de les rendre intelligibles. Autrement on se retrouve avec des zozos qui se promènent avec un sac de riz ou qui nous montrent un enfant qui meurt dans la rue, et de dire "il faut à tout prix", ou "y'a qu'à" faire ceci ou cela...

Ces groupements paramilitaires dont tu parles, ne sont-ils pas malgré tout issus des populations, ne les représentent-ils pas à un certain degré ?

C'est tout cela qu'il faut décrire. Les événements actuels dans la région des Grands lacs ont commencé en septembre-octobre (1996) au Zaïre avec l'extermination progressive des Bayamunengue par des factions hutues et de morceaux des forces armées zaïroises dans le but de conquérir le terrain. Je ne suis pas pour désarmer à tout prix. Si l'on avait désarmé la Résistance en 1942... Mais il faut avoir la capacité de décrire ce qui se passe, et la proximité que nous donne l'assistance humanitaire doit nous permettre de construire l'histoire du présent, c'est-à-dire d'aller plus vite dans la compréhension des problèmes. Ce n'est pas de témoignage journalistique qu'il s'agit, mais d'une expertise qui rende intelligible des problèmes complexes. En distinguant par exemple ceux qui agressent et ceux qui se défendent, de pouvoir faire des alliances, et un travail de justice. Car il n'y a pas de gènes qui rendent inéluctable que des "tribus" se massacrent, comme on nous l'a laissé entendre aussi en ex-Yougoslavie... Quand on ne comprend pas, on dit, c'est les gènes...

Est-ce que précisément la représentation de ces conflits comme des conflits ethniques n'a pas précisément ce résultat dans les représentations occidentales ?

On sait que ces conflits s'appuient sur des définitions qui ne recoupent pas les règles de l'anthropologie. Dans le cas du Rwanda, il s'agit de personnes qui parlent la même langue, ont la même culture et la même religion, mais appartiennent à des catégories sociales différentes. D'un coté les Tutsis, des pasteurs considérés comme plus riches et plus puissants, les Hutus étant des agriculteurs qui travaillaient la terre. Les différentes colonisations ont instrumentalisé ces couches sociales dans des stratégies de pouvoir et d'influence et aujourd'hui ont le même problème. Le gouvernement actuel du Rwanda, à majorité tutsie, s'est reconstruit avec l'aide des Américains, et de l'autre coté les Hutus s'appuient sur le Zaïre et donc sur la France[258]. Et comme les États-Unis ont refusé l'intervention humanitaire que la France demandait, plus ou moins dans l'idée de venir en aide à Mobutu, les Français refusent aujourd'hui de participer à la force de maintien de la sécurité des Kurdes en Irak, sachant par ailleurs que M. Chirac est favorable à un rapprochement avec l'Irak bien dans la tradition de son parti.

Que peut-on faire là-dedans ? Je crois qu'il ne faut pas jeter le bébé avec l'eau du bain comme le fait Braumann, qui a construit un outil formidable qui est MSF et aujourd'hui ne reconnaît plus ses fils... Je crois que l'important est de représenter la société civile par rapport à la logique des États. C'est d'organiser la société civile dans un contre-pouvoir par rapport à cette logique, parce que souvent les gens confondent, mais l'ONU n'est que le représentant du plus petit dénominateur commun des États. Nous avons à faire ce travail d'interpellation, ce travail critique face aux organismes intergouvernementaux comme l'ONU, qui a pu par exemple faire des compromis tels avec les Serbes de Bosnie, qu'on en est arrivé à Srebrenica.

Ce pouvoir de vigilance, peut-être faut-il le structurer autrement que nous ne l'avons fait jusqu'à présent, et le nommer autrement qu'"humanitaire", parce qu'il y a confusion entre l'humanitaire des États et celui des ONG, qui doit être un contre-pouvoir. Ce contre-pouvoir doit pouvoir fonctionner dans le débat, la transparence notamment sur ses objectifs, car il y a vraiment danger de devenir des prestataires d'un humanitaire d'État.

En Bosnie, on a en effet eu l'impression d'une certaine ambiguïté : les humanitaires ont aidé à clarifier les enjeux, mais n'ont-ils pas été pris en otage par les politiques de la FORPRONU ?

En tous cas, on ne peut pas dire que si les humanitaires n'étaient pas partis, ça n'aurait pas changé le cours des événements. Il y aurait eu plus de dérapages des Serbes, moins d'assistance médico-sociale des populations. Et de plus, il existe bien un conflit entre MDM et les États concernant leur politique là-bas. Ce n'est pas un échec pour notre choix, car on a rendu intelligible et clair ce conflit. Dire : "tant que les États ne prennent pas leurs responsabilités nous n'avons pas à être là", ç'aurait été poursuivre une utopie qu'il y aura un jour un monde idéal où les États seront parfaits... Notre place, c'est un peu d'être le lobby des victimes ou des survivants. L'humanitaire a été un facteur de solution, en alertant l'opinion publique. Nous avons un peu été les soutiens, en sortant les crimes du silence, et en soignant les conséquences. Nous avons contribué à enrayer la dynamique de haine.

Par contre, quelquefois il faut partir, si nous nous retrouvons pris dans des alliances contraires à notre éthique. J'ai personnellement initié une marche arrière en Croatie quand on a voulu nous imposer de réserver notre consultation gynéco et pédiatrique aux seuls Croates... Nous avons refusé ce projet là, mais nous n'avons pas quitté la Croatie en général.

Et dans la région des Grands lacs, comment pouvez-vous maintenir cette position de représentation de la société civile ?

D'abord, l'important est de négocier avec toutes les forces locales – États et entités non gouvernementales – le respect du droit humanitaire et le libre accès aux victimes, c'est ce que nous avons fait avec tous les pays de la région et aussi avec les rebelles. Il est important aussi de bien comprendre les mécanismes par lesquels les populations sont prises en otages et comment sont générés les conflits, en déjouant une approche stigmatisante pour telle ou telle ethnie.

Même si les observateurs présents disent que le gouvernement rwandais, malgré quelques dérapages, ne se comporte pas trop mal, se posera la question à terme de la transition démocratique, car ce gouvernement ne représente aujourd'hui que 15 à 20% de la population. Dans ce contexte, il est important que la justice fasse ce qu'a fait Nuremberg, c'est-à-dire séparer les criminels nazis de la population allemande, et là il faut séparer les salauds que sont les génocidaires hutus, de la population hutue, si l'on veut qu'un jour les deux groupes puissent travailler ensemble et se réconcilier.

C'est aussi ce qui se passe à Belgrade en ce moment, avec le traumatisme lié à ce que les Serbes apprennent des atrocités commises par certaines fractions de l'armée ou du peuple serbe, ce qui les amène à demander des comptes à Milosevic. Le TPI permettra de séparer les salauds du peuple serbe en général. Les Serbes ressentent aujourd'hui le besoin d'y voir clair sur ce qui s'est passé à Srebrenica, veulent que les dérapages soient sanctionnés et que ce ne soient pas l'ensemble des Serbes qui en portent le poids, tout particulièrement parce qu'ils se sentent coupables d'avoir été pris par le sentiment nationaliste, d'avoir été manipulés (même les leaders de l'opposition serbe qui défilent aujourd'hui).

Je crois que c'est important d'inscrire cette question de justice, et de se donner les moyens dans l'urgence, dans la crise, de prendre note d'un certain nombre d'informations qui permette d'écrire l'histoire du présent et de se donner des repères dans la gestion des conflits.

Est-ce que cette position ne permet pas cependant à beaucoup de se défausser de leurs responsabilités, puisqu'après tout, dans l'armée serbe, il y avait beaucoup de gens, et bien des informations étaient accessibles depuis longtemps via les rapports de Mazowiecki notamment ?

Oui, c'est une question importante, mais je crois que la justice fonctionne toujours dans une démarche symbolique forte. Il faudra en effet qu'il y ait des boucs émissaires peut-être plus coupables que d'autres, pour permettre à chacun de retrouver une place. Nuremberg n'a pas jugé tous les criminels, et je crois qu'il n'est pas possible de faire une justice qui puisse juger les responsabilités de chacun, car on arriverait à une forme de totalitarisme, cela entraînerait trop de dérapages, et ça ne produirait pas de sens. En trouvant ceux qui ont manipulé l'opinion, qui portent la responsabilité des atrocités commises, on permettra à chacun de prendre conscience qu'il n'a pas été un héros. L'éthique de la responsabilité, c'est aussi de reconnaître qu'il y a une part d'irresponsabilité chez chacun d'entre nous, lorsqu'on est manipulé.

En quoi a consisté la participation de MDM à l'établissement de ce tribunal ?

Notre participation a commencé quand nous avons décidé de sortir de la neutralité, et de désigner l'agresseur, notamment l'État serbe. Même si des crimes ont été commis des autres côtés, nous ne pouvions pas entériner une vision du conflit comme déchirement de communautés sur des bases "ethniques", religieuses ou culturelles, découlant automatiquement de l'histoire des Balkans. En fait, il y avait bien une volonté hégémonique serbe, et une agression systématisée, tout particulièrement contre les musulmans. MDM a fait une campagne de communication forte sur les crimes de guerre et sur les crimes contre l'humanité en octobre 1993.

Vous revendiquez toujours cette campagne, qui comparait la politique serbe à celle des nazis ?

Oui. Je me souviens des commentaires de personnalités comme Simone Veil et Bernard Kouchner disant "comment ! on compare ce qui se passe en Bosnie avec la Shoah ..." C'était évidemment difficile, pour un ministre comme Kouchner qui soutenait la politique progressiste de Mitterrand, pour Simone Veil on peut le comprendre quant à son histoire, mais je pense que nous les avons aidé, même une Simone Veil qui a traversé l'effroi et le tragique des camps, non pas à comparer, mais à comprendre que même si aucune souffrance n'était comparable, des faits similaires pouvaient se produire. Ça a désacralisé certainement la Shoah, non pas dans son atrocité, mais en tant qu'événement unique qui ne se reproduirait pas... Et on peut penser que la mobilisation de l'opinion a atténué les conséquences dramatiques de ce qui se passait à ce moment en ex-Yougoslavie. Ca se savait, donc on ne pouvait pas aller aussi loin.

Notre seconde contribution a été de recueillir des témoignages.

Dès notre mission de l'hiver 1994, nous avons pris connaissance des viols systématiques, nous en avons témoigné, et nous avons avec d'autres organisations, comme JSF ou Amnesty International, mené une campagne de lobbying pour un tribunal, car cela nous semblait important pour les victimes comme pour la paix, que la justice sépare les salauds des victimes, les responsables du reste de la population. Nous voulions aussi que les États soient jugés, mais là nous n'avons pas été suivis.

Quel bilan faites-vous de l'accord de Dayton, et quelle est selon vous son articulation avec le TPI ?

Le point de vue humanitaire met en priorité le respect de la dignité de chaque personne, son droit à rester sur son sol, et même, essaie de répondre à des besoins concrets d'alimentation et de soins, mais ne peut intervenir sur le plan directement politique. De l'autre coté, lorsqu'on écoute les médias, nous avons l'impression que l'"humanitaire" du président Clinton, des présidents Mitterrand ou Chirac, du chancelier Kohl, repose sur le même socle de valeurs, et cela est faux. Cet "humanitaire-là" est fondé sur les liens économiques, diplomatiques des États. Il est faux de penser que ces trois puissances, en 1992, 1993, 1994, avaient une vision commune de l'avenir des Balkans. Chacun a joué sa carte, dans des rivalités tenues relativement secrètes, mais bien présentes sur le terrain. Il n'y a pas alliance de valeurs entres les humanitaires et les hommes d'État : ils nous ont fait croire à leur indignation, mais chacun avait ses alliés. Ils ont joué entre eux un jeu d'échec complexe, qui ne visait pas la défense de valeurs, mais à marquer des points selon les alliances qui étaient les leurs. Ils sont allés jusqu'au bout de leur logique, jusqu'au point où l'opinion a sorti un carton rouge, et jusqu'au point où la guerre a redéfini une configuration, un équilibre acceptable entre eux. Le fait que les trois forces en présence aient trouvé des appuis auprès de trois puissances a exclu toute solution multiculturelle et favorisé le découpage "ethnique" du territoire, qui a détruit la coexistence des communautés.

La logique de l'épuration ethnique l'a emporté. Quel sens auront donc les jugements du TPI ?

Le principal problème du TPI est son champ de compétences, le fait qu'il ne peut incriminer que des personnes, et non des États.

Le syndicat du silence et de l'impunité, le syndicat des États l'a emporté, en laissant croire que la responsabilité reposait seulement sur des personnes physiques, ce que nul ne peut croire aujourd'hui. Qui peut croire que ce qui s'est passé n'est pas lié à des logiques d'États, qui ont instrumentalisé des groupes armés ? C'est une grande supercherie, une escroquerie par rapport à l'histoire, alors même que la Convention contre le génocide prévoit la poursuite des États qui ont favorisé, aidé... ce crime, et que plusieurs textes internationaux le disent.

Il est vrai que Nuremberg avait jugé, non seulement des personnes physiques, mais aussi des organisations.

Nuremberg ne pouvait pas poursuivre l'État nazi, puisque celui-ci était défait. Par contre, il y a aujourd'hui un État serbe, un État croate et un État bosniaque qui continuent, et qui ont des responsabilités. Après la seconde guerre mondiale, les quatrième et cinquième républiques n'ont pas su non plus affronter la responsabilité de l'État vichyssois, et on voit encore l'importance que ce débat a aujourd'hui. Nous savons aujourd'hui que l'humain, façonné et manipulé, peut devenir meurtrier. Et on restera dans la répétition, tant que les États ne seront pas poursuivis.

Certains mécanismes tels que la Convention européenne et sa Cour permettent la poursuite des États par des individus.

En effet. Ça ne veut pas dire qu'il faille faire la fine bouche, car il y a eu des salauds et il est important qu'ils soient jugés, surtout quand ces derniers ont eu des responsabilités importantes, comme Karadzic, comme Mladic. Mais on voit que quand ces personnes sont dépositaires de l'État, on ne les poursuit pas, elles sont confinées sur leur territoire, mais l'OTAN ne les arrête pas....Ceux qui ont organisé la guerre et des crimes pour consolider des pouvoirs étatiques sont protégés par le syndicat des États. Parce que en effet Karadzic et Mladic ont été assis à la table de pourparlers des États, il y a comme une solidarité.

L'argument en faveur de l'imputation individuelle des actes est l'idée qu'on va ainsi encourager les personnes à se responsabiliser, quand ils sont manipulés précisément.

L'un ne va pas sans l'autre. Je n'ai jamais dit qu'il fallait absoudre la responsabilité individuelle. Mais ce n'est pas suffisant. Il faut faire attention à l'excitation que peut créer pour un certain nombre de professionnels du droit international la mise en place d'un tribunal international et à ce que l'intérêt d'être présents dans cette instance ne masque pas le vide qu'il y a derrière, un vide de justice relativement aux responsabilités des États. Que ce ne soit pas un procès qui cache une forêt d'injustices derrière et que les militants des droits de l'homme, avocats, médecins, ne se satisfassent pas d'un procès avec bonne conscience, alors que les responsabilités sont beaucoup plus diffuses, beaucoup plus importantes, et ne seront jamais abordées au niveau du droit international. Méfions-nous d'un effet médiatique autour d'un ou deux procès bouc émissaires qui ne règlent rien pour les populations civiles et pour l'histoire de ce continent.

Est-ce qu'il n'y a pas de plus grandes difficultés politiques à aborder le génocide des Tutsis que le cas de l'ex-Yougoslavie, puisque dans ce second cas on a affaire à une dérive fascisante assez typique en Europe, alors que dans le cas du Rwanda, il s'agissait, comme tu l'as dit, d'une lutte de pouvoir entre des sortes de "classes" sociales ?

Le génocide commis par les extrémistes hutus est au contraire plus facilement caractérisable comme "génocide" que ce qui s'est passé en Yougoslavie. Il y a eu dans les années qui ont précédé 1994, tout un travail de culture de la haine contre les Tutsis, la mise en place d'un décret obligeant à mentionner son appartenance communautaire sur des papiers d'identité, il y a eu des listes publiées des responsables tutsis, puis de la population tutsie, puis des Hutus qui se tenaient au cadre des accords d'Arusha et donc de la réconciliation, et ceci orchestré par une clique qui entourait Habiarymana. Lui avait, lorsqu'il était hors de ses frontières rwandaises, le souci de ne pas se fâcher avec la communauté internationale qui lui imposait des accords politiques avec l'APR (Armée patriotique rwandaise, tutsie), et d'un autre coté lorsqu'il était à Kigali, il était tenu par son entourage extrémiste, qui répandait la haine avec des moyens audiovisuels tels que la Radio des milles collines, et appelait au massacre des Tutsis. Et donc on a massacré un million de personnes de façon systématique, de façon organisée et dans une certaine indifférence de la communauté internationale, qui ne pouvait pas ne pas savoir ce qui se préparait, surtout pour la France puisqu'elle était omniprésente.

Peux-tu rappeler, pour mon information et celle du lecteur, depuis quand les Hutus étaient au pouvoir au Rwanda, et comment tout cela a commencé ?

C'est une histoire avec la puissance tutélaire, qui était la Belgique, elle-même divisée entre Flamands et Wallons. Et les Flamands se sont rapidement identifiés avec les Hutus, qui étaient les agriculteurs, et étaient dominés par les Tutsis comme les Flamands l'étaient par les Wallons. Il y a donc eu, entre 1950 et 1970, une tentative de la part des Flamands d'émanciper les Hutus. Il y a eu alors renversement d'alliances de la part de la puissance tutélaire, avec un processus insurrectionnel, et un premier génocide contre les Tutsis. Il y eu aussi une approche très esthétisante, de la part d'anthropologues, psychologues, etc.... qui se sont appliqués à trouver tout ce qui pouvait différencier les Hutus des Tutsis, on a mesuré les périmètres crâniens, on les a épinglés comme des papillons. Puis est arrivée la puissance française, qui a continué à soutenir unilatéralement les Hutus. Puis, la diplomatie américaine prenant de l'ampleur dans cette région après la chute du mur de Berlin, s'est appuyée sur l'élite anglophone tutsie, l'a soutenue, a imposé les accords d'Arusha ; entre les forces armées rwandaises (FAR, hutues) et l'opposition tutsie représentée par l'armée patriotique rwandaise (APR) qui bénéficiait d'appuis auprès de l'Ouganda, de la Tanzanie et du Burundi. Puis des extrémistes hutus refusant ces accords ont commencé la campagne génocidaire que nous connaissons. Il faut rappeler que les frontières ont été découpées au cordeau par les colons, sans tenir compte des populations, et que nous refusons que les frontières bougent en Afrique alors même qu'elles n'ont cessé de bouger en Europe à travers trois siècles de guerres...

La guérilla menée par Kabila pourrait amener une redéfinition de ces frontières ?

Personne ne sait comment ça peut évoluer dans les semaines et les mois qui viennent, puisque l'histoire, heureusement, se fait tout de même en dehors des programmes des puissances, au travers des mouvements et des besoins d'émancipation des peuples. Mais il est bien possible que les frontières bougent, si l'on considère que jusqu'à récemment, toutes les décisions importantes de cette région se prenaient dans la conférence francophone (sommet africain ?) présidée par l'Elysée, qui votait comme un seul homme les positions françaises, ce qui permettait à la France de maintenir un siège au Conseil de sécurité. Et progressivement l'Ouganda, le Burundi, le Rwanda et aujourd'hui le Zaïre sont en train de quitter le domaine d'influence français, on peut dire que c'est la seconde décolonisation de ces pays, ceci avec le soutien des États-Unis. Donc la France a tenu à bout de bras un régime honni par les populations zaïroises, avec le président Mobutu, dont la fortune personnelle, égale à la dette extérieure de son pays, est dans des banques européennes... Et ceci sans prendre en compte, ni les aspirations croissantes à la démocratie, ni la donne ethnique. En octobre 1996, le mobutisme a fait la même erreur qu'Habiarymana, le président du Rwanda. Il a décrété que ses minorités tutsies, entre autres les Bayamulengue étaient des illégaux et des apatrides. Les massacres ont commencé, qui ont cristallisé une alliance entre le Rwanda tutsi, l'Ouganda tutsi et le Burundi tutsi avec les Bayamulengue, avec une aide militaire, et la déstabilisation actuelle du pays. On voit mal l'avenir, car il semble aussi improbable qu'une minorité tutsie prenne tous les rênes de la région...

Le problème est que les puissances, par leurs alliances, renforcent les processus de clivages ethniques, comme en ex-Yougoslavie. Et toujours avec le même discours stéréotypé sur les Africains, "ils ne savent pas ce qu'ils veulent, il leur faut un maître", alors que lorsqu'on rencontre les personnes sur place, on constate qu'une société civile s'organise, et il faut en tenir compte. Il y a des associations, des ONG locales, des Africains qui veulent être maîtres de leur destin, et c'est eux qu'il faut soutenir.

À l'heure actuelle, ce sont les réfugiés hutus qui en font les frais ?

Le véritable scandale actuel, c'est qu'on est dans un pays en guerre, que la guerre est régie par des règles qui protègent les populations civiles, les déplacés et les réfugiés, et que le Haut Commissariat aux Réfugiés, de façon scandaleuse, est incapable d'assurer son mandat, la sécurité de ces populations. Comment comprendre, alors que nous sommes capables de retrouver un bateau perdu au fin fond des mers du Sud, que l'on "perde" ainsi 200 000 ou 300 000 réfugiés ? Le HCR n'est même pas capable de donner des estimations quantitatives fiables... Eventuellement il surestime pour obtenir des fonds qui ne sont pas reversés aux réfugiés, mais nourrissent au Zaïre une économie mafieuse.

Comment expliquer que le HCR abandonne ainsi ces populations ?

Le HCR n'est pas seul responsable, ce sont les États qui les abandonnent. La France voulait intervenir pour sauver Mobutu, les États-Unis voulaient laisser pourrir pour récupérer le Zaïre dans leur giron, on n'a donc donné aucun ordre au HCR qui, avec sa bonne volonté mais sans aucun objectif politique, n'a pas su gérer la situation. Ce n'est pas l'agence HCR qu'il faut critiquer, ce ne sont pas les Conventions de Genève, ce sont les États.

S'il y avait eu justice à l'encontre des génocidaires hutus hier, on n'en serait pas là aujourd'hui ?

Les Forces armées rwandaises hutues ont perdu la guerre en août 1994, mais en partie seulement, car l'opération Turquoise a permis l'évacuation des FAR et leur protection. Le besoin de vengeance et d'expiation des crimes commis n'a donc pas été satisfait. De plus, le Rwanda se sentait menacé par une reconstitution des FAR depuis les camps du Zaïre. Dans le même temps, avec l'émotion internationale, on a mis en place le Tribunal d'Arusha pour juger ce génocide, un tiers de la population tutsie du pays, 15% de la totalité. Mais les moyens de fonctionnement ne sont pas venus, et les ONG ont beaucoup critiqué la justice rwandaise, à cause de la peine de mort notamment, alors qu'il y avait un besoin urgent de justice. Comme toujours, on a soupçonné la victime d'impureté... Et personne ne s'est occupé des dirigeants militaires ex-FAR qui faisaient régner la terreur dans les camps du Zaïre... Les observateurs des droits de l'homme focalisaient sur les nouveaux gouvernants du Rwanda, et ceux-ci, qui avaient quelques raisons de se sentir persécutés, se sont refermés sur leurs positions. Le résultat, c'est qu'il y aujourd'hui au Rwanda des centaines de disparitions tous les jours.

Tu parles de soutenir les sociétés civiles, d'éviter l'instrumentalisation des ONG par un humanitaire d'État, tout cela est aujourd'hui un grand chantier, un grand débat dans les ONG humanitaires ?

Certainement et je crois que ce débat traverse toutes nos organisations. À l'heure où le devoir d'ingérence est invoqué pour défendre des puits de pétrole et non pas les populations abandonnées ou persécutées par les États, à l'heure ou l'on manipule les émotions pour soutenir les jeux des puissances, il faut être très vigilants pour éviter les confusions ou les collusions ; et maintenir le cap fermement vers la société civile : la preuve a été faite que Kouchner se trompait, quand il disait ne "faire aucune différence" entre son action dans une ONG et celle dans un gouvernement.

Dans ces clarifications, à quoi sert un tribunal pénal international ?

C'est une pierre, parmi d'autres, contre l'impunité des dirigeants criminels, mais il faut veiller que, en tant qu'institution, il ne serve pas seulement la bonne conscience du syndicat des États...

II. XAVIER DHONTE
LES RÉFUGIÉS COMME CIBLE

Quel bilan tires-tu de l'intervention de l'ONU en ex-Yougoslavie et de l'action du Tribunal pénal de La Haye

Je crois que la création des Tribunaux, surtout celui sur l'ex-Yougoslavie, est peut-être quelque part le signe que quelque chose a changé, quand on sait ce que peut être le cynisme des États. Le TPI exprime une capacité de réaction de la communauté internationale très intéressante, dans un processus très légaliste, et dans l'immédiat après-coup, sans attendre que dix ans se passent... Je crois aussi qu'il y a eu en général, de la part de la communauté internationale, une vraie réaction en ex-Yougoslavie, avec l'engagement de moyens considérables. Ce qu'on ne comprend pas très bien pourtant, c'est au point où on en était, avec les forces qui étaient sur place, c'est la manière très passive dont la FORPRONU a géré son mandat, en acceptant des humiliations incroyables telles que la prise de boucliers humains... Mais j'ai aussi été assez sidéré de la mobilisation de l'opinion, des médias...

Les médias, oui, ils ont d'ailleurs payé un lourd tribut, et aussi les ONG. Mais il me semble par contre qu'une bonne part de l'opinion, notamment de la gauche française, ne semble pas avoir été très clairvoyante, malgré le rapport Mazowiecki et, précisément, le travail remarquable de journalistes. J'ai d'ailleurs entendu un jour sur Radio France un représentant diplomatique serbe qui l'exprimait avec un certain cynisme en disant : "Les occidentaux n'ont rien compris, ils croient que les réfugiés sont la conséquence de la guerre, or ils sont les buts de la guerre..." Il semble que pris dans la "yougonostalgie" l'opinion de gauche en tous cas ait manqué les enjeux...

Il est vrai que du coté d'Amnesty aussi, ce type de situation cataclysmique pose de vrais problèmes, pas tant d'efficacité d'ailleurs, que de positionnement face au changement. Ce que je ressens très fort, c'est que les réactions et positionnements – souvent efficaces d'ailleurs, le rapport d'Amnesty sur Srebrenica est particulièrement précis et charpenté – sont plus le fait de l'appareil que du mouvement lui-même, des adhérents et des militants. Dans beaucoup de groupes de la section française, on te reparle des prisonniers d'opinion comme d'une valeur sûre, fixant un repère... Quand on parle des Grands lacs, par contre, les militants ont l'impression de manquer de prise sur la situation, ils demandent ce qu'ils peuvent bien faire...

Et que leur réponds-tu dans ces cas-là ?

Je suis bien gêné. Je me souviens d'une réunion internationale d'urgence sur la crise burundaise, nous avons discuté toute la journée, c'était assez intéressant car tout le monde était sur la même longueur d'onde : "Nous sommes face à une situation exceptionnelle, il faut trouver une réponse à la hauteur..." À l'issue de cette journée un groupe restreint a examiné le calendrier d'action préparé par le Secrétariat international, et rien de ce qui faisait la philosophie de cette journée n'y figurait : on disait simplement, en janvier il y aura un communiqué de presse, en février Pierre Sané ira à l'ONU, etc. J'étais assez effondré, à la fois par l'aspect technocratique, mais aussi parce que le mouvement lui-même ne semblait pas apte à élaborer des réponses. Mais on s'éloigne beaucoup des questions relatives au Tribunal pénal international...

Pas nécessairement... Tu ne crois pas que tout ce que tu dis là pourrait être le signe d'une crise bien plus profonde des droits de l'homme qui dépasse des organisations comme les nôtres, et concernent l'ensemble du droit international ?

C'est une question qui m'intéresse beaucoup, parce que depuis que je suis président d'AISF, je passe mon temps à signer des lettres adressées au président ou au gouvernement français, et je me demande à quoi ça sert. Nous étions d'ailleurs allés voir Rocard au début de mon mandat – il n'était plus premier ministre – pour lui demander : que fait le premier ministre quand il reçoit une lettre d'AI, et il nous avait répondu très franchement : "C'est une des 350 lettres qu'il reçoit quotidiennement."

Mon sentiment est que, à partir d'entretiens avec des représentants d'un certain nombre d'États, du ministère des affaires étrangères et de conseillers diplomatiques français, il y a une instrumentalisation des droits de l'homme. Ils servent toujours d'appui à une stratégie. Les problèmes que nous rencontrons par exemple dans la création d'une cour internationale permanente sont la conséquence de cette instrumentalisation. Ca ne veut pas dire qu'ils s'en moquent personnellement, mais ce n'est pas un axe de politique, c'est un moyen parmi d'autres de la realpolitic. D'ailleurs Michel Rocard nous avait encore expliqué très franchement comment il avait effectivement voté une motion contre la Turquie au Parlement européen, non pas pour des raisons relatives aux droits de l'homme, mais en fonction de certaines alliances à tel moment...

Que t'évoque par exemple la déclaration de Mme Albright concernant la Chine, après la mort de Deng ?

Ma première lecture est assez sympathique, puisqu'allant en Chine, elle demande la libération de neuf prisonniers d'opinion. Ca prouve que même dans un moment difficile, elle met en avant l'exigence éthique. Mais sans lui faire de procès d'intention, je me demande dans quelle mesure ces mots-là à ce moment-là s'inscrivent dans une tactique... Cette ambiguïté je la ressens très très fort maintenant, plus que je ne l'imaginais avant d'avoir ce type de contacts avec des hommes d'État.

N'as-tu pas parfois l'impression que face à ce type de difficultés, le judiciaire est parfois, plutôt qu'une solution, une échappatoire ?

Je crois plutôt que c'est une sorte de miracle que malgré tout, le Tribunal de la Haye ait pu se mettre en place et fonctionner, malgré sa faible légitimité de départ, puisqu'il était issu d'une décision non pas de l'Assemblée générale, mais seulement du Conseil de sécurité des Nations Unies. Le Tribunal lui-même a décidé qu'il s'en moquait, en rendant sérieusement sa première décision sur sa propre légitimité, qui dit bien "j'existe, et je ne vois pas comment on pourrait me faire disparaître, vous m'avez institué et je vais faire mon travail". Cela tient beaucoup à la qualité de deux hommes, Cassese et Goldstone, qui ont réussi à faire marcher la machine, et qui ont fait beaucoup pour les victimes. Je me suis souvenu d'ailleurs, dans le bureau du second, d'une phrase de Kant que j'aimerais bien retrouver, et de photos de Bosnie, pas des photos horribles, mais des petites touches d'émotion...Cela dit, le test fondamental, ce sera l'arrestation éventuelle de Karadzic et Mladic.

Pourquoi le Tribunal n'a-t-il pas touché, à ton avis, à Milosevic ?

Mon analyse est que le Tribunal n'a pas voulu se situer seulement face aux faits dont il était saisi, mais aussi face à l'avenir. Et pour l'avenir, s'attaquer franchement à un chef d'État, c'était sans doute se condamner à disparaître...

Quel bilan ferais-tu aujourd'hui du thème du devoir ou du droit d'ingérence, utilisé de façon très ambiguë au moment de la guerre du Golfe, dont on a reparlé ensuite d'une autre manière ?

Si je compare l'ingérence telle qu'on l'a pratiquée à l'égard de l'Irak, pour remettre en place d'ailleurs un régime koweïtien qui ne semble pas avoir bougé d'un pouce, et l'abstention actuelle face au drame que vivent les réfugiés rwandais, je me dis que l'ingérence telle qu'on l'a développée, c'est une vraie saloperie, c'est la caricature de l'ambiguïté des droits de l'homme comme moyen politique. La seule ingérence, qui serait à mon avis défendable, consisterait à se dire – j'ai en tant que membre de la communauté internationale une obligation de porter secours – est précisément celle qu'on ne pratique pas. On a même renoncé à parachuter des vivre aux réfugiés rwandais...

Pourtant les ONG humanitaires sont un peu réticentes face au caractère néo-colonial qu'aurait pu revêtir une intervention dans cette région ?

Il n'y a pas d'ingérence sans risque. L'expérience somalienne – au sujet de laquelle on a beaucoup critiqué les Américains – avait principalement pour objet de mettre fin aux tueries. Ils ont échoué, mais le risque me semblait raisonnable. En ce qui concerne les Grands lacs, MDM a émis les réserves que tu dis, par contre MSF était très demandeur d'une intervention...

Laurent-Désiré Kabila, récemment a traité Emma Bonino de "psychopathe obsédée par les réfugiés"...

Des psychopathes comme ça, on en redemande... J'ai particulièrement apprécié son attitude face au général qui avait survolé en avion les zones où se trouvaient les réfugiés rwandais au mois de décembre, et était revenu en disant qu'il n'avait rien vu... Elle l'a publiquement traité de menteur, et je trouve cela intéressant de soutenir ainsi une parole non diplomatique, pour pointer des choses essentielles non seulement en termes de drame, mais en termes de responsabilités. Quant à Kabila, il ment comme mentent tous les gens dans sa situation, et surtout, je crois qu'on pourrait lui appliquer ce que tu évoquais tout à l'heure, sur les "réfugiés comme but de la guerre". C'est ici un peu différent bien sûr, l'objectif principal de la guerre de Kabila était la prise du pouvoir, mais les réfugiés ont été sa principale cible, et en même temps ils lui ont servi de levier. Et c'est certainement l'absence de traitement de cette question des réfugiés, pendant deux ans, qui a mené aux massacres récents...

Comment évalues-tu, à cet égard, les responsabilités ?

C'est d'abord celle de ceux qui avaient en charge la question des réfugiés, premièrement le HCR, ou en tous cas parce que le

HCR n'est pas seul dans cette affaire, de ce qu'on appelle la "communauté internationale", c'est-à-dire les grandes puissances. Ceci n'excuse pas le geste de celui qui lève sa machette pour tuer, sur place, mais tout de même... Je m'interroge aussi sur le positionnement des grandes ONG telles qu'Amnesty : est-ce que nous n'aurions pas dû appeler à une intervention de protection des réfugiés, et plus généralement, ne devrions-nous pas savoir donner un contenu précis à nos recommandations ?

Ce qui est difficile, c'est de tirer des leçons de situations comme celles-là et je dois dire que je broie un peu du noir : si ce type d'évidence-là – personne ne pouvait ignorer que des milliers de gens avaient besoin d'un secours immédiat et ce n'est pas l'endroit du monde où il est le plus difficile d'intervenir – ne déclenche pas une intervention, qu'est-ce que c'est que la protection des droits de l'homme pour l'Organisation des Nations Unies ? De fait, on a appliqué à ces réfugiés-là la loi non écrite qu'on applique toujours aux réfugiés : protéger le pays d'accueil plutôt que le réfugié...

Quel est le rôle, dans cette affaire, de l'absence de justice internationale ?

Si je suis Rwandais tutsi, si j'ai survécu au génocide, que je sais qu'il y a aux portes de mon pays 1 200000 personnes réfugiées hutues parmi lesquelles une partie – évaluée par le HCR à 7% des réfugiés – de militaires génocidaires qui représentent un danger évident et sont les auteurs de crimes abominables, qu'ils sont impunis, qu'ils phagocytent les camps et constituent la base d'une armée de revanche, que la justice internationale ne fonctionne pas à Arusha, que des forces internationales ne vont pas chercher dans ces camps les acteurs du génocide, je n'ai plus qu'une chose à faire : assurer moi-même ma défense.

Est-ce que l'implication des grandes puissances dans les événements précédents n'aurait pas rendu plus crédible un tribunal non pas international mais régional africain ?

Personne ne peut méconnaître l'embarras – pour prendre un mot faible – des puissances qui étaient en relation constante avec cette zone africaine et ont joué pendant des années le mauvais cheval... Et il est vrai que ces erreurs et cette persistance dans l'erreur leur a ôté toute capacité d'initiative pertinente. Et peut-être qu'en effet de ce point de vue, la constitution d'un tribunal plus continental, moins lié à la bonne ou mauvaise volonté des puissances qui ne pouvaient pas ou plus intervenir, aurait facilité les choses... Cela dit, au Rwanda et au Burundi, il semble que se soit développé un réseau de défense d'avocats africains autour d'Avocats sans frontières, qui viennent plaider dans ces pays pour les procès des génocidaires, ce qui sans doute est préférable à une défense assurée par des avocats occidentaux, comme en témoigne ma propre expérience.

L'année dernière, à la demande de deux organisations locales de défense des droits, je me suis en effet rendu pour JSF au Burundi, pour examiner les conditions dans lesquelles nous pouvions monter une force pénale internationale, qui serait chargée de défendre les 5000 Hutus poursuivis devant des chambres criminelles pour leur implication dans les massacres commis après l'assassinat du président Dadayé. Après son assassinat, une série de massacres réciproques ont en effet eu lieu, mais seuls les Hutus sont jugés pour l'instant. En fait, une fois sur place, la Ligue DTK et Mme Dadayé nous ont demandé d'intervenir aux audiences... Le premier dossier qu'on nous a donné était celui d'un directeur d'école "tout simplement" accusé d'avoir brûlé vifs 50 à 70 de ses élèves, c'était "le" procès du moment et nous ne nous en sommes pas rendus compte. Nous avions convenus avec le président de demander seulement le renvoi pour pouvoir prendre connaissance du dossier, mais quand nous sommes arrivés dans la salle d'audience, il y avait 300 ou 400 personnes, la salle était pleine jusqu'autour des bancs des avocats, il y avait un bataillon militaire avec des Kalachnikovs aux chargeurs engagés...

Nous avions de plus joué de malchance, car d'abord, il n'y avait aucun défenseur burundais, aucun d'entre eux n'avait accepté, et François Roux et moi avions accepté d'intervenir pour la défense de l'accusé, à la condition que le troisième envoyé de JSF, François Vallera, intervienne auprès d'un confrère burundais pour les parties civiles... Car ce que nous souhaitions montrer c'est que l'avocat n'assume pas la cause de ses clients, mais est là pour assumer une mission de droit. Après de longues négociations, nous avions obtenu des familles que l'un d'entre nous puisse plaider pour les parties civiles, mais au dernier moment, l'avocat burundais nous a dit "mes clients m'ont téléphoné cette nuit, finalement ils préféreraient pas"... Donc nous nous sommes retrouvés dans la situation la plus désastreuse, deux avocats français défendant un Hutu génocidaire dans une salle pleine de Tutsis... J'ai eu la peur de ma vie ! Finalement on a réussi à sortir du tribunal, très lentement...

Et quelle défense avez-vous soutenue ?

On a juste demandé le renvoi, et on n'a pas pu revenir ensuite... Il a été condamné à mort, mais cela dit, il n'y avait rien dans le dossier, ce qui ne signifie pas qu'il était innocent, mais plutôt qu'il faut être réaliste, une instruction ne se déroule pas de la même façon dans ces pays. Il faut cependant souligner que ni le Burundi ni le Rwanda n'ont fait le choix d'une justice expéditive, peut-être par conviction, peut-être par calcul politique. En tous cas, s'il y a eu au Rwanda beaucoup de condamnations à mort, dans un nombre assez important de cas il y a eu effectivement un avocat. De toutes façons la question de savoir comment un système judiciaire peut absorber ce genre de problèmes, c'est très compliqué...

Est-ce que la question des réfugiés, dans le monde entier, n'est pas en train de devenir une des questions majeures pour les droits de l'homme ? Comment comprends-tu la régression de l'hospitalité, au niveau juridique lui-même ?

Je ne sais pas si le droit est vraiment en cause, il me semble qu'il s'agit avant tout d'enjeux économiques. Cela dit, il y a sans aucun doute régression : en mai 68, tout le monde se scandalisait que la police soit rentrée sur un campus universitaire ; en 1996, on force une église à coups de haches. Il y a en effet une régression de la notion de sanctuaire, de refuge inviolable.

III. MARIE-LUCE PAVIA
DONNER SA PLACE AU JUGE

Votre association s'est fortement engagée, dès le début, dans le soutien au processus du Tribunal pénal international pour l'ex-Yougoslavie ?

Dès 1992, nous avons recueilli des témoignages sur le terrain, et dès le premier procès qui a commencé à la fin de 1994, nous avons fait le choix, différent d'autres associations qui ont préféré demander la création d'une cour permanente, de soutenir ce tribunal ad hoc, en disant : voyons s'il peut fonctionner, et si son succès peut permettre ensuite la création d'une Cour permanente. Ce choix nous a été favorable, car nous avons tout de suite été reçus par Cassese, qui nous fait comprendre qu'à ses yeux nous représentions le point de vue des juristes "continentaux" et nous a immédiatement reconnu le statut d'amicus curiae, ami de la Cour, permettant donc de rédiger des mémoires sur des points de droit sensibles notamment dans le jugement d'appel de Tadic. Par exemple, le Tribunal est-il compétent ? – la défense de Tadic arguant de son incompétence, et de l'irrégularité de sa fondation (par le seul Conseil de sécurité) – et des problèmes de qualification des crimes : crimes de guerre, crimes contre l'humanité, génocide, etc. Dans cette affaire, nous avons soutenu la compétence du Tribunal, et d'autre part le fait que Tadic pouvait être accusé de génocide, l'accusation la plus grave, ce qui n'a pas été retenu par le Tribunal.

Vous êtes donc en contradiction avec le TPI sur la question des qualifications ?

Il semble que l'accusation de crime contre l'humanité soit réservée par le TPI à ceux que Cassese a nommés une fois les "gros poissons", Mladic et Karadzic, des responsables à la fois idéologiques et militaires. Pour les autres, tel Tadic, un petit chef de bande qui a opéré dans le camp d'Omarska, il n'a appliqué que celle de crime de guerre. Il semble donc qu'il ait une politique juridictionnelle qui consiste à attribuer les qualifications les plus lourdes aux leaders.

Ce qui nous avait apparu intéressant pour Tadic, c'est que dans l'ordonnance de dessaisissement de la justice allemande émise par le TPI, le Procureur lui même avait accusé Tadic de "génocide". Nous avions donc argumenté sur cette base, à savoir qu'il semblait difficile de revenir sur une accusation aussi grave, retenue lors de la première phase de la procédure.

Le tribunal ne juge que des individus, contrairement au Tribunal de Nuremberg qui jugeait aussi des organisations ?

En effet, mais le droit international a progressé depuis, et l'on reconnaît la qualité de sujet juridique à l'individu. Une question résiduelle est celle de comment on peut admettre que les peuples ont des droits, sans leur attribuer d'obligations juridiques... C'est peut-être un bien, car la conception de la Déclaration universelle des droits de l'homme est une conception individualiste, mais elle remet en cause le droit des peuples.

Comment analysez-vous non pas la compétence, mais le rôle du TPI dans le conflit en ex-Yougoslavie ?

La communauté internationale, pour la première fois dans son histoire, se dote positivement d'un tribunal issu de cette communauté. Donc le TPI a un rôle de constituant de la communauté internationale. Il a aussi un rôle de constituant de l'ordre public international, ordre basé en principe sur le droit. Ensuite, son rôle doit être replacé relativement au rôle des politiques, au rôle des militaires. Le TPI est un maillon dans la chaîne du traitement du conflit. Aujourd'hui, la communauté internationale s'agite pour se doter d'une cour permanente, et je pense que ce tribunal a été le facteur déclenchant pour cette communauté, qui sait qu'elle peut se doter de cette institution, qui bientôt peut-être sera permanente.

Et relativement aux autres niveaux de traitement du conflit, ne peut-on craindre que le TPI ne couvre l'impuissance, pour ne pas dire l'inaction, de cette communauté internationale ?

D'une manière générale, on peut toujours dire qu'une juridiction est une dérivation, une dérivation non pas de l'impuissance du politique, je n'aime pas ce mot, car tout dépend ce que l'on veut. Si on veut la création d'un État de droit ou du moins d'une société internationale de droit, il faut doter cette société ou cet État des institutions qui respectent le droit, et qui le font. Et jusqu'à maintenant on n'a pas produit autre chose pour ce faire que des tribunaux. Par conséquent, c'est à la fois une dérivation, qui peut-être effectivement indique une impuissance et aussi la construction de cette société de droit dans laquelle le politique sait bien qu'il ne fait pas tout tout seul, mais avec plusieurs institutions, et que, dans le moins mauvais des systèmes, il doit y avoir transfert du politique vers le juridique, ce dernier s'efforçant de trouver le compromis que le premier n'a pas pu dégager. La question que vous posez, à mon avis, relève de la difficulté de la pensée française à penser le pouvoir des juges, ou à ne le penser qu'en termes de fondement de sa légitimité, au lieu de le penser en termes de fonction, qui s'intègre dans un processus : les bureaux qui produisent les lois, les parlements qui en délibèrent, les juges qui les interprètent et les appliquent. Quant on voit le processus dans son ensemble, au lieu de faire un arrêt sur image sur le juge, je crois que cela devient concevable démocratiquement.

Peut-on dire que les procès qui ont commencé de se dérouler sont ou vont être les procès de l'"épuration ethnique" ?

Tout d'abord, il faut dire clairement qu'il n'y a pas d'ethnies différentes en ex-Yougoslavie, mais seulement des "slaves", dont certains ont été islamisés sous l'empire Ottoman. Le drame a été de créer une nationalité musulmane dans les années 60, idée complètement contraire d'ailleurs, aux textes qui proscrivent toute discrimination liée à la religion.

Par contre concernant la Croatie et la Serbie, il y a historiquement sinon deux ethnies, du moins deux nations, qui ont donc pratiqué une épuration qu'il faudrait peut-être appeler, "épuration nationale", mais qu'est-ce que ça changerait ?

Les mots ne sont pas indifférents, le mot d'ethnie étant réservé à des sociétés pré-étatiques, voire "sauvages", et a donc été employé sciemment pour dévaloriser les Bosniaques. Si l'on n'avait pas laissé employer ce mot, je ne dis pas qu'on aurait arrêté la guerre... mais on n'aurait pas joué le jeu des criminels...

Entendu. Mais après tout, on a bien, à Nuremberg, jugé de la "solution finale", terme également douteux qui désignait le passage à une politique d'extermination délibérée. Je reprends donc ma question : le procès de La Haye juge-t-il, jugera-t-il, la politique dite d'"épuration ethnique" ?

Oui. On l'a bien vu autour de la procédure de l'"article 61", puisqu'il n'y a pas de jugement par contumace, qui permet d'"accuser" Mladic et Karadzic. Dès le rapport Mazowiecki, cette politique a été détaillée, et ceci a été repris, dans des termes juridiques évidemment, par les accusations du Tribunal. Au-delà des individus, ces jugements seront aussi des jugements pour les victimes – qu'on oublie trop facilement. Ceci m'avait énormément frappée en allant en Bosnie, de voir comment ces gens sont en attente d'une tribune pour s'exprimer, les médecins disent que ça fait partie de la thérapie, et je crois que ceci peut contribuer à reconstruire ces victimes, que la communauté internationale reconnaisse ce dont elles ont souffert, ce qu'on appelle globalement la purification ethnique.

Ça ne leur rendra pourtant pas leur maison ?

C'est un travail pour les juristes, de travailler sur le droit au retour – on voit malheureusement ce que ça donne sur le terrain – et la récupération des biens. Mais encore faudrait-il que ce soit inscrit dans un texte. Or dans le statut du TPI à l'heure actuelle, il n'y a pas de procédure civile prévue. Par contre, on peut imaginer qu'une fois le jugement du TPI rendu, il y ait une procédure juridictionnelle interne qui permette des réparations. Aujourd'hui, à la face du monde, quelques – pas toutes car le terrain politique dicte qui doit être jugé – personnes seront condamnées, et avant leur condamnation, il y aura toute une argumentation condamnant la politique d'épuration ethnique.

Mais cette épuration ethnique n'est-elle pas aujourd'hui opérée par le découpage de territoires "ethniquement purs" ?

Encore une fois, le droit ne peut pas tout, et il ne s'agit pas de dire "la paix sans le droit ou la justice sans paix", slogan extrêmement réducteur, mais plutôt "le politique et le juridique". Le propre du juridique est d'avoir besoin du politique, et c'est un problème du TPI, notamment du coté de l'exécution de ses décisions.

Il semble qu'une des différences avec les procès de Nuremberg est l'accent mis sur les victimes. À Nuremberg, les bourreaux étaient là, mais pas les victimes – qu'on souhaitait notamment ne pas exposer – ici c'est presque l'inverse ?

Oui, et dans ce sens le TPI est un progrès, puisqu'il s'est doté d'une sorte de bureau des victimes, qui les protège tant qu'elles sont à La Haye. Mais cette protection encore une fois est fragile, et il est juste de dire qu'une victime venue témoigner peut subir quand elle retourne sur son territoire des pressions, ou être supprimée par vengeance, il est donc vrai que c'est un risque. Mais si l'on accède à ce qu'elle demande - venir témoigner à la face du monde - il faut sans doute qu'elles acceptent le risque qu'elles encourent. Et qu'est ce qu'une victime d'un tel séisme ? C'est un être détruit, qui n'a plus, je crois, comme but principal la conservation de sa vie. Le but du criminel contre l'humanité, c'est de rabaisser l'homme à une condition animale, d'en faire un sous-homme, de l'exclure de l'humanité. Est-ce que ceux qui ont subi ça raisonnent de la même manière quant au risque, je ne crois pas, il n'y a plus de risque... Je crois donc que ce sont des personnes parfaitement capables d'aller témoigner et de ne pas penser à l'après, car ils sont au-delà de l'"après".

Est-ce que le droit, dans cette approche très victimaire, centrée sur la victime, ne rentre pas dans une démarche plus humanitaire que juridique ?

Oui, d'ailleurs il existe une branche du droit pénal qui s'appelle la "victimologie", qui fait que le juriste n'est plus seul à réfléchir, d'ailleurs il ne devrait plus l'être, il doit travailler avec des psychologues, des psychiatres, des médecins, des sociologues, pour tenter de comprendre et de parvenir à quelque chose qui n'est en effet plus du droit, mais de l'humanitaire : essayer de réinsérer la victime déshumanisée dans l'humanité.

Ça ne vous semble pas malgré tout un risque pour le droit ?

Il me semble que la règle de droit n'existe que sous la pression des acteurs sociaux, je ne crois pas au droit élaboré dans une tour d'ivoire. Dans la règle de droit il y a une dimension éthique, il y a la loi, mais il y a aussi la bonne loi... À partir du moment où l'on a pour but la réinsertion de la victime dans l'humanité, je ne dirais pas que tous les moyens sont bons, mais que toutes les bonnes volontés sont requises.

Mais cette idée que le droit devrait être bon ne vous semble pas contradictoire avec les fondements laïcs de l'état moderne ?

On touche ici à la discussion sur le positivisme juridique, défini au XIXème par des gens comme Kelsen ... Le positivisme consiste à dire : les procédures ont été respectées, donc la loi est bonne. Ce qui entraîne donc que les lois de Vichy sont de bonnes lois. Or il semblerait qu'aujourd'hui dans le débat sur le droit, on s'efforce de réintroduire la dimension éthique, ou du moins ce que les juristes appellent la supralégalité, la constitutionnalité, puisqu'on estime généralement que c'est dans la constitution que s'expriment les principes éthiques d'une modernité juridique, c'est donc le retour vers un certain "naturalisme", le naturalisme rationaliste du droit naturel, avec tout le travail des philosophes, qui nous enseignent que la question est "qu'est-ce que la bonne loi". Je pense particulièrement à Paul Ricoeur, qui s'est intéressé au jugement juste.

C'est la loi d'Antigone contre celle de Créon ?

En tous cas je raisonne en termes de valeurs, hier religieuses, aujourd'hui laïcisées. Mais même ainsi, dans la valeur d'égalité par exemple, ne trouve-t-on pas la trace de la croyance, évoquée dans la controverse de Valladolid au sujet des sauvages, que l'autre est égal parce que fait comme moi à l'image de Dieu ? Le problème dans cette vision holiste, c'est qu'il ne le savent pas encore, qu'ils sont à l'image de Dieu, donc on va leur envoyer des missionnaires pour le leur apprendre. La laïcisation, c'est de penser de manière individualiste : il y a dans l'homme les principes de liberté et d'égalité. C'est l'origine du principe qui diffère.

Ceci peut aussi contredire l'idée que vous évoquiez avant, à savoir que le droit suit l'évolution des sociétés ? Car les sociétés ne vont pas nécessairement dans le sens du bon. Qui dira ce qui est bon ?

Bien sûr le souverain n'est pas nécessairement bon. Mais justement, le juge peut avoir un rôle. Si l'on prend l'exemple de la peine de mort, celle-ci n'aurait pas été abolie si on avait suivi la société. On touche ici une question fondamentale : on ne doit pas avoir des gouvernements d'opinion, mais des gouvernements de jugement. C'est quand on a réuni des opinions contradictoires, que l'on débouche sur le jugement. Le juriste peut dire le contraire de l'opinion.

Je crois que le droit est une culture qui doit être enseignée dès l'école. Je me réfère à notre modèle occidental. Mais je ne suis pas sûre qu'il soit le meilleur.

Au sujet de l'universalité, au-delà de la question de l'universalité des valeurs, est-ce que le problème posé ici n'est pas plutôt celui de l'universalité de l'application du droit ? Un droit qui se veut universel n'est pas appliqué, accordé à tous ?

Absolument. Et je pense que le TPI peut-être un élément de l'application de ce droit. Mais ça se fera très lentement, parce que le droit international est soumis à la souveraineté des États, et que là il n'y a pas d'autres valeurs que des jeux de puissance et d'intérêts, des valeurs machiavéliennes et non celles du cri d'Antigone. L'homme et les populations deviennent un pion sur les échiquiers, on a presque l'impression d'un complot politique contre les peuples.

Mais cette souveraineté des États n'apparaît-elle pas, au contraire, comme confondue avec celle des peuples, et comme le garant du statut civil et politique des personnes ? Faudrait-il alors dire que ce principe est en crise ?

La souveraineté populaire est en effet dans la théorie classique incarnée par l'État, qui l'exerce. Le résultat est que dans la société internationale, qui est une société de puissances, les individus ne sont pas des sujets de droits, mais seulement les États. C'est en quoi le droit pénal international est précisément innovant, puisqu'il reconnaît l'individu comme sujet de droit, et d'obligations. Mais quand on est face à un État, il n'y a pas d'humanité qui tienne.

Je suis frappée depuis le début d'entendre mes trois interlocuteurs invoquer l'histoire. Est-ce qu'on n'attend pas trop – ou pas assez – d'un tribunal, en lui demandant de travailler pour l'histoire ?

Tout dépend comment on l'entend, il s'agit d'histoire à court terme. Sur le long terme, il restera tout de même que c'est à la fin du XXème siècle, siècle d'une barbarie terrible, que l'on s'est doté, au sein de la communauté internationale, on s'est doté d'un instrument juridique véritablement international. Au lendemain de la première guerre mondiale, le Sénat de Leipzig fut un échec. Puis en 1945, Nuremberg, tribunal des quatre grandes puissances, n'a pu traiter du génocide. Et puis, il faut aller à 1993 pour trouver un premier tribunal, certes avec des défauts car institué non pas par traité mais par le Conseil de sécurité, mais tout de même un premier tribunal international. Dans l'histoire du droit, on retiendra cette date.

On peut pourtant avoir l'impression, depuis le début du siècle, que le droit de la guerre court derrière la guerre totale qui se développe.

C'est certain, on court après, mais on peut se dire qu'on a accompli de tous petits pas vers une Cour permanente, qui serait un séisme... Je pense aux États-Unis, je pense à la France, je pense au Cambodge... Il faudrait bien peut-être que ces États soient accusés un jour ou l'autre, pour des crimes imprescriptibles commis pendant les guerres d'Algérie et du Vietnam. C'est très dangereux une Cour permanente, et c'est peut-être pourquoi elle n'existe pas encore. Concernant l'Algérie, il faudra peut-être admettre tout de même qu'il ne s'est pas seulement agi d'"événements", mais d'une guerre, et pas seulement d'une guerre civile.

Anette Wievorka rappelait l'autre jour comment dans la France d'après-guerre, alors que René Cassin rédigeait la DUDH, certains s'affolaient un peu dans le gouvernement, cette Déclaration posant des problèmes à la France concernant l'Algérie, avec son statut discriminant pour les "indigènes".

En effet. Quand d'ailleurs on lit les débats parlementaires avant l'adoption de la Constitution de 1946, on est frappé par le silence des parlementaires sur la période de l'occupation. Est-ce qu'on peut faire parler ce silence, peut-on l'interpréter ? Moi je crois qu'on s'est tu sur le plan parlementaire parce que sinon, il aurait fallu accuser devant des juridictions des dizaines de Français. Il a fallu attendre 1964 pour qu'on introduise dans le droit pénal le principe de dignité en référence aux événements les plus graves, c'est-à-dire les crimes contre l'humanité.

Concernant encore l'histoire, je souhaitais vous demander si c'était vraiment le rôle des activistes, de ceux qui veulent être actifs sur les événements en cours, d'en faire l'histoire ? N'est-ce pas une forme de renoncement face aux enjeux du présent, et n'est-ce pas une illusion de croire que le souvenir évite la répétition ?

La mémoire, ça fait partie de l'éducation et on ne peut pas être contre. Mais il ne faut s'engluer dans la mémoire, la vraie question est celle du présent. Il faut se garder d'une mémoire un peu morbide, mais on est sans doute allé trop loin, en France, du côté de l'oubli, concernant notamment l'histoire immédiate, celle du présent. Il est vrai qu'on parle chacun de sa place, et je suis quelqu'un sans histoire, à qui on a coupé ses racines, qui suis à l'aise partout où il y a des hommes. Nous sommes de vieilles sociétés, accablées de mémoire, mais qui avons en même temps la mémoire courte. Le temps va si vite...

Certains historiens, récemment, ont contesté que la loi et les tribunaux aient à se mêler du débat sur le négationnisme. N'y a-t-il pas ici deux conceptions différentes de la vérité, celle de la justice et celle de la science ? Par exemple, n'attend-on pas trop d'un Tribunal en lui demandant de désigner qui, parmi les "protagonistes" de la guerre d'ex-Yougoslavie, est l'agresseur ?

C'est le combat entre historiens et juristes... Les juristes, quant à eux, ont une conception toute relative de la vérité, une conception qu'on pourrait dire sophistique, liée au débat. L'histoire, à mon sens, n'échappe d'ailleurs pas à cette relativité, les historiens lisent les archives avec les lunettes d'aujourd'hui, l'histoire est perpétuellement révision. Alors il est vrai que le jugement qui va être prononcé aujourd'hui, va faire appel à une certaine conception de l'histoire récente, qui peut-être sera démentie plus tard. Qui condamnerait aujourd'hui Marie Antoinette à la guillotine, et condamnera-t-on Mme Ceaucescu dans un siècle ? Ma réponse la plus franche à votre question est que je ne suis pas historienne, mais intéressée à travailler avec des historiens sur les questions que je me pose aujourd'hui.

Il y a conflit aujourd'hui, au sein des historiens de la seconde guerre mondiale, entre des interprétations dites "fonctionnalistes" et des interprétations dites "intentionnalistes". Est-ce que le droit pénal ne prend pas part à ce débat indirectement, notamment en s'attaquant à des responsabilités individuelles ?

Si j'ai bien compris ce que j'ai lu chez les historiens, c'est que le nazisme était une formidable mécanique, qui broyait les individus. Alors en effet, le droit pénal tend à faire émerger la dimension de la responsabilité individuelle. Ce qui n'est pas contradictoire avec la notion des "hommes ordinaires", qui fait que nous savons désormais que n'importe lequel d'entre nous, dans certaines circonstances, est capable du pire. Et les individus prennent part, intentionnellement, à des fonctionnements dominants dans des circonstances données.

Que les ONG mettent aujourd'hui leurs efforts dans une entreprise à la fois judiciaire et historique, est-ce un bon choix ? Dans quelle mesure cette inflation du judiciaire aide-t-elle les citoyens que nous sommes à exercer leur citoyenneté ?

Je crois que les ONG sont désarçonnées, et que le travail d'archives peut en effet être un refuge. Mais il est temps en France de se défaire d'une certaine tradition anti-juges. Il faut laisser une place au juge, car la notion de citoyenneté, comprise souvent en fonction de l'acte de voter, tend à se déplacer aujourd'hui, dans l'aire en tous cas de la petite Europe, vers la notion de certaines garanties. Le patrimoine juridique européen n'est pas structuré par la question des régimes politiques, mais par la protection et la garantie des droits fondamentaux. Et qui garantit les droits ? La Constitution répond : c'est l'autorité judiciaire. Et la citoyenneté européenne c'est un patrimoine de droits. Ca peut aussi bien sûr être autre chose, peut-être jusqu'à la désobéissance civique. Mais là, c'est le droit de résistance à l'oppression, droit qui n'existe pas dans le droit (ou si peu), car ce serait la fin du droit...

La mise en perspective ne saurait seulement être éthique ou politique, elle doit également intervenir sur la scène juridique, d'un amicus à l'autre, du TPI sur l'ex-Yougoslavie au TPI sur le Rwanda, en espérant la création d'une juridiction pénale permanente et internationale.

Chapitre 12

JURISTES SANS FRONTIÈRES : "AMICUS CURIAE" DU TRIBUNAL PÉNAL INTERNATIONAL POUR L'EX-YOUGOSLAVIE

MARIE LUCE PAVIA
Ancienne Présidente de JSF-Professeur à l'Université Montpellier I

I. VOUS AVEZ DIT : "AMICUS CURIAE" DU TRIBUNAL PÉNAL INTERNATIONAL ? !...

"1. Décide la création d'un tribunal international pour juger les personnes présumées responsables de violations graves du droit humanitaire international commises sur le territoire de l'ex-Yougoslavie depuis 1991 ; (...)"
Résolution 808 du Conseil de sécurité du 22 février 1993

"2. Décide par la présente résolution de créer un tribunal international dans le seul but de juger les personnes présumées

responsables de violations graves du droit humanitaire international commises sur le territoire de l'ex-Yougoslavie entre le 1er janvier 1991 et une date que déterminera le Conseil après la restauration de la paix, et d'adopter à cette fin le statut du Tribunal international (...). "
Résolution 827 du Conseil de sécurité du 25 mai 1995

Pour tout juriste soucieux d'une garantie plus effective des droits de l'homme, au-delà de leur proclamation dans de grands textes solennels, ces deux extraits de résolutions du Conseil de sécurité feront incontestablement date dans l'histoire du droit. C'est la raison pour laquelle, dès la création[259] du "Tribunal international chargé de poursuivre les personnes présumées responsables de violations graves du droit humanitaire commises sur le territoire de l'ex-Yougoslavie depuis 1991" (que l'on dénommera ci-après TPI), JSF a manifesté sa solidarité avec la nouvelle institution. Ainsi, l'Association s'est démarquée de nombreuses prises de positions sceptiques ou critiques qui touchent à plusieurs aspects du Tribunal.

En effet, certains s'interrogeaient : la création du TPI n'est-elle par le signe de l'impuissance des politiques à résoudre un conflit balkanique à la fin du XXème siècle ? D'autres, au contraire, soulignaient la dépendance structurelle du TPI par rapport au Conseil de sécurité, donc par rapport au politique. En effet, le Conseil de sécurité peut modifier pour l'avenir le statut du Tribunal, voire l'abolir.

D'autres encore, consentant à un traitement judiciaire du conflit, mais s'appuyant sur le principe de la compétence universelle, refusaient le droit à l'existence d'un tribunal international, afin de laisser aux seuls États l'obligation de poursuivre devant leurs propres juridictions les présumés coupables de violations graves du droit international humanitaire. La fonction répressive, disait-on, ne peut relever que de la souveraineté étatique.

Dans le camp de ceux qui prenaient fait et cause pour la compétence internationale, deux types de questions étaient récurrentes. D'une part, a-t-on bien choisi la meilleure modalité, parmi les trois possibles, pour créer une telle institution au niveau international ? La première solution aurait été la voie conventionnelle inter-étatique. Elle avait pour elle l'avantage d'avoir existé, puisque que, dans le cadre de l'accord de Londres du 8 août 1945, le Tribunal de Nuremberg[260] avait été créé avec un but : poursuivre et châtier les grands criminels de guerre des puissances européennes de l'Axe. Mais, ce tribunal était militaire, les juges ne représentaient que les vainqueurs de la guerre – les États-Unis, la France, la Grande-Bretagne et la Russie – et, dans son statut, les crimes contre l'humanité n'existaient pas en dehors de leurs liens avec les crimes de guerre.

Une autre solution pouvait être envisagée, comme le préconisaient la Croatie et la Bosnie-Herzégovine. Il se serait agi de cumuler l'intervention de Nations Unies et celle de certains États. Elle aurait donc consisté a faire intervenir le Conseil de sécurité qui aurait posé le principe de la création et confié à des États le soin de la réalisation par la conclusion d'un traité entre eux. Mais, étant donné l'urgence et l'ampleur des massacres, cette solution n'était-elle pas trop lourde et trop longue ?

C'est une troisième solution qui a été choisie : c'est l'ONU qui doit créer le tribunal et en assurer la mise en œuvre. Mais, peut-on faire confiance à cette organisation, ce "machin" comme le disait le général de Gaulle ? Quoiqu'il en soit de la réponse à cette question, une autre surgissait : quel organe peut être compétent pour le faire ? Est-ce l'Assemblée générale, la plus représentative de toute la communauté internationale ou est-ce le Conseil de sécurité ? Au sein de l'ONU, à qui revient la responsabilité principale du maintien de la paix ? À lire la charte, c'est bien le Conseil de sécurité qui est chargé de cette responsabilité. En effet, le Chapitre VII, intitulé "Actions en cas de menace contre la paix, de rupture de la paix et d'acte d'agression", contient un article 39 qui énonce : "Le Conseil de sécurité constate l'existence d'une menace contre la paix, d'une rupture de la paix ou d'un acte d'agression et fait des recommandations ou décide quelles mesures seront prises conformément aux articles 41 et 42 pour maintenir ou rétablir la paix et la sécurité internationales."

Mais, en choisissant cette méthode, l'on remarquait d'autre part, que la compétence du Tribunal ne peut être que limitée, puisqu'il n'est qu'un tribunal ad hoc. Ainsi, en est-il notamment en ce qui concerne le lieu (ce que les juristes appellent la compétence "ratione loci") où se sont déroulés des actes qui choquent la conscience universelle et en ce qui concerne le temps (il s'agit dans ce cas de la compétence "ratione temporis") au cours duquel ils ont eu lieu. En l'occurrence, il ne s'agit que du "territoire de l'ex-Yougoslavie" pour des actes commis uniquement "depuis 1991". En conséquence, le Tribunal, ne pouvant connaître d'autres actes de même nature commis sur d'autres territoires et à d'autres époques, il n'est évidemment pas permanent.

Sans doute possible, le TPI n'est pas un tribunal permanent, bien au contraire. Toutefois, force est de constater que l'on attend une Cour pénale internationale permanente depuis une cinquantaine d'années. C'est en effet en 1948 que l'Assemblée générale des Nations Unies a demandé à la Commission du Droit International d'étudier la possibilité de créer une Cour Criminelle Internationale Permanente et ce n'est qu'en 1995, année du cinquantième anniversaire des Nations Unies, que le Comité ad hoc a amendé le projet de statut de cette juridiction et recommandé l'adoption d'un texte de synthèse par l'Assemblée générale.

JSF ne pouvait pas ignorer ces critiques, dont certaines sont fondées. Cependant, l'Association a estimé que la communauté internationale, pour la première fois dans son histoire, s'est dotée positivement d'un tribunal issu de cette communauté et accepté par elle. Donc, le TPI contribue à la constituer en tant que société de droit. Il a un rôle de constituant de l'ordre public pénal international, ordre basé en principe sur le droit.

Ensuite, son rôle doit être replacé relativement au rôle des politiques et au rôle des militaires. Le droit n'est qu'un aspect, qu'une réponse à apporter à un conflit, lorsque des crimes qui choquent la conscience universelle ont été perpétrés. Le TPI est par conséquent un maillon dans la chaîne du traitement du conflit. Il n'est pas question qu'il se substitue au politique, comme ce dernier ne peut se substituer à lui, en raison des fonctions de l'un et de l'autre.

Par ailleurs, le TPI peut être une étape importante qui conduira vers la création d'une cour permanente et, en ce sens, il fallait conforter celui-là, afin de conforter celle-ci. En outre, il est compétent pour juger les présumés coupables des crimes les plus graves qui portent atteinte à ce que tous les hommes ont en commun, à savoir : leur humanité. Ces atteintes et leur répression font partie du droit international humanitaire applicable aux conflits armés, à savoir : "Les Conventions de Genève du 12 août 1949 (la Convention I se réfère à l'amélioration du sort des blessés et des malades dans les forces armées en campagne, la Convention II est relative à l'amélioration du sort des blessés, des malades et des naufragés des forces armées sur mer, la Convention III concerne le traitement des prisonniers de guerre et la Convention IV concerne la protection des personnes civiles en temps de guerre), la Convention IV de La Haye du 18 octobre 1907 (sur les violations des lois ou coutumes de la guerre sur terre), la Convention du 9 décembre 1948 pour la prévention et la répression du crime de génocide et le statut du tribunal militaire de Nuremberg du 8 août 1945" (cette compétence du TPI qui est relative aux faits incriminés et au droit qui leur est applicable, constitue ce que les juristes appellent la compétence "ratione materiae").

En raison de cette compétence, le Tribunal peut être un instrument de lutte contre l'impunité des grands criminels, car il ne faut pas oublier que le XXème siècle est un siècle terrible pour les droits de l'homme et qui laissera, sans doute dans les mémoires, une forte odeur de cadavres. Le TPI pour l'ex-Yougoslavie s'inscrit donc dans un mouvement progressif et il n'est d'ailleurs plus le seul aujourd'hui, le Conseil de sécurité ayant créé le Tribunal pénal international pour le Rwanda en novembre 1994. Comme tout tribunal pénal, principalement institué dans un but de répression, il est aussi une raison d'espérer pour les victimes que l'on oublie trop souvent. Chacun d'entre nous a conservé le souvenir de ces victimes du nazisme qui ont attendu près de cinquante ans leur libération, avant de "dire" leurs souffrances à la face du monde et les médecins nous enseignent bien que cette parole publique fait partie nécessairement de leur reconstruction psychologique, comme, peut-être, de la nôtre.

Au moment où le TPI a été créé, la première action conduite par JSF a été, à l'instar d'autres ONG, de se rendre en Bosnie et en Croatie afin d'y recueillir des témoignages de victimes et de les envoyer au Tribunal. Cependant, dès 1994, une délégation de JSF s'est rendue à La Haye et, après avoir été reçue par les plus hautes autorités du Tribunal et notamment par M. Antonio Cassese, le président du Tribunal, l'Association s'est rapidement rendue compte que le Tribunal, désormais constitué en organe judiciaire après l'adoption de son Règlement de procédure et de preuve le 11 février 1994, disposait de ses propres enquêteurs pour procéder au recueil des témoignages et à la recherche des preuves.

JSF, association réunissant différents professionnels du droit engagés dans la défense et la promotion concrètes du concept d'humanité, concept universellement admis, a alors décidé de suivre les décisions juridictionnelles que prendrait le TPI. Outre l'analyse de la stratégie judiciaire, il ne faut pas oublier que, sur le plan du droit applicable, le TPI doit, dans ses raisonnements, combiner des éléments issus des traditions de la civil law et de la commun law. JSF, organisation d'origine française, ne pouvait rester indifférente à cet aspect et, ce, d'autant plus, que la procédure prévue est anglo-saxonne avec, en particulier, le rôle dévolu au procureur, qui est le moteur du procès.

Pour JSF, il y avait donc là un travail de vulgarisation à entreprendre, afin de faire connaître le Tribunal. En direction, d'une part, des juristes français qui sont peu familiarisés avec la procédure de type accusatoire en vigueur devant le TPI et, d'autre part, de l'opinion publique peu ou mal informée. En ce sens, l'on doit noter que le monopole de l'anglais au sein du TPI est préjudiciable à la nécessaire légitimité internationale de cette institution. De plus en plus fréquemment, les décisions ne sont disponibles qu'en langue anglaise, alors que le français est également une langue officielle. Quant au fond même du droit, la doctrine et les jurisprudences qui inspirent le TPI sont presque exclusivement issues de la common law. Tout ceci est bien sûr regrettable à plusieurs égards et risque de limiter, d'une part, l'intervention de juristes non anglophones auprès du Tribunal ou, d'autre part, la réflexion qui doit être conduite sur cette institution. Il convient donc de rappeler au Tribunal qu'il est par nature un tribunal international.

JSF a donc privilégié une approche immédiate, exigeante, graduelle et réaliste du TPI, alors, qu'en 1995, d'importantes ONG et d'éminentes personnalités juridiques ont lancé une campagne publique d'interpellation des gouvernements afin qu'ils soutiennent la création rapide d'une cour criminelle internationale. Sans contester le principe d'une telle campagne, JSF a souhaité le succès rapide du TPI qui peut favoriser, à plus long terme, la création d'une telle institution permanente.

Par conséquent, ce sont toutes ces raisons qui ont conduit JSF à demander au TPI à être autorisée à assister, dès le début, à ses premières audiences qui allaient fixer non seulement les règles de la conduite des procès, mais également sa jurisprudence. Ainsi, une délégation de membres de l'Association s'est rendue à la Haye, le 8 novembre 1994, pour assister à la première audience publique du Tribunal sur l'affaire IT-94-1-AR72 "Le procureur c. Dusko Tadic" (ci-après dénommée affaire Tadic). Elle concernait l'ordonnance adressée à la R.F.A., pour qu'elle se dessaisisse du sieur Tadic qui se trouvait sur son territoire. La décision rendue a été immédiatement contestée par Tadic, qui a interjeté appel.

Suivant donc avec une particulière attention la procédure relative à l'affaire Tadic, le 17 août 1995, JSF demandait à la Chambre d'appel de lui reconnaître la qualité d'"amicus curiae", requête à laquelle accédait le tribunal. Celui-ci invitait alors l'Association à déposer son mémoire avant le 4 septembre.

L'institution d'"amicus curiae" – ou ami de la cour – d'origine anglo-saxonne, s'est développée aujourd'hui tant au sein des instances françaises qu'internationales. Sans définition très précise, c'est la pratique qui a permis de dégager certains de ses caractères. Il s'agit d'une personne, physique ou morale, privée ou publique, qui est invitée par une juridiction à donner un avis sur un point de droit particulier. Pour respecter l'esprit de cette institution, qui est originale et exceptionnelle, il convient que cette personne n'ait pas d'intérêt propre à l'affaire, ce qui la distingue du témoin, de l'expert et naturellement de la partie. Ainsi, l'"amicus curiae", sur la demande du juge, intervient en raison de sa compétence, dans l'optique de la recherche de la solution du litige.

C'est cette institution que l'on retrouve dans l'article 74 du Règlement de procédure et preuve[261] du TPI qui énonce : "Une Chambre peut, si elle le juge souhaitable dans l'intérêt d'une bonne administration de la justice, inviter ou autoriser tout État, toute organisation ou toute personne à faire un exposé sur toute question qu'elle juge utile." Les mémoires qui sont déposés dans ce cadre font partie des documents officiels du Tribunal et les institutions signataires sont signalées dans le rapport annuel sur les activités du TPI que son président doit présenter au Conseil de sécurité et à l'Assemblée générale de l'ONU.

Dès lors, on comprend que JSF, en raison de ses savoir et savoir-faire et de l'intérêt qu'elle a toujours porté au TPI, se soit vu accorder cette qualité, en même temps que, dans le cadre de l'affaire citée, le gouvernement des États-Unis d'Amérique. Depuis 1995, l'Association a demandé et obtenu à nouveau cette qualité deux autres fois et a déposé, en 1997, deux mémoires dans le cadre de l'affaire IT-95-14-PT Le procureur c. Tihomir Blascik (ci-après dénommée affaire Blascik). JSF est, à ce jour, la seule institution française à utiliser cette possibilité prévue par l'article 74 du Règlement de procédure et de preuve.

Le travail d'analyse et de synthèse qui est effectué dans ce cadre est particulièrement intéressant et motivant. En effet, c'est à l'occasion de cas concrets que des points fondamentaux du droit pénal international sont abordés. De plus, cette branche du droit est jeune, ce qui renouvelle l'intérêt des juristes attachés à la défense des droits de l'homme, non seulement sur un plan théorique, mais aussi sur le plan de la réalisation effective des idées. De ce point de vue, le TPI offre un terrain d'expérimentation tout à fait privilégié, puisqu'il a pour mission de sanctionner les agissements les plus graves et qu'il est, malgré les critiques que l'on peut lui adresser, une véritable révolution juridique concernant la justice pénale internationale.

L'on va voir maintenant que les arguments que JSF a développés concernent la définition même du droit pénal international à travers, d'une part, la reconnaissance de la personnalité juridique aux individus pris individuellement (II). D'autre part, c'est la compétence même du TPI qui a été précisée (III).

II. QUELS SUJETS DU DROIT INTERNATIONAL SONT CONCERNÉS PAR LE TPI ?

C'est une question extrêmement importante, parce que dans le droit international public, seuls les États se voient reconnaître la personnalité juridique. Or, le droit pénal international est à la convergence de deux branches du droit, à savoir le droit international et le droit pénal, le but de ce dernier étant d'instituer un système répressif qui s'adresse, non aux États, mais directement aux individus coupables d'actes illicites très graves.

L'on retrouve cette problématique particulière du droit pénal international de manière indirecte à propos de la contestation par Tadic de la légalité de la création du TPI (A). Et dans le cadre de l'affaire Blaskic, elle est récurrente dans les deux appels à "amici curiae", qui concernent la détermination de la nature des "subpoena duces tecum" (B).

A. L'INDIVIDU PEUT-IL RÉCLAMER POUR LUI-MÊME LE RESPECT DE LA LÉGALITE PÉNALE INTERNATIONALE ?

1. Dans sa défense, Tadic critique d'emblée les conditions de création du TPI et réfute sa légalité au motif principal que l'Assemblée "is the only international body which would (...) legitimatly establish an international tribunal" (Motion on the Juridiction of the Tribunal, § 2.1). Le mémoire du procureur et la décision de la Chambre de première instance ne répondent pas directement à ce moyen de défense.

2. Il n'en demeure pas moins que le problème suivant n'est pas pour autant évacué : un individu peut-il réclamer et revendiquer pour lui-même le respect de cette légalité ou seuls les États peuvent-ils le faire ? Bref, quels sont les acteurs de la vie pénale internationale ?

Il est bien sûr traditionnel d'admettre que le système juridique international est basé sur une présomption d'accords et sur les acquiescements volontaires de ses seuls sujets – les États –, dont les relations sont placées sur un pied d'égalité. Dans cette optique, Tadic ne pourrait demander le respect de la charte des Nations Unies ou celui de la souveraineté judiciaire des États puisque, en tant qu'individu, il ne serait pas sujet du droit international. Il faut remarquer que c'est cette conception que soutient le procureur dans sa réponse du 7 juillet 1995 et que pourtant il ne développe pas, comme on l'a souligné, dans son mémoire.

3. Pour sa part, JSF a estimé que si l'on s'en tient à la conception classique, ce serait le système pénal international qui se verrait mis en cause. En effet, ce système, qui rejoint les principes fondamentaux relatifs à la protection internationale des droits de l'homme, suppose que le juge dispose effectivement des moyens de

faire respecter les valeurs universelles admises par la communauté internationale et d'en sanctionner les atteintes. Il serait contraire aux principes les plus élémentaires de la justice et de l'équité de prétendre condamner un individu en vertu de normes juridiques internationales et, en même temps, de lui refuser la qualité de sujet du droit international pénal.

C'est donc une conception plus dynamique d'une légalité objective qu'il faut avoir, et non plus seulement celle d'une légalité intersubjective entre États. En effet, l'objet et les finalités de la responsabilité pénale internationale, depuis les jugements de Nuremberg et de Tokyo, ont fait des individus des sujets immédiats du droit pénal international qui sont sanctionnés directement, sans que l'État forme écran.

Ce sujet, on le sait a des devoirs – en l'occurrence ici il peut avoir la qualité juridique de suspect et de coupable d'infractions graves qui trouvent leurs sources dans des normes de droit international humanitaire – envers la communauté internationale comme l'énonce le § 1 de l'article 29[262] de la Déclaration Universelle des droits de l'homme. Corrélativement, il a également des droits. Parmi ces derniers, il y a ceux qui sont contenus dans le principe du respect des droits de la défense qui est un principe fondamental dans un système de droit et que le droit international consacre, au travers de l'article 21[263] du statut du TPI.

Il convient par ailleurs de ne pas perdre de vue que la juridiction appelée à statuer sur le cas de Tadic est une juridiction certes internationale, mais à caractère pénal. Il lui incombe, en conséquence, d'examiner la recevabilité de l'exception d'illégalité soutenue par la défense non seulement à la lumière des règles du droit international public mais également sous l'angle des principes généraux du droit pénal et en particulier du droit pour l'accusé de se défendre et de bénéficier d'un procès équitable.

Il en résulte que JSF n'admet pas la thèse du procureur selon laquelle les droits de la défense de Tadic seraient pleinement garantis en l'espèce, au motif qu'il disposerait en toute hypothèse de droits à la défense tels que prévus par l'article 21, mais en lui refusant la possibilité de contester la légalité du TPI. En effet, conçus en termes généraux et se référant explicitement à l'article 14 du Pacte international relatif aux droits civils et politiques, ce texte ne saurait exclure le droit de l'accusé à poser la question de la légalité du tribunal qui le juge ; bien au contraire, il l'implique nécessairement.

En l'espèce, tout dépend du contenu que l'on donne aux notions de procès équitable et de droits de la défense. S'agit-il de notions comprises restrictivement pour permettre à l'accusé de seulement contester sa responsabilité ou sa culpabilité dans les meilleurs conditions ? Ou s'agit-il de notions comprises au sens large pour lui permettre de soulever, dans l'intérêt de sa propre défense, toute question préjudicielle, y compris celle de la légalité de la juridiction ? JSF pense qu'en l'absence de tout mécanisme juridictionnel de contrôle des décisions du Conseil de sécurité, l'organe judiciaire nouvellement créé a pour premier devoir, à fortiori si la question lui est posée par l'accusé, d'examiner sa propre légalité.

Pour ce faire, il faut rappeler pour mémoire qu'aux termes des dispositions combinées de l'article 10 de la Déclaration universelle des droits de l'homme du 10 décembre 1948 et de l'article 14 du Pacte international relatif aux droits civils et politiques du 16 décembre 1966[264], l'accusé a le droit d'être jugé par un tribunal indépendant et impartial établi par la loi.

La "loi" au sens de l'article 14 du Pacte n'est pas seulement constituée par le statut du Tribunal, mais également par la charte des Nations Unies qui se trouve être à l'origine de la décision du Conseil de sécurité de créer le Tribunal et, donc, du statut de ce dernier. Par ailleurs, comment cette institution pourrait-elle apparaître véritablement indépendante et impartiale si elle refusait de prendre en compte, dans toute sa dimension, la loi internationale qui est à l'origine de sa création ou qui lui sert de référence ?

En définitive, il convient de se demander qui, du juge ou du politique, dit le droit. JSF considère qu'un juge indépendant et impartial doit dire le droit. Même si ce sont les politiques qui le "font", c'est au juge qu'il appartient de s'assurer que les organes – en l'occurrence le Conseil de sécurité – qui énoncent des règles juridiques en agissant dans le cadre de leurs compétences, n'excèdent pas leurs pouvoirs. Il en est de même en ce qui concerne leurs décisions qui ne doivent pas être contraires aux principes fondamentaux de l'ordre juridique en cause – en l'espèce, les normes impératives du droit international général (jus cogens), et au respect desquelles les organes intergouvernementaux des

Nations Unies sont tenus.

Par ailleurs, il faut rappeler par comparaison qu'au terme d'une jurisprudence bien établie de la Cour européenne des droits de l'homme, le procès équitable ne peut être défini in abstracto. La Cour ne se contente pas de vérifier si les conditions formelles de l'article 6[265] de la Convention européenne des droits de l'homme du 4 novembre 1950 sont respectées et un procès pénal peut ne pas être équitable, alors même que les droits garantis auraient été formellement respectés.

C'est donc in concreto que la notion de procès équitable doit être examinée. Il ne fait aujourd'hui plus de doute devant la Cour de Strasbourg, que l'accusé a le droit de se défendre de manière adéquate, concrète et effective. En l'espèce, serait-il concevable de limiter ce droit à une simple discussion sur la culpabilité et d'interdire à Tadic de soulever l'exception d'illégalité devant le TPI ?

En droit pénal, le principe du respect des droits de la défense, au moins aussi important pour le justiciable que les règles de fond, a été reconnu non seulement au niveau international, régional, européen, mais également par les ordres constitutionnels étatiques. Ainsi par exemple, particulièrement en matière de garanties procédurales, le Conseil constitutionnel français a consacré le principe du "respect des droits de la défense" comme "principe fondamental reconnu par les lois de la République" dans la décision n° 80-127 DC des 19-20 janvier 1981 (Recueil des décisions du Conseil constitutionnel p.15).

Ce principe, qui garantit l'individu contre tout risque d'arbitraire et qui introduit dans le droit français la règle anglo-saxonne du "due process of law", a été défini dans son contenu dans la décision n° 89-260 DC du 28 juillet 1989 : "Il implique, notamment en matière pénale, l'existence d'une procédure juste et équitable garantissant l'équilibre des droits des parties." (Recueil des décisions du Conseil constitutionnel p. 71). Cette formulation est évidemment inspirée de l'article 6 de la Convention européenne des droits de l'homme et de la jurisprudence de la Cour de Strasbourg.

On mesure l'interconnexion des systèmes juridiques supranational et étatiques au niveau européen. Même si ce modèle européen est sophistiqué et particulièrement protecteur des droits de l'homme, il n'y a pas de raison juridiquement logique pour que le droit pénal international ne prenne pas en compte ce processus d'internationalisation des règles de la procédure pénale, surtout lorsqu'il s'agit de lutter contre l'arbitraire en matière de sûreté pénale.

Il en résulte que, si l'on veut bien suivre cette voie qui correspond à l'évolution du droit pénal international, Tadic peut bien sûr prétendre au respect de la légalité internationale objective en sa qualité de sujet du droit pénal international, même si cela peut ne pas être explicitement prévu par l'article 73A(i) du Règlement de procédure et de preuve.

En matière de droit des droits de l'homme qui acquiert une importance capitale aujourd'hui, il convient de remarquer que, d'une part, des actes internationaux mettent à la charge de certains individus des obligations particulières. D'autre part, les individus peuvent également mettre en cause la responsabilité des États devant certaines instances internationales (Comité des droits de l'homme) ou régionales comme dans le cadre de la Convention européenne des droits de l'homme. N'est-ce pas là des exemples de reconnaissance de la qualité de sujet à des individus avec des devoirs et des droits, qui étayent la réalité de leur présence internationale ?

Cette première affaire Tadic aurait pu offrir l'occasion au Tribunal de répondre à la défense sur ce point, mais il n'en a pas décidé ainsi ; on peut le regretter même si, pour JSF, la légalité de la création du Tribunal n'est, au demeurant, pas douteuse.

Le problème de la détermination du sujet en droit pénal international apparaît à nouveau dans le cadre de l'affaire Blaskic à travers des actes particuliers – des "subpoena duces tecum" (ci-après dénommés subpoena) – adressés à des États et à des officiels de ces États. Deux mémoires ont été déposés afin de déterminer la nature, la validité et les effets de ces ordonnances/assignations.

B. QUELLE EST LA NATURE DES SUBPOENA ?

L'expression est inconnue en droit français. Il s'agit d'un acte juridique qui est revêtu de l'autorité juridictionnelle et qui vise à la comparution devant un tribunal du destinataire de l'acte afin de présenter certains documents ou, à défaut, d'expliquer pourquoi il n'est pas en mesure de le faire. En cas de non-comparution et de non-représentation des documents demandés, le destinataire de l'acte se rend coupable d'obstruction – délit d'entrave (contempt of court) – et encourt une sanction pénale. L'expression latine utilisée dans le droit anglo-saxon, reproduite dans l'article 54 du Règlement de procédure et de preuve du Tribunal, a été traduite dans la version française par "assignation". Cette procédure est prévue, parmi d'autres actes émis par un juge ou une Chambre de première instance, dans le cadre de l'enquête menée par le procureur.

Pour comprendre les enjeux de ce moment procédural de l'affaire Blaskic, il convient d'abord de revenir sur les faits, la procédure et les solutions retenues par le juge, avant de résumer la position de JSF.

1. Le premier appel à "amici curiae" s'inscrit dans le cadre de l'instruction de l'affaire Blaskic par le procureur et de l'émission par le juge ayant confirmé l'acte d'accusation de deux "subpoena duces tecum" adressés d'une part à la Croatie et, d'autre part, à la Bosnie-Herzégovine et à M. Ante Jelavic, Ministre de la défense, successeur de l'ancien Ministre de la défense de la Communauté croate d'Herceg Bosna. Ces subpoena visent à obtenir des informations et des documents relatifs aux faits reprochés à M. Tihomir Blaskic. En raison de leur inexécution, le juge McDonald a émis les deux actes en question destinées à assurer le respect de l'obligation de coopérer avec le Tribunal. Alors que la Bosnie-Herzégovine s'efforçait de mettre en œuvre les demandes qui lui étaient adressées, la Croatie a mis très directement en cause la validité de cette procédure, en conséquence de quoi le subpoena émis à son encontre a été suspendu. Par ailleurs, le juge a constaté le non-respect d'un subpoena par M. Ante Jelavic.

Par son ordonnance du 14 mars 1997, le juge Gabrielle Kirk McDonald a décidé de saisir la Chambre qu'elle préside de l'ensemble des problèmes juridiques soulevés par ces subpoena et, en même temps, elle invitait des "amici curiae" à intervenir sur les points suivants :

– le pouvoir d'un juge ou d'une Chambre de première instance d'émettre des "subpoena duces tecum" à l'encontre d'un État souverain ;

- le pouvoir d'un juge ou d'une Chambre de première instance d'adresser une demande à un haut fonctionnaire gouvernemental et d'émettre le même type d'acte à son encontre ;
- les suites à donner en cas d'inexécution des subpoena ;
- toute question connexe.

Le premier mémoire de JSF a donc été déposé le 5 avril 1997.

La Chambre de première instance II a rendu sa décision le 18 juillet 1997 et n'a pas suivi les avis de JSF. La conclusion du Tribunal est la suivante : "The Trial Chamber endorses the contention that State (la Croatie) and government officials have no obligation to comply with orders of International Tribunal" (§ 154). Elle affirme aussi que la saisine du Conseil de sécurité par un juge peut constituer, en elle-même, une pénalité (§ 62) et que "(...) the Trial Chambre concludes that the issuance of "subpoena duces tecum" to a State for the production of government documents is nothing than an order compelling the production of those documents..." (§64).

Pour parvenir à ces affirmations, la Chambre considère que la contestation par la Croatie portant sur la capacité du Tribunal d'adresser des "subpoena duces tecum" à des États souverains, concerne, en fait, l'autorité et les pouvoirs de cette institution, qu'elle va, en premier lieu, analyser (§§ 15 à 23 et §§ 24 et 41). Puis elle décide, en second lieu, qu'elle a la compétence d'adresser des "subpoena" (§ 42) qui, n'étant pas différents des autres ordonnances à la disposition des juges, doivent contraindre l'État à produire des documents gouvernementaux (§ 64) et qu'il en de même pour un officiel de cet État (§ 69). Enfin, quant à la nature des "subpoena", elle est déduite des droits pénaux nationaux anglo-saxons (à partir du § 97 et suivants).

La Croatie a interjeté appel de cette décision et c'est à ce stade que la Chambre d'appel[266] a alors invité à sont tour des "amici curiae" à développer leurs arguments sur l'objection de cet État à l'encontre du prononcé de "subpoena duces tecum". C'est ainsi que JSF a déposé son second mémoire le 15 septembre 1997. Rappelant son premier mémoire, l'Association indique fermement ici pourquoi ni la conclusion finale sur les subpoena, telle qu'elle s'exprime dans le dispositif de la Décision de la Chambre de première instance, ni certains raisonnements qui l'y ont conduite et qui sont contenus dans les motifs, ne sont pas convainquants, voire même contiennent des erreurs de droit.

2. Pour sa part, JSF pense que, à travers les subpoena, ce sont des questions fondamentales de droit pénal international qui sont abordées et qu'il convient de distinguer, d'une part, la validité des subpoena et, d'autre part, leur nature.

Sur la validité, en premier lieu, JSF démontre que le refus de coopérer de la part d'un État n'implique pas que le Tribunal puisse lui adresser des subpoena.

Sans doute possible, les États ont une obligation générale de coopérer avec le TPI et le statut en déduit une obligation spécifique : ils doivent se soumettre aux demandes d'assistance et aux ordonnances émanant d'une Chambre de première instance et cette obligation est prévue explicitement dans l'article 29 du statut : "Les États répondent sans retard à toute demande d'assistance ou à toute ordonnance émanant d'une Chambre de première instance et concernant, sans s'y limiter :

a) l'identification et la recherche des personnes ;
b) la réunion des témoignages et la production des preuves ;
c) l'expédition des documents ;
d) l'arrestation et la détention des personnes ;
e) le transfert ou la traduction de l'accusé devant le Tribunal."

Toutes les ordonnances émanant d'une Chambre de première instance doivent donc être considérées comme juridiquement contraignantes pour les États en vertu des règles du droit international et, plus particulièrement, des dispositions de la charte des Nations Unies.

Cette interprétation est confortée par l'article 19 du statut qui énonce : "(...) le juge saisi, sur réquisitions du procureur, décerne les ordonnances et mandats d'arrêt, de détention, d'amener ou de remise de personnes et toutes autres ordonnances nécessaires pour la conduite du procès." Et c'est l'article 54 du Règlement de procédure et de preuve qui énumère un certain nombre d'instruments juridiques à la disposition du Tribunal : "ordonnances" ("orders"), "citations à comparaître" ("summonses"), "mandats" ("warrants"), "ordres de transferts" ("transfers orders") et, après la modification de cet article intervenue en 1996, "assignations" ("subpoena duces tecum"). Dans son mémoire, le procureur lui-même définit ces "assignations" par la menace de contrainte pénale dont elles sont assorties, ceci bien sûr dans le but de les faire exécuter.

Or, l'on sait que les États ne sont pas les sujets du droit pénal international. De plus, à supposer qu'ils le soient, en cas d'inexécution, l'on sait aussi que, au moins pour des considérations, l'on ne peut pas condamner un État à une amende et moins encore à une peine de prison. Il en résulte bien que la validité des subpoena est contestable lorsque ces actes sont adressés à un État. En second lieu, par contre, les subpoena ont une validité incontestable lorsque ces assignations sont adressées à un individu. Comme l'avait déjà relevé le Tribunal de Nuremberg "ce sont des hommes et non des entités abstraites qui commettent des crimes dont la sanction s'impose, comme sanction du Droit international".

Il n'est pas exagéré de considérer que ce principe est à la base même de l'existence du TPI et constitue le fondement de ses compétences. C'est pour punir des hommes, de chair et de sang, auteurs de crimes qui révoltent la conscience de l'humanité toute entière et dont la répression intéresse la communauté internationale dans son ensemble.

De la même manière, la non communication d'éléments nécessaires à l'enquête est le fait d'hommes et non d'entités abstraites. Ces hommes ne commettent pas directement un des crimes du droit des gens, mais ils empêchent la répression de ceux-ci. Il est donc logique que le Tribunal, le cas échéant, constate et sanctionne une telle attitude, ce qui relève de ses compétences implicites et est conforme à l'exercice de la fonction juridictionnelle par les tribunaux pénaux dans tous les ordres juridiques.

En outre, les personnes physiques ne peuvent invoquer leurs fonctions officielles pour se soustraire à une "assignation". Mais, lorsque le Tribunal ou un juge unique estime que la collaboration d'une personne physique nommément désignée est nécessaire aux fins de l'enquête, de la préparation ou de la conduite du procès, il faut distinguer deux hypothèses bien distinctes :

- en premier lieu, il peut se faire que le juge ou la Chambre de première instance soient intéressés par la collaboration d'un individu particulier, dont il se trouve qu'il exerce des fonctions officielles, gouvernementales ou non ;
- mais, en second lieu, il peut arriver également que la Chambre

ou le juge saisis ne s'intéressent à cette personne qu'à raison des fonctions qu'elle exerce.

Cette distinction n'est probablement pas toujours aisée en pratique, mais elle ne paraît guère discutable conceptuellement et elle a sans doute des conséquences sur le plan juridique.

Dans la seconde hypothèse (collaboration en tant qu'organe et représentant de l'État), d'une part, la demande survit à un éventuel changement du titulaire de la fonction : ce n'est pas M. X ou M. Y qui est en cause, mais le ministre titulaire de tel ou tel poste ministériel ou le chef de tel ou tel service ; et, d'autre part et surtout, le raisonnement développé ci-dessus à propos de l'État lui-même, paraît pleinement transposable : l'intéressé a, sans aucun doute, l'obligation de répondre avec diligence et complètement à la demande du juge ou de la Chambre, mais celle-ci ne peut lui être adressée "subpoena", car, dans ses fonctions, il représente l'État et ne peut être considéré comme une personne privée.

Il en va différemment dans la première hypothèse, celle dans laquelle ce n'est pas le ministre ou le chef de service, mais bien M. X ou M. Y, dont il se trouve qu'il est investi de fonctions officielles. Dans ce cas, le seul véritable problème est de savoir si un membre de gouvernement ou, plus généralement, toute personne investie de fonctions officielles, civiles ou militaires, ne pourrait exciper de celle-ci pour se soustraire à une injonction d'un organe du Tribunal et bénéficier "par contamination" des immunités des États souverains et si, comme dans l'autre hypothèse, le raisonnement applicable à l'État lui-même ne devrait pas être étendu à ces personnes.

Il est certain qu'un tel argument trouve quelque fondement dans les règles du droit international général, mais elles ne sont pas décisives, parce que les immunités ne sont applicables qu'à une personne considérée comme "organe de l'État" et, surtout, ce ne sont pas règles absolues et elles cessent d'être applicables en présence de normes contraires dérogatoires.

Tel est bien le cas dans le cadre du TPI, dont la compétence repose sur la responsabilité pénale individuelle. C'est ce qu'énonce très clairement l'article 7 du statut et en particulier son § 2 : "La qualité officielle d'un accusé, soit comme chef de d'État ou de gouvernement, soit comme haut fonctionnaire, ne l'exonère pas de sa responsabilité pénale et n'est pas un motif de diminution de la peine." Cet article est dans la droite ligne des dispositions généralement applicables devant les juridictions pénales internationales.

Dès lors, le TPI ne peut s'adresser qu'aux individus pris individuellement, même lorsqu'ils sont investis de fonctions officielles et émettre des actes directement à leur égard, indépendamment de l'acquiescement de l'État.

Pour JSF, il résulte de ce qui vient d'être dit que :

- un juge ou une Chambre de première instance du TPI n'ont pas compétence pour adresser une "assignation" ("subpoena duces tecum) à un État souverain, mais qu'ils peuvent en revanche lui adresser toute ordonnance visant aux mêmes fins, à la condition que ce ne soit pas sous la menace des sanctions, que le Tribunal n'a pas compétence pour infliger à un État ;
- un juge ou une Chambre de première instance ont compétence pour adresser une demande ou une "assignation" à une personne physique quelle qu'elle soit, fut-elle investie de fonctions officielles, y compris un membre du gouvernement, et que, dans ce cas, cette personne agit en son nom propre et non en tant que représentante de l'État et qu'elle ne peut exciper de ses fonctions officielles pour refuser de donner suite à cette demande ;
- si un État ne donne pas suite à une demande qui lui est adressée, par ordonnance, par un juge ou une Chambre de première instance, celui-ci ou celle-ci peuvent prier le président du TPI d'informer le Conseil de sécurité de ce manquement à l'obligation absolue qu'ont les États de coopérer avec le TPI ;
- il en va de même si une personne physique, qu'elle soit investie ou non de fonctions officielles, ne défère pas à une demande ou une assignation. En outre, dans cette hypothèse, cette personne s'expose à des sanctions pénales.

Sur la nature des "assignations", JSF estime que le Tribunal n'affirmera son rôle de "pionnier", comme il le dit lui-même, que s'il se fonde sur une analyse de sa propre nature qui est double : pénale d'une part et internationale d'autre part. Il en résulte que l'argumentation de l'Association tend à démonter, d'un côté, le caractère pénal des "subpoena" et, d'un autre côté, l'absence de caractère pénal de la saisine du Conseil de sécurité.

Sur le premier point, JSF est convaincue que lorsque la Chambre de première instance considère que les subpoena ne sont pas différentes de n'importe quelle autre ordonnance visant à produire des documents, elle commet plusieurs erreurs de droit.

En effet, la Chambre s'appuie sur des droits internes pour définir la notion de "subpoena", mais elle en "gomme" le caractère "pénalisant". Or, de ce point de vue, il n'est pas inintéressant de noter les définitions des subpoena qui sont données par des dictionnaires juridiques de langue anglaise. Ainsi, par exemple, pour le "Ballentine's Legal Dictionary and Thesaurus" (J.S. Lynton, Lawers Coop. Publishing, Delmar Publishers Inc., 1994) : "The Latin term "sub poena duces tecum" brings with you under penalty. A subpoena duces tecum is a written command requiring a witness to come to court to testify and at that time to produce for use as evidence the papers, documents, books, or records listed in the subpoena." On le constate, les subpoena ne peuvent concerner des personnes morales et elles sous menace de sanction pénale.

Par ailleurs, la définition très floue que donne la Chambre des subpoena, ne paraît guère compatible avec l'article 54 du Règlement de procédure et de preuve du TPI lui-même. Le terme de subpoena n'a été ajouté qu'en 1996 et il est traduit en français par "assignation". Les mots ayant un sens, les juges ont sans doute éprouvé le besoin d'ajouter quelque chose au texte originel, et notamment ont voulu accroître la panoplie des mesures que peut ordonner le Tribunal. S'il n'en était pas ainsi, l'article 54 serait privé d'effet utile et à qui servirait l'énumération qu'il contient.

Quant à l'absence de caractère pénal de la saisine du Conseil de sécurité, JSF estime que, si en cas de non acquittement par les États de leur stricte obligation de coopérer avec le Tribunal, la faculté que celui-ci a de saisir le Conseil de sécurité ne peut s'analyser comme une sanction pénale.

En effet, le Tribunal ne dispose pas des mêmes possibilités de "sanctions" vis-à-vis des personnes privées d'une part, et des États d'autre part et il ne peut donc pas suivre les mêmes procédures à l'égard des unes et des autres. Fondamentalement, la Chambre semble peu consciente que, pour être une juridiction pénale, le TPI est aussi un organe international, lié à la fois par les principes fondamentaux du droit pénal (reflétés non par tel ou tel droit national ou telle ou telle famille de droits, mais par les principes généraux de droit communs à tous les systèmes juridiques) et par ceux du droit international public. Il en résulte que la saisine du

Conseil de sécurité ne peut, en elle-même, être considérée comme une sanction, ni, à plus forte raison, comme une sanction pénale.

La prétention de la Chambre n'est donc pas fondée lorsqu'elle laisse entendre qu'un État qui ne se plierait pas à une ordonnance "subpoena" pourrait, le cas échéant, faire l'objet de sanctions pénales prononcées par le TPI du fait qu'il bénéficierait à la fois du pouvoir de sanction du Conseil de sécurité et des pouvoirs inhérents à sa fonction judiciaire.

Le Conseil n'a pas délégué ses propres fonctions – parmi lesquelles un pouvoir de sanction politique qu'il est maître de faire jouer ou non – au Tribunal en le créant. Le TPI, organe subsidiaire n'a qu'un pouvoir de décision propre aux fins de l'exercice de sa fonction qui est, aux termes de l'article 1er de son statut, de "juger les personnes présumées responsables de violations...". Et ces fonctions autorisent à rechercher, à tous les stades de la procédure, la coopération des États.

L'erreur de la Chambre sur ce point crucial est, encore une fois, d'avoir transposé au plan international des raisonnements qui, valables en droit interne, sont incompatibles avec la structure de l'ordre juridique international dans lequel le TPI est ancré.

Au total donc, si l'on réunit les deux mémoires de JSF, l'Association, qui attend désormais la décision de la Chambre d'appel avec impatience, est convaincue que :

– une "assignation" ("subpoena"), au sens de l'article 54 du Règlement de procédure et de preuve, est une procédure spécifique impliquant nécessairement la menace d'une sanction pénale ;
– une ordonnance de ce type peut être adressée à des individus, même à des officiels d'un État, à condition, dans cette hypothèse, qu'ils n'en soient pas destinataires à raison de leurs fonctions officielles ;
– en revanche, les États et leurs représentants officiels agissant en cette qualité ne peuvent être l'objet d'une procédure sub poena, ce qui ne serait pas compatible ni avec la compétence statutaire d'attribution du TPI, ni avec les principes fondamentaux du droit international public ;
– la très hypothétique responsabilité pénale des États ne saurait être engagée devant le Tribunal ;
– il ne fait aucun doute que les États ont l'obligation de coopérer avec le Tribunal, y compris dans la recherche des preuves. Mais, en

cas de refus de coopération, la seule ressource du TPI est d'en appeler au Conseil de sécurité s'il l'estime opportun ;

– ni la saisine du Conseil par le Tribunal, ni les sanctions éventuelles que celui-ci pourrait être conduit à prononcer à l'encontre d'un État récalcitrant ne s'analysent en des sanctions pénales.

Comme on vient de le voir, le droit pénal international poursuit le respect d'une double légalité : celui de la légalité intersubjective, c'est-à-dire la protection des intérêts des États garantis par l'ordre juridique international et le respect de la légalité objective, c'est-à-dire la protection des intérêts de la communauté internationale reconnus par le droit international. Lorsqu'il y a violation grave de l'ordre international, le droit pénal international positif s'adresse aux individus pris individuellement qui sont donc les seuls sujets immédiats de cette branche du droit.

Par ailleurs, les mémoires déposés par JSF ont abordé la question essentielle de la compétence du TPI, qui est déterminée par sa nature même. En effet, par principe, il s'agit d'un organe subsidiaire au titre de l'article 29 de la charte, dont les compétences se trouvent limitées par l'objet pour lequel il a été créé. Mais, dans l'exercice de ses compétences, le TPI a toute la latitude dont peut jouir un organe judiciaire. Où se trouve la délimitation entre ces deux aspects ?

III. QUELLE COMPÉTENCE POUR LE TPI ?

À ce stade, le TPI n'ayant été créé que pour juger des présumés coupables d'actes extrêmement graves, l'affaire Tadic, au moment où JSF a déposé son mémoire le 17 août 1995, est exemplaire. Elle a permis de s'interroger, en premier lieu, sur le contrôle possible ou non par le TPI de sa propre légalité (A) et, en second lieu, sur sa compétence ou non pour juger le défendeur (B).

A. LE TPI EST-IL COMPÉTENT POUR EFFECTUER UN CONTRÔLE DE SA PROPRE LÉGALITÉ ?

1. À cette question, le procureur et la Chambre de première instance répondent par la négative – "it (Trial Chamber) will have no authority to investigate the legality of its creation by the Security Council" –, et il est en est de même du gouvernement des États-Unis. JSF, dans son mémoire, a discuté ces positions, car elles débouchent sur une impasse. En effet, si selon le procureur, comme on l'a vu précédemment, l'accusé n'a pas le droit de contester la légalité du Tribunal et si le TPI lui-même s'interdit aussi de la vérifier, alors qui peut le faire ? Le Conseil de sécurité serait-il, en toute hypothèse, au-delà du droit et de tout contrôle ?

2. Il est vrai qu'en procédant à l'examen de la licéité de sa création, le TPI intervient dans le débat toujours actuel qui est relatif à l'interprétation extensive ou restrictive des pouvoirs du Conseil de sécurité sur la base du Chapitre VII de la charte des Nations Unies et l'on sait que le consensus de la communauté internationale sur ce point comporte des incertitudes. Ainsi, une prise de position claire du Tribunal sur ce problème serait, justement, de nature à dissiper les doutes à cet égard et à renforcer sa légitimité.

3. C'est précisément pour cela que JSF pense qu'il serait judicieux que le TPI s'interroge sur la licéité des textes qui le fondent, ce qui n'outrepasse nullement ses compétences. En ce sens, plusieurs arguments peuvent être avancés, même si l'on doit tenir compte du fait que le Tribunal est un organe subsidiaire du Conseil de sécurité. Car, même en tant que tel, le TPI a aussi un caractère judiciaire et ne peut, précisément en raison de cette spécificité et tant qu'il existe, être entièrement soumis au Conseil de sécurité, sauf à perdre sa crédibilité et à affaiblir celle de la communauté internationale elle-même.

En ce qui concerne l'autonomie du Tribunal par rapport aux organes créateurs, on peut se référer à l'avis de la Cour internationale de justice du 23 octobre 1956 sur les rapports entre l'Assemblée générale qui l'a créé et le Tribunal administratif des Nations Unies. La Cour y a estimé que les décisions de ce tribunal sont obligatoires pour tous les organes de l'organisation internationale et sont exécutoires (C.I.J., Recueil 1954, p. 57).

Du reste, il est significatif qu'après avoir déclaré qu'elle "will have no authority to investigate the legality of its creation by the Security Council" (§ 5 de la décision du 10 août 1995), la Chambre n'en examine pas moins, en réalité, les objections soulevées par la défense à propos de la légitimité de la création du Tribunal, ce qui revient à s'interroger sur la validité des résolutions 808 et 823 du Conseil de sécurité des Nations Unies (§1-6).

En raison des moyens surabondants qui permettent au moins un contrôle concret de la légalité internationale du TPI, JSF a estimé qu'il serait donc cohérent que le Tribunal :

- s'exprime très clairement sur sa compétence, de manière à exercer pleinement la fonction judiciaire qui est la sienne ;
- s'interroge sur l'étendue du pouvoir discrétionnaire dont dispose le Conseil de sécurité dans le cadre de son action pour le maintien de la paix et de la sécurité internationales.

Sur le premier point, le TPI, comme tout tribunal international, a la compétence de sa compétence. L'équilibre du système politique des Nations Unies, dont le Tribunal est un organe, ne constitue pas un argument suffisant pour le priver de son devoir de s'assurer que le texte fondant sa compétence n'est pas illicite.

Or, selon la Chambre, qui reprend l'argument du procureur, l'étroitesse du mandat empêcherait le Tribunal de se prononcer sur la légalité de sa création (§4). C'est avec vigueur que JSF s'est opposée à cette argumentation.

En effet, le principe de compétence est une des caractéristiques de la fonction juridictionnelle. Ainsi, selon la Cour internationale de justice : "Depuis l'affaire de l'Alabama il est admis, conformément à des précédents antérieurs, qu'à moins de convention contraire, un tribunal international est juge de sa propre compétence et a le pouvoir d'interpréter à cet effet les actes qui gouvernent celle-ci." (R.C.A.D.J., 1955, II. t. 88, PP 119-126).

Ce principe, connu de tous les droits nationaux et appliqué lors des arbitrages internationaux, constitue, selon le rapporteur du projet de procédure arbitrale élaboré par la Commission de Droit International, un principe général du droit.

La compétence d'un juge international résultant en général de textes conventionnels, il appliquera donc les règles classiques d'interprétation des traités pour déterminer sa compétence[267]. C'est ce qui a été fait notamment par la Cour permanente de justice internationale et par la Cour internationale de justice à de nombreuses reprises dans le cadre de la procédure contentieuse : Intérêts allemands en Haute Silésie polonaise, Mavrommatis, Or monétaire prix à Rome en 1943, Phosphates du Maroc, Electricity Company of Sofia, Anglo-Iranian Oil Company, Activités militaires et paramilitaires au Nicaragua et contre celui-ci (compétence et recevabilité).

Néanmoins dans le cas du TPI, l'acte en question n'est pas un traité mais un acte d'une organisation internationale. Ceci modifie simplement les méthodes utilisées pour l'interprétation des dispositions sur la compétence qui doivent se rapprocher de celles utilisées dans un système hiérarchisé. Ainsi, la question s'est posée devant la Cour internationale de justice lors de l'avis concernant les effets des jugements du tribunal administratif de l'O.I.T., lequel confirme le jugement du tribunal sur sa compétence. Ici, la Cour "s'est attachée à la teneur des textes pertinents et s'est inspirée de leur esprit, du but en vue duquel ils ont été adoptés [et] n'a pas eu besoin pour cela de faire appel à des principes d'interprétation soit restrictive soit extensive" (C.I.J., Recueil 1958, p. 98).

Il a été souligné aussi que les cours de La Haye ont affirmé leur pouvoir de rechercher librement la solution jurisprudentielle au litige qui leur était soumis. Un tel pouvoir se prolonge naturellement dans la liberté de la Cour à propos de la rédaction de la motivation C'est là un pouvoir impliqué par la fonction de l'organe juridictionnel, qu'il n'est pas nécessaire de proclamer explicitement.

Il ne faut pas oublier non plus que le TPI doit tendre à rendre visibles par la communauté internationale et effectivement sanctionner, en cas de culpabilité avérée, les auteurs des infractions les plus graves dans l'échelle du droit pénal international. Cette lutte contre l'impunité, à laquelle participe le Tribunal, verrait son exemplarité compromise si subsistait le moindre doute quant à la légitimité de son intervention, voire si le Tribunal lui-même paraissait éluder la question. Il lui incombe, dans le cadre de son rôle juridictionnel et conformément à son statut, de déterminer les éléments de fait et de droit soumis à son contrôle dès lors qu'ils lui paraissent indispensables à la solution du litige.

L'on doit donc conclure que tout tribunal international dispose de la compétence de sa compétence, à moins d'une disposition contraire explicite qui n'existe pas dans le cas du TPI.

Il y a un second argument qui plaide en faveur d'un tel contrôle de sa compétence par le TPI, c'est l'équilibre des pouvoirs dans le système de la charte. Le TPI, ayant été créé par une décision du Conseil de sécurité, et étant un organe des Nations Unies, serait-il empêché de se prononcer sur sa compétence, dans la mesure où il serait conduit à examiner la validité d'un acte de l'Organisation ?

Les deux avis consultatifs de la Cour internationale de justice sur certaines dépenses des Nations Unies et sur la Namibie (Avis du 21 juin 1971) posent tous deux le même principe : la Cour refuse de s'arroger le pouvoir de contrôle judiciaire sur les résolutions des organes internationaux, afin de respecter la répartition des compétences à l'intérieur de la charte. Tel est le sens du dictum évoqué par la Chambre de première instance au § 11.

Mais, si la Cour refuse d'effectuer un contrôle de validité direct, par voie d'action, elle accepte d'examiner par voie d'exception la validité des résolutions lorsque cela est nécessaire à l'exercice de sa fonction judiciaire. Ainsi, elle concilie le principe de séparation des pouvoirs au sein de l'Organisation et l'exercice de sa fonction. Dans le même paragraphe sur l'avis sur la Namibie où apparaît le dictum cité, la Cour justifie ainsi son examen de la résolution par voie d'exception : "Cependant dans l'exercice de sa fonction judiciaire et puisque des objections ont été formulées (quant à la validité des résolutions), la Cour examinera ces objections dans son exposé des motifs, avant de se prononcer sur les conséquences juridiques découlant de ces résolutions." (C.I.J., Recueil 1971, p. 45).

Il est d'autant plus souhaitable que le Tribunal exerce pleinement les compétences inhérentes à sa fonction judiciaire, que l'on sait qu'un juge pénal dispose en général de la plus grande liberté en ce domaine.

En matière contentieuse, la question de l'examen par la Cour internationale de justice de la légalité d'une décision du Conseil de sécurité apparaît dans l'affaire Lockerbie. Cependant, la Cour ne s'étant prononcée jusqu'à présent que sur une demande en indication de mesures conservatoires, la question n'est pas encore tranchée. À ce stade de la procédure, elle s'est contentée d'invoquer une "présomption" de validité des décisions du Conseil (elle reprend ainsi une notion déjà utilisée dans l'affaire de la Namibie) (C.I.J., Recueil 1992, p. 15).

Il convient, enfin, de faire quelques observations rapides sur l'incompétence invoquée par la Chambre à propos des questions non-justiciables (§23-24), en s'appuyant notamment sur un arrêt de la Cour Suprême des États-Unis (Baker v. Carr, 369 U.S., 186, 217 (1962).

L'on peut rappeler ici qu'en 1930, après avoir longuement étudié la doctrine des différents non-justiciables dans le droit anglo-saxon, Hersch Lauterpacht pouvait écrire : "Les considérations qui précèdent montrent qu'aucun argument, tiré de la prétendue limitation du domaine du droit national, ne saurait servir à justifier la doctrine d'après laquelle il existerait des différents internationaux non susceptibles d'un règlement judiciaire. La seule véritable analogie est celle d'après laquelle tout différent doit être, en fin de compte, soumis à une décision rendue par les organismes compétents."

Bien plus, l'utilisation de la non-justiciabilité se réfère dans la décision de la Chambre à la doctrine des "questions politiques" ; il ne s'agit donc aucunement d'un problème de compétence du TPI pour l'ensemble de l'affaire. Il s'agit d'examiner, une fois celle-ci établie, l'étendue du pouvoir discrétionnaire de l'organe dont l'action concernerait les "questions politiques".

Au surplus, JSF a quelque doute sur le bien-fondé des analogies avec le droit interne, dans le contexte exclusivement international qui est celui du Tribunal et estime, en tout cas, que si de telles analogies sont faites, elles ne devraient pas se borner à faire référence à la jurisprudence d'un seul pays.

L'on peut donc conclure que : "Le Tribunal criminel international pour l'ex-Yougoslavie (...) ne saurait certainement pas se dérober si, à l'occasion, d'un procès, un accusé conteste la validité des résolutions 808 et 827 l'instituant. Il serait conforme aux principes les plus élémentaires d'une bonne administration de la justice qu'à titre préliminaire le Tribunal s'assure de cette validité ou de celle de toute autre résolution qu'il serait conduit à appliquer[268]."

Exerçant ainsi pleinement sa fonction judiciaire, le TPI peut s'interroger sur le pouvoir discrétionnaire dont dispose le Conseil de Sécurité dans le cadre du Chapitre VII de la charte.

Il n'est pas contestable que le Conseil de sécurité jouit d'un pouvoir discrétionnaire concernant les actions entreprises dans le cadre du Chapitre VII de la charte. Néanmoins, pouvoir discrétionnaire n'est pas synonyme de liberté absolue, laquelle risquerait de conduire à l'arbitraire. Un pouvoir discrétionnaire comporte nécessairement des limites, ne serait-ce que concernant la compétence des auteurs de l'acte incriminé.

Dans le cadre de l'examen de la validité des résolutions du Conseil de sécurité et sans contester le caractère éminemment politique des questions traitées, le juge peut donc effectuer un contrôle restreint. La Cour internationale de justice a procédé à un tel contrôle pour de nombreux actes des organisations internationales.

Si l'on se réfère à sa jurisprudence de la Cour, l'on peut distinguer le :

- contrôle de l'organe créateur de l'acte ;
- contrôle de la forme ou de la procédure ;
- contrôle du contenu de l'acte (objet) ;
- contrôle du but ;
- contrôle des motifs.

D'ailleurs, le procureur et la Chambre de première instance ont, en fait, largement effectué un tel contrôle.

À tout le moins et surabondamment, il peut y avoir sur la question concernant la création du TPI un contrôle au regard de la situation concrète. Or, en l'espèce, la licéité de sa création résulte de plusieurs éléments :

- comme on ne peut manquer de le souligner, si des États membres du Conseil de sécurité, comme le Brésil et la Chine, avaient dénoncé la procédure de création du TPI, ils ont cependant exprimé un vote favorable pour la Résolution 827. Il n'y a donc pas d'opposition à ce texte ;
- de plus, de nombreux États, comme l'Allemagne et la France par exemple, ont adopté des mesures nationales pour mettre en conformité leurs ordres juridiques internes avec les décisions du Conseil de sécurité ;
- précisément le représentant de la République fédérale d'Allemagne, assistant à la première audience publique du TPI du 8 novembre 1994 sur l'affaire IT-94-1-D et portant sur la requête du procureur aux fins de dessaisissement de ce pays au bénéfice du

TPI, a reconnu la primauté du Tribunal ;

– au cours de cette même audience, le mandataire de Tadic, qui était présent en qualité d'"amicus curiae", n'a soulevé aucune objection au dessaisissement des autorités judiciaires allemandes en faveur du TPI. Il a fait remarquer que son mandant contestait tout ce qui lui était reproché et que la demande du Tribunal était plus large que l'accusation formulée en Allemagne. Il a pu, en conséquence, acquiescer à la primauté du Tribunal international sur les juridictions nationales, y compris sur celles de la Bosnie-Herzégovine ; on peut y voir un cas d'estoppel, en vertu duquel Tadic n'est pas fondé à contester aujourd'hui ce qu'il admettait naguère.

A posteriori, tous ces éléments soulignent, si besoin était, la légalité de la création du Tribunal. Ils peuvent être considérés comme prenant le pas sur d'autres considérations, y compris le respect éventuel de certaines procédures prévues par la charte. Il en a été ainsi, par exemple, lorsque des sanctions ont été prononcées contre l'Espagne franquiste par l'Assemblée générale, sanctions qui sont devenues obligatoires pour les États qui les ont acceptées (Rapport du Secrétaire Général, 14 juillet 1947, A/315, pp. 3-5).

Ce problème de la légalité du Tribunal est particulièrement important parce qu'il concerne, on le répète, la conception même du droit pénal international et celle du droit des droits de l'homme. Car enfin, si les parties et le TPI ne peuvent en discuter, c'est l'ordre public pénal international qui s'appauvrit. Cette solution ne peut satisfaire les juristes et l'on est en droit d'attendre beaucoup plus de la part de la première juridiction pénale universelle.

JSF souhaite donc dire de la manière la plus nette que si elle estime que le TPI ne doit pas hésiter à se prononcer sur la validité de sa création, celle-ci ne fait aucun doute. Il en va de même quant aux différents chefs de compétence qui peuvent être retenus en l'espèce et qui, de l'avis de JSF, concernent tous ceux qui sont couverts par les articles 2 à 5 du statut du Tribunal.

B. LE TPI EST-IL COMPÉTENT POUR JUGER LE DÉFENDEUR ?

La défense évoque deux types d'arguments. D'une part, il s'agit pour elle de ne pas reconnaître la primauté du TPI sur les juridictions nationales (1) et, d'autre part, elle soutient que le Tribunal n'a pas de compétence ratione materiae (2).

1. Quant à la primauté du TPI sur les juridictions nationales

Si le procureur développe cette question, la Chambre de première instance n'y fait que brièvement allusion. Or, cette primauté doit être défendue pour deux raisons : les États concernés l'ont reconnue et le droit applicable devant le Tribunal international ne porte pas atteinte aux droits de la défense.

Sur la reconnaissance de la primauté du TPI par les États

Si ce problème a déjà fait l'objet de remarques supra, il convient de revenir à la décision de dessaisissement rendue par la première Chambre de première instance le 8 novembre 1994. En effet, cette première décision n'est pas indépendante de l'affaire rapportée et il peut être étonnant que le procureur, dans ses conclusions du 7 juillet 1995, ne s'y réfère pas davantage que la Chambre dans sa décision du 10 août 1995. La politique jurisprudentielle du TPI ne saurait se découper en compartiments étanches, les différentes phases de la procédure ne sont pas indépendantes les unes des autres et le jugement aurait ainsi gagné en fermeté et en cohérence.

Il ne faut pas oublier que la décision du 8 novembre 1994, bien que n'étant pas un jugement, constitue néanmoins le premier acte du processus pénal de répression. À la base de la demande de dessaisissement, il y a une exigence de justice qui concerne toutes les Nations et qui permet la mise en œuvre de la compétence internationale. Elle souligne aussi le rôle déterminant que joue le procureur qui s'est imposé comme un organe indépendant par les pouvoirs qui lui sont conférés. Le transfert de compétence a donc été le résultat d'un choix stratégique du procureur qui est un "créateur de procès".

En effet, pour faire valoir la primauté judiciaire internationale, le procureur a deux possibilités énoncées par les articles 8 et 9 du

Règlement de procédure et de preuve, qui explicitent les termes vagues de l'article 15 du statut[269]. Il peut aussi laisser les tribunaux nationaux juger eux-mêmes les accusés, ce qui n'est nullement contraire à la mise en œuvre du principe de primauté du Tribunal.

En ce qui concerne l'affaire Tadic, le procureur a décidé de mettre en œuvre l'article 9-3 et a donc saisi une Chambre de première instance qui a fait droit à sa demande de dessaisissement de la République Fédérale d'Allemagne. Cette demande a été justifiée par une politique pénale délibérée : c'est parce que la gravité des crimes dont est soupçonné Tadic relèvent de la compétence du Tribunal, que la juridiction de l'Allemagne doit s'effaccr devant la compétence pénale internationale.

La décision de la Chambre, approuvant l'appréciation discrétionnaire du procureur, s'apparente donc à une sorte de "jugement" d'opportunité qui impose l'incompétence des juridictions nationales. Il s'agit là d'un progrès considérable par rapport aux fonctions du ministère public dans le cadre du Tribunal militaire de Nuremberg. En effet, l'article 15 du statut de ce tribunal prévoyait bien la livraison d'un accusé ou d'un témoin, mais il était entendu que la garde de ces personnes ne pouvait être retirée à l'un des signataires de l'accord du 6 juillet 1994 sans son consentement.

La portée de la décision/ordonnance du 8 novembre 1994 entraîne donc des conséquences importantes qu'il convient de rappeler afin que la jurisprudence du Tribunal soit cohérente.

Sur la base de l'article 9, le principe "non bis in idem"[270] ne s'applique pas de la même manière au TPI et aux États puisque un premier jugement national de condamnation ne fait pas obstacle à la compétence internationale, si l'accusé est condamné au plan national pour un fait qui est qualifié crime de droit commun ou si la procédure engagée conduit à le soustraire à sa responsabilité internationale (article 9, alinéas 1 et 2). Par contre, aux termes de l'article 10 du statut "nul ne peut être jugé devant une juridiction nationale pour des faits constituant de graves violations du droit international humanitaire au sens du présent statut s'il a déjà été jugé par le Tribunal international pour les mêmes faits".

Il ne faut pas oublier non plus que le dessaisissement, n'étant pas un jugement, n'est pas susceptible d'appel selon les termes de l'article 11 du Règlement de procédure et de preuve. Lorsque l'État ne fournit pas à la Chambre l'assurance qu'il a pris ou entend prendre les mesures demandées pour se conformer à la demande de dessaisissement, la Chambre peut "prier le président (du Tribunal) de soumettre la question au Conseil de sécurité".

L'ordonnance adoptée le 8 novembre 1994 est donc beaucoup plus qu'une simple ordonnance de bonne administration de la justice comme dans le cadre des articles 39 et 54 du Règlement de procédure et de preuve. Elle place les magistrats devant leurs responsabilités, car si le procès pénal de répression n'était pas enclenché, cela entraînerait en quelque sorte l'impunité internationale de Tadic.

Le Conseil de sécurité est en quelque sorte aussi placé devant ses responsabilités, puisque l'on voit mal comment il ne pourrait pas ne pas faire pression sur l'État qui refuserait de se dessaisir, ce d'autant plus que c'est lui qui a créé le Tribunal. Il s'agirait là d'une incohérence politique et juridique majeure.

Les États sont également placés devant leurs responsabilités et c'est bien ce qui s'est passé lors de l'audience publique du 8 novembre 1994. Le représentant de la République Fédérale d'Allemagne, présent en qualité d'"amicus curiae", a immédiatement remarqué que l'acte d'accusation dressé contre Tadic dans son pays ne gênait nullement le Tribunal international. Il a affirmé aussi qu'une loi nationale, déposée selon la procédure d'urgence, permettrait à l'Allemagne de respecter les devoirs qui découlent de l'article 29 du statut concernant l'obligation pour les États de coopérer judiciairement avec le Tribunal. Cette prise de position indiquait bien que les autorités judiciaires de l'Allemagne renonceraient ainsi à statuer sur les infractions imputées au défendeur.

Quant au conseil de Tadic, il n'a pas émis d'opposition à ce dessaisissement de l'Allemagne au bénéfice du Tribunal. Ainsi donc, si le défendeur peut en principe, au cours d'un jugement, revendiquer l'absence de préemption internationale, sa demande n'est pas fondée en droit en raison de la décision du 8 novembre 1994.

Une argumentation semblable doit être soutenue à l'égard de la compétence supposée des juridictions de Bosnie-Herzégovine, qui a été revendiquée par Tadic. Il est indiscutable que ce pays constitue un État politiquement indépendant, souverain et juridiquement apte à juger les présumés coupables d'infractions graves au droit international humanitaire commises sur son sol.

Toutefois, de cette capacité théorique et textuelle, ne saurait être déduite l'obligation de poursuivre les suspects de telles violations sur le sol de la seule Bosnie-Herzégovine, en arguant du respect de la souveraineté judiciaire de cet État afin de refuser le principe de primauté de la juridiction internationale. De plus, ce faisant, Tadic se met en contradiction avec lui-même puisqu'il revendique une souveraineté étatique qu'il ne reconnaît pas politiquement !

Au-delà, force est de constater que les juridictions de la Bosnie-Herzégovine ne sont pas véritablement en mesure, du fait du conflit, de jouer leur rôle et de procéder à l'arrestation et au jugement des auteurs présumés de crimes commis sur leur territoire.

À cet argument de fait, s'ajoute un argument de droit. La Bosnie-Herzégovine ne s'est pas opposée au dessaisissement de ses juridictions et, en outre, a explicitement proposé de concourir à l'action de la juridiction internationale (Mémoire du gouvernement de Bosnie-Herzégovine du 9 mai 1995, pp. 4-5).

Sur le respect des droits de la défense

Sous couvert de l'application de la règle "non bis in idem", le défendeur, en revendiquant le droit d'être jugé, fût-ce par défaut, devant les juridictions nationales de la Bosnie-Herzégovine, sous-entend que l'exercice des droits de la défense y serait mieux garanti que devant le TPI.

En premier lieu, il convient de tenir compte de la nature des infractions au droit international humanitaire qui sont imputées à Tadic et qui tombent indiscutablement dans le champ du fonds commun à toutes les nations en matière de protection des droits fondamentaux de la personne humaine.

En second lieu, tous les États issus de la dislocation de l'ex-Yougoslavie ont conservé le dispositif pénal antérieur. Celui-ci contient, notamment à l'article 125 du Code pénal de la République socialiste fédérative de Yougoslavie, des dispositions incorporant dans le droit interne l'ensemble des infractions graves énoncées dans les quatre Conventions de Genève de 1947 et dans ses deux Protocoles additionnels de 1977. Par ailleurs, la République de

Yougoslavie était partie à la Convention sur le génocide de 1948, à la Convention contre la torture de 1984 et aux Pactes internationaux relatifs aux droits civils, politiques et économiques de 1966. La Bosnie-Herzégovine, quant à elle, a fait une déclaration de succession aux Conventions de Genève et aux Protocoles additionnels le 31 décembre 1992.

Ainsi donc, le fond du droit applicable est identique devant les juridictions de ce pays et devant le TPI. Il en résulte que les garanties de procédure sont au moins équivalentes devant le Tribunal, dont le statut exclut toute possibilité de jugement par contumace. Il en résulte qu'il ne peut y avoir aucune atteinte aux droits de la défense du fait de la primauté de la juridiction internationale sur les juridictions nationales.

2 Quant à la compétence ratione materiae

Il s'agit, d'abord, de démontrer que les faits imputés à Tadic relèvent bien d'un conflit international. Ensuite, l'on doit remarquer que le procureur et la Chambre de première instance ne retiennent que certaines catégories de crimes imputés au défendeur.

Sur la liaison entre les faits imputés et un conflit international

À partir de l'automne 1990, un processus de désintégration du pouvoir central de la Yougoslavie s'est amorcé et s'est accompagné de mouvements séparatistes. C'est ainsi que le 25 juin 1991, la Croatie et la Slovénie ont proclamé leur indépendance. Presque aussitôt, les autorités fédérales de la République de Yougoslavie ont engagé des actions militaires, spécialement dans les zones habitées par les populations serbes.

Ces actions militaires ont été confortées par des revendications nationales des populations serbes dans les nouveaux États et, notamment, dans un discours à l'Assemblée nationale de Belgrade le 19 mars 1992 dans lequel le droit des populations serbes de Croatie à demeurer au sein de la République fédérale de Yougoslavie était proclamé. Ces comportements et ces discours ont été identiquement reproduits en ce qui concerne la Bosnie-Herzégovine.

Il en résulte que l'implication des autorités fédérales de Yougoslavie et de la République de Serbie dans un conflit international est établie et cela par au moins trois éléments concordants.

En premier lieu, les résolutions des Nations Unies ont, au fur et à mesure du conflit, rappelé son caractère international. Ainsi, dans une résolution du 15 mai 1992, le Conseil de sécurité a appelé à la cessation de l'intervention de l'armée fédérale yougoslave. La résolution du 18 décembre 1992 a condamné la Serbie et le Monténégro pour leurs actions en Bosnie-Herzégovine et le non respect des règles des Nations Unies et a stigmatisé le "support direct et indirect de l'armée yougoslave".

En deuxième lieu, les observations du rapporteur spécial M. Mazowiecki, amplifiées par celles du rapporteur M. Joinet, ont eu le mérite de souligner les méthodes employées par les forces armées yougoslaves et l'implication politique qu'elles révélaient.

Le premier rapport de M. Mazowiecki du 28 août 1992, à la suite de sa visite sur les lieux des 21 au 26 août, décrit non seulement les méthodes de la "purification ethnique", mais insiste sur le fait que la République fédérale de Yougoslavie et la République de Serbie "exercent manifestement une très grande influence" sur les auteurs des atrocités.

Dans son deuxième rapport du 27 octobre 1992, à la suite de sa visite sur les lieux des 12 au 21 octobre, M. Mazowiecki confirme que "les dirigeants serbes en Bosnie-Herzégovine ne sont pas prêts de renoncer à leur plan". Le rapporteur spécial relève, et l'on comprend mieux pourquoi avec le recul du temps, que les autorités locales de la région de Bosanski Novi-Priejedor lui ont interdit la visite de cette région.

Le troisième rapport du 17 novembre 1992 décrit encore les méthodes du "nettoyage ethnique" et affirme : "Tout ceci donne créance à la crainte que l'objectif ultime ne soit d'incorporer à une grande Serbie les secteurs de la Croatie et de la Bosnie-Herzégovine occupés par les Serbes..." L'existence de groupes para-militaires, ajoute-t-il, "a servi d'excuse aux dirigeants politiques cherchant un moyen plausible de dégager leurs responsabilités d'atrocités et de crimes de guerre qu'ils approuvent en fait".

Enfin, le rapport de M. Joinet du 26 octobre 1992 insiste à juste titre sur le rôle de la télévision et de la radio de Belgrade et sur l'emploi des moyens militaires (tanks, artillerie, infanterie, tirs de mortier) qui provenaient incontestablement de l'armée fédérale yougoslave.

En troisième lieu, les ordonnances en indication de mesures conservatoires, prises en 1993 par la Cour internationale de justice dans l'affaire opposant la République de Bosnie-Herzégovine à la République fédérative de Yougoslavie, confirment également le caractère international du conflit.

La procédure initiée par la République de Bosnie-Herzégovine s'appuyait sur des événements commis sur son territoire à dater du mois d'avril 1992 et dénonçait les exactions commises par des membres et anciens membres des forces armées yougoslave, ainsi que par des groupes paramilitaires recevant leurs ordres et une aide directe des autorités yougoslaves.

Dans une première ordonnance, la Cour, le 8 avril 1993, a demandé au gouvernement de la République yougoslave de veiller à ce qu'aucune des unités militaires, paramilitaires ou unités armées irrégulières pouvant relever de son autorité ou bénéficier de son appui, ni aucune organisation ou personne pouvant se trouver sous son pouvoir, ne s'entendent en vue de commettre des crimes de génocide ou n'incitent directement et publiquement à les commettre.

Par une seconde ordonnance du 13 septembre 1993, la Cour internationale de justice a constaté que, depuis sa première ordonnance et en dépit d'elle et de nombreuses résolutions du Conseil de sécurité, de nouveaux crimes avaient été commis au préjudice de la population de Bosnie-Herzégovine.

En conclusion, le caractère international du conflit n'est pas sérieusement contestable et, de toute manière, pour les raisons expliquées par le procureur dans sa réponse aux exceptions préjudicielles de l'accusé, le TPI est également compétent même dans le cas d'un conflit interne, pour juger les faits imputés à Tadic. En effet, l'Assemblée générale, en adoptant la Résolution du 18 décembre 1992, qualifie la situation en ex-Yougoslavie comme "compromettant le maintien de la paix et la sécurité internationale".

Or, l'existence d'une telle menace n'a jamais été assimilée au seul conflit international par cette Assemblée (situation d'apartheid en Afrique du Sud par exemple) ou par le Conseil de sécurité. Ce dernier a d'ailleurs justifié deux recours à la force fondés sur le mépris des droits des populations civiles – victimes kurdes ou victimes somaliennes – dans le cadre de conflits internes.

Sur la compétence ratione materiae du TPI

Ici, Juristes sans Frontières souscrit, sauf en ce qui concerne une réserve importante, à l'analyse du procureur et des juges du Tribunal.

En effet, les dispositions du statut de la juridiction pénale sont applicables à n'importe quel type de conflit, qu'il soit international ou interne. Elles permettent la poursuite d'infractions, non seulement en droit conventionnel mais également en droit coutumier, parce qu'elles constituent le fonds commun minimum à l'humanité et choquent la conscience universelle.

Cependant, l'on doit regretter que le Tribunal se soit essentiellement attaché à démontrer l'applicabilité des articles 2, 3 et 5 du statut relatifs respectivement aux "Infractions graves aux Conventions de Genève de 1949", aux "Violations des lois ou coutumes de la guerre" et aux "Crimes contre l'humanité" et n'évoque pas l'article 4 relatif au "Génocide".

Or, les faits imputés au défendeur relèvent également de manière indiscutable des dispositions de cet article 4 qui énonce :

"2. Le génocide s'entend de l'un quelconque des actes ci-après, commis "dans l'intention de détruire, en tout ou en partie, un groupe national, "ethnique, racial ou religieux, comme tel :

a) Meurtre de membres du groupe ;
b) Atteinte grave à l'intégrité physique ou mentale de membres du groupe ;
c) Soumission intentionnelle du groupe à des conditions d'existence devant "entraîner sa destruction physique totale ou partielle ;
d) Mesures visant à entraver les naissances au sein du groupe ;
e) Transfert forcé d'enfants du groupe à un autre groupe.

"3. Seront punis les actes suivants :

a) Génocide ;
b) L'entente en vue de commettre le génocide ;
c) L'incitation directe et publique à commettre le génocide ;
d) La tentative de génocide ;
e) La complicité dans le génocide."

Les actes criminels dont est accusé Tadic s'inscrivent clairement dans des atteintes visant à détruire la communauté musulmane de Bosnie-Herzégovine et cela au moyen des méthodes de la "purification ethnique" décrites dans les rapports cités de MM. Mazowiecki et Joinet.

Par ailleurs, la Cour internationale de justice motive en fait ses ordonnances en indication de mesures conservatoires déjà citées des 8 avril et 13 septembre 1993 par "un risque grave que des actes de génocide soient commis" (C.I.J., Recueil 1993, p. 22, § 45 et p. 347 § 49).

En outre, le mémoire du procureur et ses observations à l'audience, à l'origine de l'ordonnance de dessaisissement rendue le 8 novembre 1994, se réfèrent indiscutablement à l'article 4 du statut du Tribunal.

Le Rapporteur spécial, dans son rapport du 17 novembre 1992, définit la "purification ethnique" ainsi : il s'agit de "l'élimination par un groupe ethnique qui tient un territoire des individus appartenant à d'autres groupes ethniques". Ayant souligné dans son rapport du 27 octobre 1992 que "la principale victime de ces violations est la population musulmane, qui est pratiquement menacée d'extermination", il ajoute en novembre qu'il "rappelle au monde que la communauté musulmane de Bosnie-Herzégovine est menacée d'extermination". Plus précisément, s'agissant des actes imputés au défendeur, M. Joinet, dans son rapport du 26 octobre 1992, met en évidence "l'utilisation de l'internement, dans la région de Prijedor, à des fins de purification ethnique".

Quant à lui, le procureur, se référant à la déclaration du 11 octobre 1994 de M. Keagan, enquêteur de son Bureau, fait ressortir :

– la politique mise en œuvre à Prijedor – communément désignée sous les termes de "purification ethnique" – au printemps 1992 et qui a entraîné le départ ou la mort de plus de 43 000 Musulmans sur les quelques 50 000 qui vivaient dans la région ;

– les événements – annonces diffusées à la radio, drapeau serbe flottant sur tous les bâtiments officiels et démissions d'office de responsables non serbes, y compris les policiers ;

– les événements qui ont conduit à la prise du pouvoir par les Serbes du jour au lendemain à Prijedor ;

– la mise en place de trois camps de concentration à Omarska, Keraterm et les actes de barbarie "tellement horribles" qui y furent commis.

Puis, le procureur évoque les accusations qui sont formulées à l'encontre de Tadic par des témoins :
– implication directe dans les événements qui ont abouti au déplacement de la majorité de la population musulmane, contribuant à la destruction de fait de cette communauté ou de celle des non-Serbes ;
– organisation du référendum serbe de novembre 1991 ;
– arrêts de mort contre des intellectuels musulmans et d'autres citoyens éminents de Prijedor ;
– déplacement forcé de Musulmans et de non-Serbes dans les camps ;
– passages à tabac dans les camps et dans les prisons militaires de Prijedor,
– pillages et destructions de maisons appartenant à des Musulmans ;
– participation à des viols à Omarska.

Enfin, la barbarie est renforcée, ajoute le procureur, par les événements suivants : "Parmi les actions auxquelles s'est livré Tadic et qui ont eu le plus grand nombre de témoins, il y a le meurtre de Emir Karabasic, de Jasmin Hrnjic et de Enver Alic... Trois prisonniers qui ont été sauvagement battus jusqu'à l'évanouissement par Tadic et d'autres personnes qui utilisaient des barres métalliques, des matraques et des couteaux. Tadic a ensuite forcé un quatrième prisonnier à boire de l'huile de moteur du garage et à arracher avec ses dents les testicules des prisonniers évanouis. Les trois personnes succombèrent à cette torture."

Le procureur vise évidemment le crime de génocide et le rappelle dès l'introduction de son mémoire : "Pour qualifier ces événements, écrit-il, la Cour internationale de justice, dans une ordonnance provisoire en date du 13 septembre 1993, a repris les termes de la résolution 96 (I) du 11 décembre 1946 de l'Assemblée générale sur le crime de génocide."

Pour toutes les raisons qui viennent d'être rappelées, il convient, d'ores et déjà, d'affirmer l'applicabilité de l'article 4 du statut, aux termes duquel le TPI est compétent pour poursuivre Tadic du chef de génocide. Il est donc surprenant que ce chef d'accusation n'ait, en définitive, pas été retenu. Compte tenu de ces événements, le Tribunal aurait eu toutes les raisons d'apprécier la réalité de ces charges.

Si les motifs de la décision rendue le 2 octobre 1995 par la Chambre d'appel après le dépôt de mémoire de JSF, sont parfois différents des arguments développés par l'Association, le dispositif satisfait pleinement cette dernière. En effet, c'est au titre de sa compétence pour déterminer sa propre compétence que la Chambre établit que le TPI a été légalement fondé. Le deuxième argument de Tadic, contestant la compétence du TPI au nom de la compétence universelle des tribunaux internes, est également rejeté. Au contraire, la Chambre considère que la "nature des crimes retenus contre l'appelant ne touche pas aux intérêts d'un seul État, mais choque la conscience de toute l'Humanité".

La Chambre rejette enfin, comme JSF le demandait, le troisième argument de Tadic qui contestait la compétence ratione materiae du tribunal international, puisque, selon lequel, les actes reprochés avaient eu lieu dans le cadre d'un conflit interne. La Chambre, faisant une interprétation téléologique du statut du TPI et en raison de la complexité des événements, conclut que l'objectif du Conseil de sécurité est bien de poursuivre et de punir les auteurs de crimes dans un conflit présentant dès l'origine une double nature internationale et interne.

Cependant, sur la nature des faits imputés à Tadic, la Chambre ne se réfère pas à l'article 4 du statut sur le génocide, mais aux articles 2, 3 et 5[271]. Pour elle, si le premier article traite exclusivement des infractions graves aux Conventions de Genève (1949) commises dans les conflits armés internationaux, l'article 3 sur les violations des lois et coutumes de guerre a un large champ d'application. Ainsi, cet article permet d'englober toutes les violations sérieuses du droit international humanitaire.

En ce qui concerne l'applicabilité de l'article 5, la Chambre estime que la compétence ratione materiae du TPI est fondée, que les crimes soient commis dans des conflits internes ou internationaux.

Ainsi, comme JSF l'a démontré dans son mémoire, la Chambre d'appel décide notamment :

– le TPI est légalement établi ;
– il y a primauté du TPI sur les juridictions nationales ;
– les crimes commis par Tadic relèvent bien de la compétence du Tribunal.

Le jugement au fond sur l'affaire Tadic a été rendu le 14 juillet

1997 par la Chambre de première instance du TPI et Tadic comme l'accusation ont interjeté appel. Il s'agit d'un document tout à fait exceptionnel de plus de 300 pages, sans compter les nombreux renvois à de précédentes décisions sur des points de procédure particuliers. À la suite d'une très longue et très minutieuse argumentation, Tadic est reconnu coupable de crime de persécution, de violations des lois et coutumes de la guerre et de crimes contre l'humanité et a été condamné à une peine de vingt années d'emprisonnement.

"Il faut sans doute comparer cette peine à celle qui a été déjà prononcée par le TPI dans l'affaire Erdemovic en novembre 1996. Il s'agissait d'un simple soldat exécutant ayant plaidé coupable et qui a été condamné à dix années d'emprisonnement pour avoir participé à des exécutions massives de civils musulmans."

Dans l'absolu, l'on peut estimer la peine de Tadic comme modérée au regard des faits qui lui sont imputés et dont le rôle dans le "nettoyage ethnique" a revêtu une toute autre ampleur que celle d'Erdemovic. Mais l'on peut aussi estimer qu'au regard de certains individus encore à juger, et surtout à arrêter, on se trouve dans une proportion qui laisse croire que le Tribunal n'entend pas renoncer à juger prochainement les hauts dirigeants serbes"[272], en précisant que le statut du TPI, contrairement à celui du Tribunal de Nuremberg, ne prévoit pas la peine de mort[273].

IV. EN GUISE DE CONCLUSION TRÈS PROVISOIRE...

Au terme de ce chapitre, peut-on conclure ? Tous les développements ont tendu à souligner la dynamique enclenchée par la création du TPI et la nature et la valeur de l'engagement de JSF en tant "qu'amicus curiae" du Tribunal, avec ses contradictions peut-être. C'est ce mouvement qui conduit à se méfier d'une conclusion qui est une sorte de fin programmée, comme certains peuvent parler, aujourd'hui, de fin de l'Histoire. On préfère, par conséquent, la méthode du scénario qui est la description d'un des futurs possibles, ce qui n'exclut pas le rêve, l'idéalisme, l'aléatoire, voire l'accident.

Dans la longue lutte contre l'impunité, le droit pénal international est resté pendant longtemps un droit embryonnaire. Mais à travers le TPI, tout converge désormais pour lui donner plus de réalité. N'oublions pas que les relations internationales s'épanouissent à l'ombre sourcilleuse des États et de leur souveraine puissance. L'on peut comprendre que le droit dans cette affaire représente un enjeu de taille : toute avancée du droit fait reculer la violence politique qui est le propre de ces relations. Du TPI pour l'ex-Yougoslavie, comme du TPI pour le Rwanda, de leur échec ou de leur succès – espéré – dépend donc l'avenir du droit pénal international et de la future Cour pénale internationale permanente.

À sa place modeste mais spécifique en tant qu'association de juristes engagés dans le combat toujours recommencé pour les droits de l'homme, JSF, "amicus curiae" du TPI lorsque que celui-ci le lui demande, a ainsi l'ambition de participer au mouvement qui peut conduire à réprimer les crimes les plus choquants qui mettent en cause ce qui est commun à tous les hommes, c'est-à-dire leur humanité. Au-delà de la répression, qui est le but essentiel de tout tribunal pénal et qui doit avoir lieu dans le respect de la dignité humaine du coupable, JSF, par son action, entend aussi permettre aux victimes de retrouver leur dignité humaine.

Pour "conclure" donc, l'on reviendra au commencement et, notamment, à cet extrait du rapport final de la Commission d'experts constituée conformément à la résolution 780 du 6 octobre 1992 du Conseil de sécurité, peu de temps avant la création du TPI pour l'ex-Yougoslavie :

"Il est particulièrement frappant de voir à quel point les victimes espèrent que la Commission établira la vérité et que le tribunal international fera régner la justice. Toutes les parties s'y attendent. On en conclut nécessairement que l'avenir exige la justice et que la justice commence par l'établissement de la vérité. La Commission manquerait à son devoir si elle ne soulignait pas les espérances de justice que lui ont exprimées toutes les parties au conflit ainsi que les victimes, les organisations intergouvernementales, les organisations non gouvernementales, les médias et l'opinion publique mondiale. En conséquence, le tribunal international devra disposer des ressources et de l'appui nécessaires pour répondre à ces espérances et mener à bien sa tâche. De plus, comme les populations attendent un nouvel ordre mondial fondé sur l'ordre public international, il faudra bien qu'il y ait des organes permanents et efficaces de justice internationale. Le tribunal international des crimes de guerre pour l'ex-Yougoslavie devra donc avoir la possibilité de donner l'impulsion à une évolution en ce sens."

Chapitre 13

VERS LA COUR CRIMINELLE INTERNATIONALE : EXAMEN DU PROJET DE STATUT DE LA COUR.

DOMINIQUE JACQUES
Juriste

"*Se balançant avec lenteur (telle est la loi).*"
Herman Melville. Poèmes de guerre, 1859.

La Conférence diplomatique des Nations Unies pour la création d'une Cour criminelle internationale[274] chargée de juger les personnes responsables des crimes les plus graves ayant une portée internationale se réunira à Rome du 15 juin au 17 juillet 1998[275]. Elle aura pour objectif d'adopter le statut de la future Cour criminelle internationale.

La création de cette Cour aura constitué l'idéal de presque tout un siècle, alors que Gustave Moynier, qui participa avec Henri Dunant à la fondation de la Croix-Rouge faisait déjà paraître en 1872 une note sur la création d'une institution judiciaire internationale propre à prévenir et réprimer les infractions aux premières Conventions de Genève[276], et que le Secrétaire Général de la Société des Nations proposait lui-même dès 1920 la création d'une Cour criminelle internationale.

Nous ne retracerons pas ici l'ensemble des travaux qui ont eu lieu depuis cette date, l'élément le plus marquant de ce long processus étant bien entendu la création, par le Conseil de sécurité en 1993 et 1994, des Tribunaux pénaux internationaux pour l'ex-Yougoslavie et pour le Rwanda[277].

Le projet de statut qui sera examiné par la Conférence de Rome est lui-même le produit d'un long travail de préparation conduit au sein des Nations Unies. Un premier projet complet de statut a, en effet, été présenté en 1994 à l'Assemblée générale des Nations Unies par la Commission du droit international (organe composé d'experts indépendants), qui s'était alors prononcée pour la création de la Cour au moyen d'une convention internationale[278].

Six comités préparatoires, composés de délégations d'États membres des Nations Unies, se sont ensuite réunis de 1995 à aujourd'hui, afin d'examiner le projet élaboré par la Commission du droit international, la réunion du dernier comité avant la Conférence de Rome ayant eu lieu à New York du 16 mars au 3 avril 1998.

Une réunion préparatoire s'est également tenue à Zutphen (Pays-Bas)[279] du 19 au 30 janvier 1998, au cours de laquelle un projet de statut consolidé a été élaboré à partir des propositions émises par la Commission du droit international et par les délégations gouvernementales lors de ces différents comités préparatoires[280].

Ce texte dit de Zutphen[281] a lui-même été modifié et simplifié lors du sixième et dernier comité préparatoire de New York[282] pour former la dernière version du projet qui sera soumis aux délégations des États lors de la Conférence de Rome. C'est ce texte dit de New York que nous nous proposons de présenter ici[283].

Il comprend près d'une centaine d'articles répartis en onze parties[284]. Sa présentation n'est pas toujours aisée dans la mesure où les points fondamentaux qui permettraient de décrire ce que sera la structure générale de cette Cour sont encore en suspens. Ainsi, les articles relatifs à la compétence matérielle de la Cour, aux modalités de saisine de la Cour, à la composition de la Cour ou à l'organisation de la procédure pénale devant la Cour restent pour la plupart entre crochets dans le projet de statut, ce qui signifie en langage diplomatique que les États ne s'accordent pas sur leur contenu.

Les débats, s'ils sont d'un haut niveau de technicité, ont aussi une forte composante politique. Des clivages traditionnels dans la communauté internationale resurgissent, à propos notamment du rôle du Conseil de sécurité dans le fonctionnement de la future Cour, de l'inclusion des conflits armés internes dans le mécanisme qui sera mis en place – les pays du Sud étant peut-être plus sensibles à cette question que les pays du Nord, – tandis que de nouveaux clivages apparaissent, entre pays de tradition juridique latine et pays de *common law*, à propos notamment de la conduite du procès pénal.

Dans ce contexte, les États hésitent ou peuvent éprouver des difficultés à établir leur position définitive au sujet de la Cour. Beaucoup de choses restent donc encore à trancher et l'on peut prédire que les réunions de travail de la Conférence de Rome seront très animées, les États gardant jusqu'au dernier moment la possibilité d'affirmer des positions nouvelles[285].

Malgré ces difficultés et, bien que tout ne soit peut-être pas dit dans les différentes propositions qui ont été faites à ce jour, il nous a paru utile de faire une présentation du projet de statut, tel que nous le connaissons aujourd'hui, en mettant l'accent sur les principaux enjeux et questions qui seront au cœur des négociations de la Conférence de Rome.

Les points suivants seront abordés. I. Lignes directrices pour l'examen du projet de statut. II. Compétence matérielle de la Cour. III. Modalités de saisine de la Cour. IV. Organisation de la procédure pénale (Composition de la Cour). V.Statut des victimes devant la Cour.

Nous nous efforcerons tout au long de cette présentation de comparer les propositions contenues dans le projet de statut avec les dispositions qui avaient été adoptées pour la création des Tribunaux pénaux internationaux pour l'ex-Yougoslavie et pour le Rwanda.

I. LIGNES DIRECTRICES POUR L'EXAMEN DU PROJET DE STATUT

A. CARACTÈRE PERMANENT DE LA COUR

La Cour devrait être, conformément aux dispositions de l'article 4 du texte de New York[286], une institution permanente ouverte aux États parties au statut[287].

Il est cependant précisé dans ce même article que la Cour se réunit lorsqu'elle est appelée à examiner une affaire dont elle est saisie, ce qui peut engendrer une certaine ambiguïté quant à son caractère permanent. Il faut également signaler à ce propos que certaines propositions du texte de Zutphen, tendant à garantir que les principaux organes de la Cour (présidence, Chambres d'instruction, parquet, greffe) exerceraient en permanence leurs attributions, n'apparaissent plus dans le document de New York.

B. DÉLIMITATION STRICTE DE LA COMPÉTENCE DE LA COUR

La compétence de la Cour ne devrait s'exercer que sur un certain nombre de crimes parmi les plus choquants pour la communauté internationale ou susceptibles de porter atteinte à la paix et à la sécurité internationales.

Ces crimes devraient être limitativement énumérés et définis dans le statut de la Cour, afin que soit respecté le principe de légalité des infractions pénales (article 15 : Nullum crimen sine lege), mais aussi parce que les États ne désirent pas laisser aux futurs juges internationaux une trop grande latitude dans l'application du statut, une proposition visant d'ailleurs à interdire expressément qu'un comportement ne soit considéré comme criminel "par interprétation" (article 15, paragraphe 2).

D'une manière plus générale, il semblerait que l'on s'achemine vers la rédaction d'un statut qui sera le plus complet possible notamment en ce qui concerne la procédure applicable par la Cour[288].

C. PRINCIPE DE RESPONSABILITÉ PÉNALE INDIVIDUELLE

En application de ce principe déjà dégagé par les Tribunaux de Nuremberg et de Tokyo[289], la Cour sera amenée à juger des personnes et non pas des États.

La compétence de la Cour devrait s'exercer sur des personnes physiques, certaines propositions tendant toutefois à étendre cette responsabilité aux personnes morales, lorsque les crimes ont été commis pour leur compte, par leurs organes ou par leurs représentants (article 17 : Responsabilité pénale individuelle, paragraphe [5]).

Ce principe de responsabilité individuelle devrait s'appliquer à tous. Il est notamment précisé que la qualité officielle d'une personne soit comme chef d'État ou de gouvernement, soit comme membre d'un gouvernement ou d'un parlement, soit comme élu, soit comme agent de l'État, ne l'exonère en aucun cas de sa responsabilité pénale, pas plus qu'elle n'est un motif de diminution de la peine (article 18 : Défaut de pertinence de la qualité officielle). Cette responsabilité devrait également s'appliquer aux chefs militaires pour les crimes commis par les forces placées sous leur commandement[290].

Le fait qu'une personne a agi en exécution d'un ordre d'un gouvernement ou d'un supérieur militaire ou civil ne devrait pas non plus constituer un motif d'exonération de sa responsabilité pénale (article 26 : Ordres hiérarchiques et ordre de la loi).

Les personnes reconnues coupables par la Cour pourront être condamnées à des peines d'emprisonnement (article 68 : Peines applicables, paragraphe a)[291]. Des propositions ont également été faites pour que la Cour puisse imposer le paiement d'amendes à la personne condamnée ou prononcer contre celle-ci une interdiction d'exercer des fonctions publiques (idem, paragraphes [b] et [c]), ainsi que des mesures de réparation matérielle aux victimes (article 66 : Réparation en faveur des victimes).

D. NOTION DE COMPLÉMENTARITÉ DE LA COUR

La Cour devrait être complémentaire des systèmes nationaux de justice pénale et des juridictions pénales nationales[292], ce qui signifie que ces dernières conserveront une compétence principale en matière de poursuites et de répression des crimes visés dans le statut (article premier : La Cour). En vertu de ce principe, la Cour ne pourrait intervenir que dans les cas où les États ne pourraient ou ne voudraient pas accomplir leur obligation de poursuivre et de réprimer véritablement ces crimes (article 11 : Questions relatives à la recevabilité)[293].

Les États parties au statut, et même tout État selon certaines propositions[294], conserveraient la possibilité de contester la compétence de la Cour dans toutes les phases de la procédure (article 12 : Contestation de la compétence de la Cour ou de la recevabilité des plaintes), notamment en informant celle-ci des enquêtes et procédures qu'ils sont en train de mener dans le cadre d'une affaire renvoyée devant la Cour[295]. Il appartiendra donc à la Cour de prouver que les États n'ont pas rempli leur obligation de répression des crimes visés par le statut.

Des dispositions devraient par ailleurs être introduites dans le but de préserver le caractère confidentiel de certaines informations dont la transmission serait requise par la Cour (Article 82 : Autres formes de coopération [et d'assistance judiciaire et juridique [mutuelle], paragraphe 5). Ces dispositions s'appliqueraient en particulier aux informations dont la divulgation pourrait porter un préjudice sérieux aux intérêts de sécurité et de défense nationales (article 64 : Information sensible touchant la sécurité nationale)[296].

E. LIEN ENTRE LA COUR ET LES NATIONS UNIES

La Cour devrait être reliée à l'Organisation des Nations Unies par un traité conclu entre les deux institutions (article 2 : Lien de la Cour avec l'Organisation des Nations Unies).

Une partie des ressources financières de la Cour devraient être fournies par l'Organisation des Nations Unies (Partie 10 ter : Financement de la Cour).

Certaines propositions tendent également à donner à l'Assemblée générale des Nations Unies (ou au Conseil de sécurité) le pouvoir d'élire les juges de la Cour (article 30 : Qualités et élection des juges, paragraphe 3)[297].

De même, les questions relatives à la non-coopération d'un

État pourraient être renvoyées par la Cour à l'Assemblée des États Parties ou à l'Assemblée générale des Nations Unies ou, si c'est le Conseil de sécurité qui a soumis l'affaire à la Cour, au Conseil de sécurité (article 78 : [Demandes de coopération : dispositions générales, paragraphe 6).

F. POUVOIRS D'ENQUÊTE DE LA COUR

La Cour devrait pouvoir exercer ses pouvoirs et ses fonctions sur le territoire de tout État partie au statut et, par un accord spécial, sur le territoire de tout autre État (article 3 : Siège de la Cour, paragraphe 3).

Les États parties devront coopérer pleinement avec la Cour dans les enquêtes que celle-ci mènera (article 77 : Obligation générale de coopérer). Selon certaines propositions, ces demandes devraient être transmises par la voie diplomatique ou par un autre mode de transmission désigné chaque État partie (article 78 : [Demandes de coopération : dispositions générales], paragraphe 1.a). Celles-ci pourraient également être transmises par le canal de l'Organisation internationale de police criminelle-Interpol ou par toute autre organisation régionale appropriée (idem, paragraphe 1. b). Par ailleurs, on ne devrait pas parler dans le statut d'extradition des personnes suspectes d'un État vers la Cour mais de simple transfèrement de ces personnes vers la Cour.

Un certain nombre d'autres propositions tendent à donner à la Cour de véritables pouvoirs d'enquête et d'inspection sur le territoire des États (article 82 : Autres formes de coopération [et d'assistance judiciaire et juridique [mutuelle], paragraphe 1. [g] et [h] ; [article 47 : Enquête sur les crimes allégués], paragraphe 2. c). Des propositions ont aussi été faites pour que la Cour puisse demander la coopération de l'Organisation des Nations Unies ou des forces de maintien de la paix présentes sur le territoire où l'enquête doit être entreprise ([article 47, paragraphe 2. e : la deuxième proposition est entre crochets).

Un pouvoir d'enquête ou de contrôle des procédures menées par les États au niveau national devrait normalement être conféré à la Cour criminelle internationale, mais les modalités selon lesquelles ces enquêtes pourront être déclenchées et conduites par la Cour sont encore à préciser, notamment en ce qui concerne leur caractère contraignant pour les États.

Il n'existe pas non plus dans l'actuel projet de véritable statut des enquêteurs qui seront rattachés à la Cour. Il est seulement précisé que le procureur aurait la possibilité de nommer des conseillers ayant des connaissances juridiques spécialisées notamment dans le domaine des crimes comportant des violences à caractère sexuel ou s'exerçant à l'égard des enfants (article 36 : Le Bureau du procureur, paragraphe [7]).

II. COMPÉTENCE MATÉRIELLE DE LA COUR

A. DÉTERMINATION DES CRIMES POUR LESQUELS LA COUR SERA COMPÉTENTE

1. Noyau dur des crimes ayant une portée internationale

La liste des crimes pour lesquels la Cour sera compétente n'est pas définitivement arrêtée. Le projet de la Commission du droit international prévoyait que la Cour aurait compétence sur quatre grandes catégories de crimes : le crime de génocide, le crime d'agression, les violations graves des lois et coutumes applicables dans les conflits armés et les crimes contre l'humanité. Il ajoutait à cette liste une cinquième catégorie de crimes définis ou visés par des traités (terrorisme, apartheid, crimes contre le personnel diplomatique, trafic de stupéfiants).

Cette compétence a été jugée trop étendue et un consensus semble s'être formé pour que soient retenus les trois crimes suivants : le crime de génocide, les crimes de guerre[298], les crimes contre l'humanité (article 5 : Crimes relevant de la compétence de la Cour).

2. Autres crimes énumérés dans le projet de statut

Quatre autres catégories de crimes continuent toutefois de figurer entre crochets dans le projet de statut.

Crime d'agression

Son insertion dans le statut de la Cour pose un certain nombre de difficultés dans la mesure où le Conseil de sécurité est compétent, en vertu de l'article 39 de la charte de l'Organisation des Nations Unies, pour constater l'existence d'un acte d'agression.

Un certain nombre de propositions ont été introduites afin de garantir que le Conseil de sécurité demeurera compétent pour qualifier l'acte d'agression dans le cas où ce crime relèverait de la compétence de la Cour. Celle-ci ne pourrait intervenir dans ce cas que pour déterminer la responsabilité individuelle des personnes soupçonnées d'avoir commis les actes d'agression qualifiés comme tels par le Conseil de sécurité ([article 10 [[Action du] [Rôle du] [Conseil de sécurité] [Lien existant entre le Conseil de sécurité et la Cour criminelle internationale], paragraphe 2, Variante 1 et 2).

Crimes de terrorisme et crimes liés au trafic illicite de stupéfiants et de substances psychotropes

Ces deux crimes sont également maintenus dans le projet de statut, malgré l'opposition d'un certain nombre de délégations. La gravité de ces crimes n'est pas contestée mais on considère généralement qu'ils ne font pas partie de ce noyau de crimes dont la commission heurte par-dessus tout la conscience universelle et pour lesquels la Cour doit être compétente.

On craint, d'autre part, que les mécanismes de répression qui seront mis en place au sein de la Cour ne fassent double emploi ou n'interfèrent avec les mécanismes d'entraide répressive institués par les conventions internationales adoptées dans ces deux domaines.

Crimes contre le personnel des Nations Unies et le personnel associé

Il s'agit de donner compétence à la Cour pour juger des crimes commis intentionnellement et de manière systématique ou à grande échelle contre le personnel des Nations Unies et le personnel associé.

Il est précisé toutefois que cet article ne s'applique pas au personnel participant à une opération des Nations Unies autorisée par le Conseil de sécurité en tant qu'action coercitive en vertu du Chapitre VII de la charte des Nations Unies et dans le cadre de laquelle ce personnel participe en tant que combattant contre des forces armées organisées et à laquelle s'applique, est-il précisé, le droit des conflits armés internationaux (paragraphe 2 de la proposition).

Cette proposition pose la question du régime applicable aux forces de maintien ou de rétablissement de la paix et de la sécurité internationales de l'Organisation des Nations Unies, qui sera vraisemblablement l'une des plus délicates qu'aura à résoudra la Conférence de Rome.

Il semblerait acquis que ces forces internationales ne seront pas exonérées de toute responsabilité au regard des crimes définis dans le statut. Toutefois, des propositions ont été émises pour que soit mise en place une procédure permettant au Conseil de sécurité d'intervenir en cas de saisine de la Cour ([article 10 [[Action du] [Rôle du] [Conseil de sécurité] [Lien existant entre le Conseil de sécurité et la Cour criminelle internationale], paragraphe [3])[299].

B. DÉFINITION DES CRIMES

1. Crime de génocide

Les articles II et III de la Convention de 1948 pour la prévention et la répression du crime de génocide, qui avaient été intégrés sans modification dans les statuts des deux Tribunaux pénaux internationaux, sont repris dans le projet de statut[300].

Les dispositions de l'article III apparaissent cependant entre crochets. Ceci est dû au fait que certaines de ces dispositions doivent faire l'objet de précisions sous l'article 17 consacré à la responsabilité pénale individuelle.

Celui-ci devrait notamment préciser que seule la commission intentionnelle de ces actes est répréhensible. Des propositions ont aussi été faites pour que le fait pour un chef militaire disposant de forces armées sous son commandement de s'abstenir d'empêcher ou de réprimer la commission d'un crime soit également visé dans le statut (article 17, paragraphe [c]).

Il faut encore signaler que le projet de statut ne fait pas référence à l'article premier de la Convention de 1948. Celui-ci affirmait le caractère universel du crime de génocide, qu'il soit commis "en temps de paix ou en temps de guerre". Mais on peut supposer qu'il ne s'agit là que d'une "omission constructive" confirmant en réalité l'universalité du crime de génocide.

2. Crimes contre l'humanité[301]

La Conférence de Rome devra déterminer si la compétence de la Cour ne doit être admise pour ces crimes que dans les cas où ils auraient été commis en corrélation avec d'autres crimes relevant de la compétence de la Cour[302] ou dans le cadre d'une attaque généralisée et systématique ou perpétrée à grande échelle contre une population civile[303] (paragraphe 1 de l'article consacré aux crimes contre l'humanité, dispositions entre crochets).

Il lui faudra également déterminer si chacun des actes énumérés dans la liste des crimes contre l'humanité doit faire lui-même à nouveau l'objet d'une définition précise, ainsi que le proposent certaines délégations (paragraphe [2] du même article).

3. Crimes de guerre

Le projet de statut contient pas moins de douze pages de propositions de définition des crimes de guerre. Deux difficultés principales sont apparues. La première consiste à déterminer si le seul droit existant de La Haye et de Genève doit être repris dans le statut ou si des éléments tenant compte de certaines conventions internationales adoptées dans le domaine du désarmement ou du développement progressif du droit international mais qui ne sont pas encore universellement acceptés par les États peuvent aussi y figurer. La seconde consiste à déterminer dans quelle mesure les crimes commis lors de conflits armés internes pourront entrer dans le champ de compétence de la future Cour criminelle internationale.

Détermination du droit applicable

L'actuel projet de statut reprend dans une première partie (section A), qui ne semble pas poser de difficultés, la liste des principales infractions graves aux Conventions de Genève du 12 août 1949 (Convention sur l'amélioration du sort des blessés et des malades dans les forces armées en campagne, Convention pour l'amélioration du sort des blessés, des malades et des naufragés des forces armées sur mer, Convention relative au traitement des prisonniers de guerre ou Convention relative à la protection des personnes civiles en temps de guerre)[304].

Par contre, la deuxième partie (section B) consacrée aux "autres violations graves des lois et coutumes applicables aux conflit armés internationaux dans le cadre établi du droit international" reste en chantier.

Elle reprend, en premier lieu, la plupart des violations graves des lois ou coutumes de la guerre énumérées sous l'article 3 du statut du Tribunal pénal pour l'ex-Yougoslavie[305]. S'y ajoutent des dispositions visant notamment à réprimer l'usage de certaines armes, telles que les armes nucléaires, les mines antipersonnel, les balles dites dum-dum, les armes aveuglantes à laser, ainsi que tout autre arme ou système d'armes qui pourra faire l'objet d'une interdiction générale en vertu du droit international coutumier ou conventionnel (point o de la section B, quatre variantes), les opérations militaires susceptibles de causer des dommages graves à l'environnement naturel (point b, quatre variantes), ou encore à définir avec plus de précision la notion de transfert de population par la puissance occupante (point f). Figurent aussi sous cette section B des dispositions relatives au recrutement d'enfants dans les forces armées (point t, cinq variantes).

Une proposition tend à incriminer le fait d'affamer délibérément des civils comme méthode de guerre, en les privant de biens indispensables à leur survie, notamment en empêchant intentionnellement l'arrivée des secours prévus par les Conventions de Genève (point s). Elle constituerait, si elle devait être acceptée, un pas important vers la reconnaissance du droit d'intervention humanitaire.

Conflits armés internes

L'autre point fondamental des négociations qui se dérouleront à Rome consistera à déterminer dans quelle mesure la Cour pourra être compétente pour juger des crimes commis lors de conflits armés internes. Les dispositions sur ce point figurent dans les sections C et D de l'actuel projet de statut.

Certaines propositions visent tout d'abord à délimiter la notion de conflit armé interne, en écartant les situations de tensions internes ou de troubles intérieurs comme les émeutes, les actes isolés et sporadiques de violence (introduction à la section C).

Les infractions graves contenues dans l'article 3 commun aux Conventions de Genève[306] sont ensuite reprises pour former le noyau dur des crimes répréhensibles commis dans le cadre des conflits internes (section C).

La section D tend à incriminer d'autres actes tels que le fait de diriger des attaques délibérées contre la population civile (point a), contre les bâtiments, le matériel, les unités et les moyens de transport médicaux et leur personnel (point b), contre des bâtiments consacrés à la religion, à l'art, à l'enseignement, à la science ou à l'action caritative (paragraphe c) ou contre des ouvrages ou des installations contenant des forces dangereuses (Variante II), le pillage (point d), les déplacements de population civile (point g), la destruction ou la saisie des biens d'un adversaire (point k).

Certaines propositions tendent également à introduire des dispositions spécifiques concernant le viol, l'esclavage sexuel, la prostitution forcée, les grossesses et les stérilisations forcées et toute autre acte de violence sexuelle (point e bis), le recrutement d'enfants de moins de quinze ans dans les forces armées (point f) et le fait d'affamer délibérément des civils comme méthode de guerre, en les privant de biens indispensables à leur survie, notamment en empêchant intentionnellement l'arrivée des secours prévus par les Conventions de Genève (Variante II).

Il faut noter cependant que des propositions ont aussi été faites pour que les sections C et D relatives aux conflits internes soient purement et simplement supprimées (Variante V)[307].

III. MODALITÉS DE SAISINE DE LA COUR

Qui pourra saisir la Cour ? C'est, avec la compétence, la question qui est au cœur du projet de statut. Plusieurs conceptions s'opposent quant au rôle des États, du Conseil de sécurité, du parquet (ou du procureur) et des victimes dans la saisine de la Cour.

Les différents Comités préparatoires qui se sont déroulés jusqu'ici n'ont pas permis de trancher cette question et les articles 6 à 10[308] du projet de statut font état de propositions divergentes quant au pouvoir d'action de la Cour par rapport aux États et au Conseil de sécurité.

Deux grandes approches se font face. La première réserverait la saisine de la Cour aux États (article 6, paragraphe 1, b) et au Conseil de sécurité (article 6, paragraphe 1, [a]). Il faut noter cependant que les propositions se rattachant à cette première approche ne sont pas elles-mêmes unifiées. La seconde autoriserait la Cour à s'"auto-saisir", sur la base des renseignements qui lui auraient été transmis par les victimes et leurs représentants, par les organisations gouvernementales ou non-gouvernementales, ou par les États eux-mêmes (article 6, paragraphe 1 [c]).
Nous présentons ci-dessous les différentes propositions qui ont été émises quant aux instances susceptibles de pouvoir agir devant la Cour (États, Conseil de sécurité, parquet ou procureur, victimes).

A. RÔLE DU CONSEIL DE SÉCURITÉ

Le Conseil de sécurité est le seul organe qui puisse prendre en application de l'article 25 de la charte des Nations Unies, des décisions obligatoires pour les États en cas de conflit ou de menace contre la sécurité internationale.

Il est également l'organe compétent, en vertu du Chapitre VII de la charte des Nations Unies, pour agir en cas de menace contre la paix, de rupture de la paix et d'acte d'agression, et les Tribunaux internationaux pour l'ex–Yougoslavie et pour le Rwanda ont été créés par le Conseil de sécurité en application de ces dispositions. Plusieurs propositions tendent donc à donner une place privilégiée au Conseil de sécurité dans l'architecture de la future Cour criminelle internationale.

Le Conseil de Sécurité se verrait accorder, dans le cadre notamment des actions engagées en vertu du Chapitre VII de la charte, la possibilité de renvoyer une "situation" devant la Cour (article 6, paragraphe 1 [a])[309], y compris dans le cas où cette situation concernerait un État qui ne serait pas partie au statut de la Cour (article 10, paragraphe 1).

Une proposition tend également à autoriser le Conseil de Sécurité, agissant sur la base d'une décision prise en vertu du

Chapitre VI de la charte relatif au règlement pacifique des différends, à déposer une plainte devant la Cour (article 10, paragraphe 1 ter).

D'autres dispositions tendent à donner au Conseil de sécurité un rôle plus important de contrôle de l'activité de la Cour, en empêchant notamment qu'aucune poursuite soit engagée devant la Cour sans son consentement préalable dans les cas où il serait lui-même saisi de la même situation, ([article 10, paragraphe [3, Variante 1).

Cette disposition reste cependant très controversée et une formule de compromis a été proposée, en vertu de laquelle le Conseil ne pourrait s'opposer à certaines actions de la Cour que par une décision expresse prise par lui à cet effet ([article 10, paragraphe [3, variante 2, point 1, ou compromis dit de Singapour). Cette opposition du Conseil de sécurité serait limitée dans le temps (12 mois) et renouvelable (point 2). La Cour pourrait cependant exercer à nouveau sa compétence si le Conseil de sécurité ne prenait aucune mesure pendant cette période (point 3).

B. RÔLE DES ÉTATS

La Cour devant être créée au moyen d'un traité[310], ceux-ci seront normalement amenés à jouer un rôle central dans son fonctionnement[311].

Cependant, les positions divergent quant à l'étendue du pouvoir des États dans le mécanisme de saisine de la Cour et quant à la nécessité pour celle-ci d'obtenir le consentement préalable des États avant d'examiner toute affaire.

Trois questions essentielles devront être tranchées par la Conférence de Rome. Il lui faudra tout d'abord déterminer si une déclaration expresse, générale ou au cas par cas, d'acceptation de la juridiction de la Cour doit être faite par les États pour que la Cour puisse se déclarer compétente ([article 9 : Acceptation de la juridiction de la Cour, Variante 2) ou si une le fait pour un État de devenir partie au statut signifie qu'il accepte par là même la compétence de la Cour pour les crimes visés dans ce statut (idem : Variante 1)[312]. Si la première solution était retenue, seuls les États parties au statut qui auraient accepté la juridiction de la Cour seraient autorisés à déposer une plainte devant la Cour (article 6 : [Exercice de la compétence] [Conditions préalables à l'exercice de la compétence], paragraphe [2).

La Conférence devra ensuite déterminer si tous les États parties ayant accepté la juridiction de la Cour auront le droit de saisir la Cour ou si des catégories limitées d'États ayant un intérêt direct à agir y seront autorisés ([article 7 : Conditions préalables à l'exercice de la compétence ; article 10 bis : Plainte d'un État). Si cette dernière proposition était retenue, seraient seuls autorisés à déposer une plainte devant la Cour : a) l'État sur le territoire duquel l'acte [ou l'omission] a eu lieu ; b) l'État de détention du suspect ; c) l'État dont le suspect est un ressortissant ; d) l'État dont les victimes sont des ressortissants (article 10 bis : Plainte d'un État, paragraphe 1, Variante 2).

Des propositions ont également été faites pour que la Cour ne puisse être saisie que si tous ces États à la fois ont déclaré accepter la compétence de la Cour.

Il faut signaler également la présence d'une disposition autorisant tout État partie à la Convention de 1948 sur le génocide à déposer devant la Cour une plainte concernant des faits de génocide (article 10 bis, paragraphe 1, Variante 1).

Enfin, la Conférence devra déterminer si la Cour aura le pouvoir de solliciter la coopération d'un État non partie au statut concerné par les actes mentionnés dans les plaintes qui lui auraient été soumises. Un certain nombre de dispositions offrent en effet cette possibilité à la Cour, l'État non partie pouvant alors par une déclaration expresse déposée auprès du greffe de la Cour accepter que celle-ci exerce sa compétence en ce qui concerne les actes spécifiés dans cette même déclaration ([article 7 : Conditions préalables à l'exercice de la compétence, paragraphe 4).

C. RÔLE DU PROCUREUR ET DES VICTIMES

La Commission du droit international proposait dans son projet de statut que la Cour soit dotée d'une "compétence propre" en matière de génocide lui permettant d'agir "sans que l'acceptation ou le consentement d'aucun État partie soit nécessaire"[313].

Cette notion de compétence propre (ou de compétence automatique ou inhérente) de la Cour continue de figurer dans le projet de statut, notamment à travers les propositions autorisant le parquet (ou le procureur) à saisir d'office la Cour (article 6 : [Exercice de la compétence de la Cour], paragraphe 1. [c]) ou d'ouvrir une information sur la base des renseignements obtenus des gouvernements, des organes des Nations Unies, des organisations gouvernementales et non gouvernementales et des victimes elles-mêmes ou de leurs représentants ([article 10 ter : Le procureur)[314].

Il faut signaler cependant que, sur le modèle des dispositions retenues dans les statuts des deux Tribunaux internationaux, ni la saisine de la Cour par les victimes, directement ou au moyen d'un protocole qui aurait pu être adopté à cet effet, ni la constitution de partie civile ne sont envisagées dans le projet de statut[315].

Par ailleurs, les dispositions relatives aux pouvoirs propres du parquet sont elles-mêmes très controversées, même si des progrès semblent avoir été accomplis dans ce sens lors du dernier Comité préparatoire de New York, à l'issue duquel deux articles consacrés au procureur ont été introduits sous la partie II du projet de statut[316].

L'article [10 quater prévoit notamment la possibilité pour le procureur de traiter les informations fiables, concernant la commission d'un crime visé par l'article 5, qui lui seraient transmises (paragraphe premier). Cet article prévoit également que le procureur pourra, dès les premiers stades de la procédure, demander un complément d'information aux États, aux différentes organisations internationales et aux victimes elles-mêmes ou recueillir des témoignages écrits ou oraux.

Si le procureur conclut à l'issue de ce premier examen qu'il y a une base raisonnable à l'engagement des poursuites, celui-ci devra, précise l'article, présenter une demande d'autorisation en ce sens à la Chambre préliminaire, seule compétente pour autoriser l'ouverture de l'enquête à proprement parler et engager les poursuites (paragraphe 2).

Cet article prévoit également la possibilité pour les victimes d'adresser des "représentations" à la Chambre préliminaire (paragraphe premier).

IV. ORGANISATION DE LA PROCÉDURE PÉNALE (COMPOSITION DE LA COUR)

Il existe deux grands modèles d'inspiration en matière d'organisation du procès et de la procédure pénale : un modèle anglo-saxon, dit de *common law*, et de type accusatoire et un modèle continental, de tradition romano-germanique, et de type inquisitoire. Ces modèles diffèrent assez profondément dans leur conception de l'équilibre du procès pénal et dans la place qu'ils accordent à l'accusation, à la défense et à la victime dans la conduite du procès[317].

Si les deux Tribunaux pénaux internationaux se sont en grande partie inspirés du modèle anglo-saxon, il est vraisemblable que le statut de la Cour criminelle internationale tentera de définir dans ce domaine une solution de compromis.

L'institution d'un nouvel organe, la Chambre préliminaire, a été proposée. Elle serait placée entre le parquet et la Chambre de jugement de première instance (article 29 : Organes de la Cour, point b)[318]. L'institution de cet organe permettrait, d'une part, de satisfaire les pays de tradition juridique continentale, d'autre part, de contrebalancer les pouvoirs du procureur. Il permettrait surtout que les droits de la défense mais aussi ceux des victimes soient mieux pris en charge dès la phase d'enquête et d'instruction.

Le parquet continuerait comme c'est le cas devant les Tribunaux pénaux internationaux, de conduire les enquêtes et de soutenir l'accusation (article 36 : Le Bureau du procureur, paragraphe premier).

La Chambre préliminaire aurait pour fonction de contrôler la légalité des actions du procureur ([article 50 : Fonctions de la Chambre préliminaire dans le cadre de l'information). Elle pourrait dans ce cadre prendre toutes mesures nécessaires pour assurer l'efficacité et l'intégrité de la procédure et protéger les droits de la défense (idem, paragraphe premier). Elle serait notamment l'organe compétent pour décider de la recevabilité des éléments de preuve (idem, paragraphe 2 (e) et 3) et de l'engagement des poursuites (article 51 : Engagement des poursuites, paragraphe 2). Dans ce cadre, elle serait compétente pour examiner les exceptions d'irrecevabilité ou d'incompétence formulées avant confirmation de la mise en accusation (article 12 : Contestation de la compétence de la Cour ou de la recevabilité d'une affaire, paragraphe 4). Elle serait enfin compétente pour émettre les mandats d'arrestation (article 52 : Arrestation).

Ces propositions relatives à l'institution d'une Chambre préliminaire devraient, si elles étaient retenues par la Conférence de Rome, avoir par elles-mêmes des conséquences sur l'organisation du procès proprement dit, dans la mesure où les principaux éléments du dossier d'accusation pourraient être préalablement soumis, dès la phase d'enquête et d'instruction, au principe du contradictoire.

Mais les points de vue divergent sur l'étendue des pouvoirs respectifs de la Chambre préliminaire et du procureur et le projet de statut ne permet pas de déterminer avec clarté où se situera le point d'équilibre entre ces deux organes.

Une formation collégiale pourrait être également mise en place au niveau du parquet, qui serait composée d'un procureur et de plusieurs procureurs-adjoints (article 36 : Le Bureau du procureur, paragraphe 2)[319].

V. STATUT DES VICTIMES DEVANT LA COUR

Paradoxalement, alors que la Cour aura à se pencher sur le cas de personnes qui auront été les victimes de crimes de génocide, de crimes de guerre ou de crimes contre l'humanité, et alors que l'on se trouve face à une procédure qui relève du domaine du droit pénal international, les victimes apparaissent comme les "parents pauvres" des différents projets de statut élaborés jusqu'ici.

Ceci s'explique par le fait, d'une part, que les rédacteurs et les négociateurs se sont en premier lieu concentrés sur la question du rôle des États ou du Conseil de sécurité face à la Cour et les mécanismes propres à garantir le respect des droits de la défense dans une procédure essentiellement accusatoire, d'autre part, par le fait que la Cour a été le plus souvent conçue comme un organe international appelé à gérer des relations entre États et devant, à ce titre, être régi par les règles strictes du droit international public[320] en vertu desquelles l'individu se voit difficilement reconnaître des droits ou des prérogatives.

A. PARTICIPATION DES VICTIMES Á LA PROCÉDURE

Les victimes ou leurs ayants droits ne peuvent pas, ainsi que nous l'avons vu plus haut, se constituer partie civile devant la Cour ni déposer directement une requête auprès de celle-ci. D'une manière plus générale, c'est la reconnaissance du droit des victimes à obtenir la défense propre de leurs intérêts qui fait encore débat.

Certaines propositions tendent toutefois à créer, sur le modèle de ce qui existe devant les Tribunaux pénaux internationaux, une Division d'aide aux victimes et aux témoins qui serait placée près du Greffe de la Cour[321] et qui serait "chargée de conseiller et d'aider les victimes, les témoins, les membres de leur famille et les autres personnes pouvant courir un danger du fait des dépositions de ces témoins et d'informer les organes de la Cour des mesures appropriées de protection et d'autres questions ayant trait aux droits et au bien-être de ces personnes" (article 37 : Le Greffe, paragraphe [4)[322].

D'autres propositions ont été émises lors du dernier Comité préparatoire pour qu'un organe semblable soit également créé auprès du Bureau du procureur (article 37, paragraphe 4, note 24). Elles n'ont toutefois pas été intégrées explicitement dans le projet de statut.

La plupart des dispositions relatives à la participation des victimes dans le procès lui-même restent également entre crochets dans le projet de statut. C'est le cas notamment de l'article 61 intitulé : Protection [et participation au procès] [de l'accusé,] des victimes et des témoins.

Cet article indique notamment que "la Cour peut permettre que les vues et préoccupations des victimes soient exposées et examinées à des stades appropriés de la procédure" (paragraphe 4), propose la création d'un "Groupe d'assistance aux victimes et aux témoins chargé de fournir des conseils et d'autres formes d'assistance, ainsi que des avis au procureur et à la Cour sur les mesures appropriées de protection et autres questions ayant trait aux droits des victimes et des témoins" (paragraphe [5]). Il précise encore que "les règles de procédure doivent comprendre des dispositions donnant effet à la Déclaration des Nations Unies sur les principes fondamentaux de justice relatifs aux victimes de la criminalité et aux victimes d'abus de pouvoir" (paragraphe [5])[323].

Enfin, il faut signaler que le projet de statut ne reprend pas non plus la formule de l'Amicus curiae prévue devant les deux Tribunaux internationaux[324]. Cette procédure qui permet à tout État, organisation ou personne de faire un exposé devant les Chambres de première instance, avait parfois été perçue comme un moyen de compenser l'absence de constitution de partie civile devant ces deux Tribunaux.

B. RÉPARATION EN FAVEUR DES VICTIMES

On ne parle plus dans le document de New York d'indemnisation mais de réparation en faveur des victimes (article 66 : Réparation en faveur des victimes, paragraphe premier) et les propositions permettant à la Cour d'infliger des amendes aux personnes déclarées coupables (article 68 : Peines applicables, point [b) ou de confisquer des avoirs, qui seraient versés sur un fonds destiné à l'indemnisation des victimes ([article 72 : Amendes perçues][et avoirs confisqués] par la Cour), restent entre crochets.

La Cour pourrait toutefois avoir la possibilité d'établir les principes relatifs aux formes de réparation à accorder aux victimes (article 66, paragraphe 1).

Nous pouvons noter, en conclusion, que des éléments importants du projet de statut restent donc, comme nous l'avons vu, en suspens. Le texte qui sera examiné lors de la Conférence de Rome aura avancé sur un certain nombre de points, mais il est à prévoir que les dispositions fondamentales du projet relatives notamment au pouvoir de la Cour de procéder à une première information des affaires, de sa propre initiative, sur la base des renseignements qui lui seront directement transmis, ne seront adoptées qu'à la fin de la Conférence. Certains États pourront hésiter à s'engager face à un organe susceptible d'intervenir dans des domaines aussi sensibles que celui du droit des conflits armés et, plus généralement, des droits de l'homme. Il faut cependant insister sur le bon avancement des travaux, ainsi que sur l'engagement d'un pays membre de l'Union européenne à accueillir le siège de la future Cour. Ces éléments nous laissent espérer que la Conférence de Rome pourra mener à bien sa mission et aboutir à la création d'un organe aussi équilibré et efficace que possible.

Conclusion :

D'UNE JURIDICTION EN SUSPENS À DES DROITS DE VICTIMES EN POINTILLÉS ...

L'analyse et les interrogations de Dominique Jacques ont trouvé nombre de réponses à Rome : Marie Luce Pavia, Alain Ottan parmi d'autres ont veillé, à travers la préparation de la Conférence et les débats, sur cet espoir d'une juridiction adaptée, héritière de l'expérience des Tribunaux internationaux ad hoc et effective contre l'impunité.

La coordination internationale des ONG pour la création d'une telle juridiction a souligné simultanément la joie associée à cette création en juillet 1998 et les indéniables lacunes du système enfin institué.

Un commentaire général n'avait pas sa place dans le présent ouvrage. La Cour justifie une approche approfondie et distincte.

En revanche, l'une des préoccupations majeures de JSF, s'agissant des droits de victimes, a trouvé dans le statut un renforcement significatif par rapport aux prévisions des deux Tribunaux ad hoc.

Trois articles fondent une visibilité certes encore

embryonnaire mais incontournable de ceux qui peuplent trop de livres noirs ou blancs d'une peine en mal de justice.

Le premier reflète la protection déjà renforcée devant les tribunaux internationaux ad hoc de victimes, jusqu'alors assimilées à des témoins de leur propre souffrance :

Article 68 "Protection et participation au procès des victimes et des témoins.

...La Cour prend les mesures propres à protéger la sécurité, le bien-être physique et psychologique, la dignité et le respect de la vie privée des victimes et des témoins. Ce faisant, elle tient compte de tous les facteurs pertinents, notamment l'âge, le sexe tel que défini à l'article 2, paragraphe 3, et l'état de santé, ainsi que la nature du crime, en particulier, mais pas exclusivement, lorsque celui-ci s'accompagne de violences à caractère sexuel, de violences à motivation sexiste au sens de l'article 7, paragraphe 3, ou de violences contre des enfants. Le procureur prend ces mesures en particulier au stade de l'enquête et des poursuites. Ces mesures ne doivent être ni préjudiciables ni contraires aux droits de la défense et aux exigences d'un procès équitable et impartial.

2. Par exception au principe de la publicité des débats énoncé à l'article 67, les Chambres de la Cour peuvent, pour protéger les victimes et les témoins ou un accusé, ordonner le huis clos pour une partie quelconque de la procédure ou permettre que les dépositions soient recueillies par des moyens électroniques ou autres moyens spéciaux. Ces mesures sont appliquées en particulier à l'égard d'une victime de violences sexuelles ou d'un enfant qui est victime ou témoin, à moins que la Cour n'en décide autrement compte tenu de toutes les circonstances, en particulier des vues de la victime ou du témoin.

4. La Division d'aide aux victimes et aux témoins peut conseiller le procureur et la Cour sur les mesures de protection, les dispositions de sécurité et les activités de conseil et d'aide visées à l'article 43, paragraphe 6. Lorsque la divulgation d'éléments de preuve et de renseignements en vertu du présent statut risque de mettre gravement en danger un témoin ou les membres de sa famille, le procureur peut, dans toute procédure engagée avant l'ouverture du procès, s'abstenir de divulguer ces éléments de preuve ou renseignements et en présenter un résumé. De telles

mesures doivent être appliquées d'une manière qui n'est ni préjudiciable ni contraire aux droits de la défense et aux exigences d'un procès équitable et impartial. (...)"

L'article 68 adjoint toutefois à cette protection déjà prônée devant les juridictions internationales, une possibilité de représentation des victimes :

"3. Lorsque les intérêts personnels des victimes sont concernés, la cour permet que leurs vues et préoccupations soient exposées et examinées, à des stades de la procédure qu'elle estime appropriés et d'une manière qui n'est ni préjudiciable ni contraire aux droits de la défense et aux exigences d'un procès équitable et impartial. Ces vues et préoccupations peuvent être exposées par les représentants légaux des victimes lorsque la Cour l'estime approprié, conformément au Règlement de procédure et de preuve."

La révolution est d'importance : outre qu'elle traduit une alliance au droit anglo-saxon, qui inspire la majeure partie du statut de quelques règles du droit continental, et spécialement une initiative française, elle renoue avec le souci de doter les victimes d'un statut à part entière.

JSF a souhaité, en son temps, l'institution d'un représentant permanent des victimes, investi de prérogatives équivalentes à celles du procureur, et tourné vers une démarche distincte de celle de l'accusation[325]. Cette proposition n'a pas été retenue en tant que telle, pourtant le principe de réparation souvent demeuré lettre morte jusqu'à présent, en l'absence d'instance susceptible d'en assurer le respect, se trouve enfin inscrit en parallèle de la sanction pénale.

Article 75 du statut :

"Réparation en faveur des victimes.

La Cour établit des principes applicables aux formes de réparation, telles que la restitution, l'indemnisation ou la réhabilitation, à accorder aux victimes ou à leurs ayants droit. Sur cette base, la Cour peut, sur demande, ou de son propre chef dans des circonstances exceptionnelles, déterminer dans sa décision l'ampleur du dommage, de la perte ou du préjudice causé aux victimes ou à leurs ayants droit, en indiquant les principes sur lesquels elle fonde sa décision.

2. La Cour peut rendre contre une personne condamnée une ordonnance indiquant la réparation qu'il convient d'accorder aux victimes ou à leurs ayants droit. Cette réparation peut prendre notamment la forme de la restitution, de l'indemnisation ou de la réhabilitation. Le cas échéant, la Cour peut décider que l'indemnité accordée à titre de réparation est versée par l'intermédiaire du Fonds visé à l'article 79.

3. Avant de rendre une ordonnance en vertu du présent article, la cour peut solliciter, et prend en considération, les observations de la personne condamnée, des victimes, des autres personnes intéressées ou des États intéressés, et les observations formulées au nom de ces personnes ou de ces États. (...)

6. Les dispositions du présent article s'entendent sans préjudice des droits que le droit interne ou le droit international reconnaissent aux victimes. "

Un cumul possible entre réparation nationale et internationale a déjà été théoriquement admis à travers la commission internationale de réparations de victimes de la guerre Irak/Koweït par exemple. Le droit international offre la référence protectrice la plus élevée : encore reste-t-il à définir les moyens de la politique de réparation de la Cour.

En ce sens l'article 79 du statut prévoit un fonds spécial.

Article 79

"Fonds au profit des victimes.

1. Un fonds est créé, sur décision de l'Assemblée des États parties, au profit des victimes de crimes relevant de la compétence de la Cour et de leurs familles.

La Cour peut ordonner que le produit des amendes et des biens confisqués soit versé au fonds.

Le fonds est géré selon les principes fixés par l'Assemblée des États parties".

La réalité recouverte par ces choix dépendra des orientations qui restent à déterminer par les États parties, au même titre que le Règlement de procédure. Des précédents existent, qu'il s'agisse des modalités de réparation résultant de l'accord de Dayton ou du

Fonds des Nations Unies pour les victimes de la torture. La justice internationale ressemble à ces statues à peine arrachées au rêve de pierre d'un sculpteur. Elles ignorent tout du nom des oiseaux, des jardins, des nuages, des passants, qui leur donneront leur couleur définitive. La Cour doit prendre sa place particulière dans les relations internationales autant que dans le droit international ou la vie des citoyens de demain.

Annexe

UN TRIBUNAL AD HOC JUSQU'AU BOUT DE L'EXIGENCE : L'ACTE D'ACCUSATION DU PRESIDENT MILOSEVIC

Le TPI pour l'ex-Yougoslavie a considéré avoir réuni suffisamment d'éléments à l'encontre du président de la République fédérale de Yougoslavie, s'agissant de l'engagement de sa responsabilité pénale dans la commission d'un certain nombre de crimes commis à l'encontre des Kosovars. Un premier communiqué de presse en témoigne.

The Hague, 27 May 1999

JL/PIU/404-E

STATEMENT BY JUSTICE LOUISE ARBOUR, PROSECUTOR ICTY

On May 22, I presented an indictment for confirmation against

Slobodan Milosevic and four others charging them with crimes against humanity -specifically murder, deportation and persecutions, and with violations of the laws and customs of war. The indictment was confirmed by a Judge of this Tribunal on May 24. The indictment was the subject of a non-disclosure order which expired at noon today. I sought this order on the basis of security considerations, in particular for the UN humanitarian mission which left the former Yugoslavia this morning.

The following accused are jointly indicted :

- *SLOBODAN MILOSEVIC, President of the Federal Republic of Yugoslavia,*
- *MILAN MILUTINOVIC, President of the Republic of Serbia,*
- *NIKOLA SAINOVIC, Deputy Prime Minister of the Federal Republic of Yugoslavia,*
- *DRAGOLJUB OJDANIC, Chief of the General Staff of the Armed Forces of the Federal Republic of Yugoslavia, and*
- *VLAJKO STOJILJKOVIC, Minister of Internal Affairs of the Republic of Serbia.*

Arrests warrants have been issued against all five accused and are being served on all Member States of the United Nations and Switzerland. The warrants are accompanied by a court order requesting all States to search for and freeze any and all assets of the accused under their jurisdiction. This order was sought to prevent foreign assets being used for the purpose of evading justice, and to permit effective restitution to be made upon conviction. These provisional measures are granted without prejudice to the rights of third parties.

This indictment is the product of intense efforts by a large number of people in my Office. It does not represent the totality of the charges that may result from our continuing investigations of these accused, nor does it represent our final determination of the responsibility of others in relation to the same events. The present indictment is based exclusively on crimes committed since the beginning of 1999 in Kosovo. We are continuing to develop an evidentiary base upon which I believe we will be able to expand upon the present charges. We are still actively investigating other incidents in Kosovo, as well as the role of the accused, or of some of them, in Croatia and Bosnia in earlier years. We are also still investigating the role and responsibility of others into the crimes contained in this indictment.

Although this broad investigation is on-going, we had reached a point, at the end of last week where, in my view, we had sufficient evidence of these very serious offences committed by these accused to require us to bring these charges at this stage. As usual, this indictment was the subject of thorough scrutiny within the Office of the Prosecutor before being submitted to a Judge for confirmation. In order to have the indictment confirmed, the Prosecutor must present a prima facie case. In his decision confirming the indictment, Judge David Hunt said :
"A prima facie case on any particular charge exists in this situation where the material facts pleaded in the indictment constitute a credible case which would (if not contradicted by the accused) be a sufficient basis to convict him of that charge."

We have received, and we are continuing to receive valuable information from governments, as well as from groups and individuals. We are still awaiting further evidence that I believe many States will be able to contribute to our larger investigation. I repeat my pressing call to them to come forward and be responsive to our outstanding and future Requests for Assistance in relation to evidence in their possession.

I also call upon all States to comply with the execution of these, and all outstanding arrests warrants issued by the Tribunal. These warrants are issued under the authority of a Security Council resolution, which requires all States to comply with the orders of the Tribunal. I call in particular on the authorities of the Federal Republic of Yugoslavia, and especially on the Minister of Justice, to stand up for the Rule of Law, and to request that all the accused voluntarily submit to the jurisdiction of the Tribunal, or, should they fail to do so, to provide for their arrest and transfer to The Hague.

I have been stressing for several months now our commitment to functioning as a real time law enforcement operation. I believe that it is an extraordinary achievement, by any law enforcement standard, for us to have brought to successful confirmation, an indictment against the five accused, for crimes of this magnitude committed since the beginning of this year. This has been achieved in less than five months, under the demanding requirements of the Tribunal's Rules of Procedure and Evidence, which compel the production to a Judge of detailed supporting materials to substantiate the charges. The supporting materials, which contain witness statements and relevant documents, which were filed with the Registry, will not be disclosed until the accused appear to answer the charges.

Finally, I am mindful of the impact that this indictment may have on the peace process in the Federal Republic of Yugoslavia. I am confident, as was obviously the Security Council in creating this Tribunal and in calling upon it several times in the last year to address this issue, that the product of our work will make a major contribution to a lasting peace, not only in Kosovo, but in the whole region in which we have jurisdiction. No credible, lasting peace can be built upon impunity and injustice. The refusal to bring war criminals to account would be an affront to those who obey the law, and a betrayal of those who rely on it for their life and security.

Although the accused are entitled to the benefit of the presumption of innocence until they are convicted, the evidence upon which this indictment was confirmed raises serious questions ,about their suitability to be the guarantors of any deal, let alone a peace agreement. They have not been rendered less suitable by the indictment. The indictment has simply exposed their unsuitability.

An independent review by a Judge of this Tribunal has confirmed that there is a credible basis to believe that these accused are criminally responsible for the deportation of 740 000 Kosovo Albanians from Kosovo, and for the murder of over 340 identified Kosovo Albanians. The victims were entitled to expect protection from each one of these accused.

This indictment is directed against the five named accused. It is not directed against the State of the Federal Republic of Yugoslavia, nor against its people. Whatever the differences amongst the citizens of the FRY, and the differences they may have with other nations, I believe that they will expect their leaders who have abused their trust, to come to The Hague to respond to these accusations.

Ce texte n'a pas de valeur officielle. Il traduit néanmoins, de façon exemplaire, le poids et peut-être demain, le prix, de la mise en accusation publique.

M. Milosevic avait antérieurement demandé publiquement à se voir conférer une immunité. L'expérience de Dayton pouvait lui laisser entrevoir un prolongement diplomatique... Les précédents restent rares. L'AFP a diffusé sur internet le 28 mai 1999 une liste des chefs d'État déjà poursuivis ou jugés dans le monde :

GRÈCE : Le général Georges Papadopoulos, qui a imposé une dictature à la Grèce de 1967 à 1974, a été condamné à la peine de mort (commuée en une peine de prison à vie) pour "haute trahison" en 1975 à Athènes.
ROUMANIE : Le président Nicolae Ceaucescu, au pouvoir depuis 1965, est renversé par un soulèvement populaire et exécuté après un jugement expéditif sur ordre d'un tribunal militaire exceptionnel en décembre 1989.
BANGLADESH : L'ex-président Hussain Mohammad Ershad, chassé du pouvoir en 1990 par un soulèvement populaire, a été condamné à 13 ans de prison pour corruption lors de deux procès en 1990 et 1992. Il a été libéré en 1997 après six ans en détention.
CORÉE DU SUD : L'ancien président Chun Doo-Hwan et l'ancien général Roh Tae-Woo, qui lui avait succédé à la tête de l'État, ont été arrêtés en 1993. En 1996, Chun Doo-Hwan a été condamné à mort pour une mutinerie militaire en 1979 et pour le massacre de manifestants en 1980 (Kwangju). Roh Tae-Woo a été condamné à 22 ans de prison pour son rôle clef dans la mutinerie. Leur peine a été commuée et ils ont été amnistiés fin 1997.

CAMBODGE : Pol Pot, ancien numéro un khmer rouge au pouvoir de 1975 à 1979, a été condamné en août 1979 à la peine de mort par contumace pour "génocide" contre le peuple cambodgien par le Tribunal populaire révolutionnaire de Phnom Penh après la prise de la capitale cambodgienne par les Vietnamiens. La sentence resta sans effet.

NIGÉRIA : L'ancien, et tout nouveau, chef de l'État Olusegun Obasanjo (1976-1979), a été condamné à la prison à vie en juillet 1995 pour tentative de coup d'État. Sa peine a été commuée à 15 ans de prison et il a été libéré le 15 juin dernier.

CENTRAFRIQUE : L'ex-empereur Jean Bedel Bokassa, au pouvoir de 1965 à 1979, a été condamné à mort en juin 1987 pour avoir notamment ordonné le massacre d'enfants. Il a été remis en liberté en 1993, trois ans avant sa mort.

CAMEROUN : L'ancien président Ahmadou Ahidjo a été condamné à mort par contumace en février 1984 pour complot contre le président Paul Biya, auquel il avait remis volontairement le pouvoir en novembre 1982. Sa condamnation avait été commuée en réclusion à perpétuité. Il est décédé en 1989.

MALI : Le président Moussa Traoré, renversé en 1991 après 23 ans au pouvoir, a été condamné à mort en janvier dernier pour "crimes économiques". Il avait déjà été condamné à mort en 1993 pour "crimes de sang", mais sa peine avait été commuée en détention à perpétuité en 1997.

ÉTHIOPIE : Le président Mengistu Haïle Mariam (1974-1991) est actuellement jugé par contumace, accusé d'être responsable de la mort de dizaines de milliers d'opposants. Il vit en exil au Zimbabwe.

ARGENTINE : Les chefs de la junte (1976-1983), le général Jorge Videla, l'amiral Emilio Massera et le général Roberto Viola, ont été condamnés en 1985 par le Tribunal fédéral de Buenos Aires à la réclusion à perpétuité pour les deux premiers, à 17 ans de détention pour le troisième. Ils ont été graciés en 1990.

CHILI : Le général Augusto Pinochet, chef de l'État de 1973 à 1990, est assigné à résidence depuis octobre 1998 en Grande-Bretagne à la suite d'une demande d'extradition formulée par un juge espagnol qui l'accuse de 72 cas de torture.

ÉQUATEUR : Le président Abdala Bucaram (populiste), au pouvoir depuis 1996, destitué pour corruption en 1997, a été

condamné par contumace à deux ans de prison pour diffamation en 1998.
VÉNÉZUELA : Le président Carlos Andres Perez, au pouvoir de 1974 à 1979 puis de 1989 à 1993, a été condamné en 1996 à deux ans et quatre mois d'assignation à résidence pour malversation.

L'exemplarité devra donc être au rendez-vous, non seulement de la poursuite, mais surtout du processus au terme duquel les responsables visés par l'acte d'accusation seront en mesure de comparaître devant le TPI et d'assurer leur défense.

Notes

1. Marie-Luce Pavia : note sous la décision rendue le 8 novembre 1994 par le TPI pour l'ex-Yougoslavie, in : "La Gazette du Palais", 3-4/02, 1995, pp 2-8.
2. Le premier mémoire a été coordonné par Marie-Luce Pavia, Professeur à l'Université Montpellier I et vice-présidente de JSF, avec la collaboration de Hervé Ascensio, Allocataire-moniteur à l'Université de Paris X-Nanterre, Xavier Dhonte, Bâtonnier, Avocat au Barreau de Lille, Philippe Expert, Avocat au Barreau de Nîmes, Alain Ottan, Avocat au Barreau de Montpellier, Alain Pellet, Professeur à l'Université de Paris X-Nanterre et à l'IEP de Paris, Membre de la Commission du Droit international des Nations Unies et Isabelle Prat, Docteur en droit international. Le deuxième mémoire a été rédigé par Alain Pellet, en collaboration avec Hervé Ascencio et en liaison avec Marie-Luce Pavia, présidente de JSF. Le troisième mémoire a été rédigé par Alain Pellet, président de la Commission du Droit International des Nations Unies, en collaboration avec Marie-Luce Pavia, présidente de JSF et Hervé Ascencio. Ces mémoires sont publiés dans "La Lettre de JSF ", n° 9, 1995, n° 12, 1997 et n° 13 1998. Ils comportent de nombreuses références d'articles, de chroniques, de jurisprudences et d'ouvrages, qui ont été réduites dans le cadre de chapitre. Mais pour en savoir plus, JSF les tient à la disposition des lecteurs. www;juristessansfrontières;org
3. Benoît Vendermaesen : "À propos du Tribunal pénal international de La Haye : Procès Tadic, le jugement", in "La Lettre de JSF", n°12, 1997, pp2-9.
4. Voir Drazen PETROVIC, "Ethnic Cleansing - An Attempt at Methodology",

Journal européen de droit international, vol.5, 1994/3, pp.342-359, et les définitions données par Tadeusz Mazowiecki, rapporteur spécial de la Commission des droits de l'homme des Nations Unies, in UN Doc.A/47/666 et S/24809 du 17 novembre 1992, ainsi que par la Commission d'experts nommée par le Conseil de sécurité, Premier rapport intérimaire du 10 février 1993, UN Doc. S/25274.

5. Il s'agit des actes d'accusation confirmés le 25 juillet 1995 et le 16 novembre 1995 qui ont été joints dans le cadre de la procédure dite "article 61".
6. Le jugement de première instance a été rendu le 7 mai 1997 et l'accusé reconnu coupable. L'affaire est actuellement pendante en appel.
7. Pour l'ensemble : dépositions de James Gow, du 6 mai au 13 mai 1996, et de Paul Garde, des 27-28 juin 1996, ainsi que les documents présentés par ces mêmes experts en audience publique.
8. Déposition Paul Garde, audience du 28 juin 1996, reprise dans la décision "Article 61" du 11 juillet 1996, p.26.
9. Vidéo et transcript présentés en audience publique dans l'affaire Tadic et l'affaire Karadzic-Mladic, également cité dans la décision "Article 61", p.24.
10. Pièce à conviction n°30 dans l'affaire Karadzic-Mladic, également cité dans la décision "Article 61", p.23.
11. Décision du 11 juillet 1996, pp.25-27, et pièces à convictions citées.
12. Affaire Karadzic-Mladic, pièces à conviction n°5 et 28 et déposition de John Ralston, enquêteur du Tribunal.
13. Décision du 11 juillet 1996, §51, pièce à conviction n°47.
14. Audience du 20 mai 1996.
15. Audiences des 22 et 23 mai 1996.
16. Audiences des 23-24 mai 1996.
17. Jugement du 7 mai 1997 dans l'affaire Tadic, §99.
18. Veljko Kadijevic, My View of the Break-up, An Army Without a State, Belgrade, 1993, p.61, cité dans la décision du 11 juillet 1996, §53.
19. Cité dans l'affaire n°IT-95-13-R61, Mrksic, Radic et Sljivancanin, Examen de l'acte d'accusation dans le cadre de l'article 61, 3 avril 1996, §35.
20. Décision du 11 juillet 1996, §§54-55.
21. Déposition de Tarik Kupusovic, ancien maire de Sarajevo, du 1er juillet 1996.
22. C'est dans cette ville que vivait l'accusé Dusko Tadic, qui aurait facilité l'intervention en lançant des fusées éclairantes pour signaler les habitations non-serbes.
23. Document vidéo présenté par James Gow et témoignage de Jenko Doko, à l'époque ministre de la défense de la République de Bosnie-Herzégovine, du 6 juin 1996 dans l'affaire Tadic également.
24. Cf. déposition de Paul Garde, citée dans la décision du 11 juillet 1996, §48.
25. Pièces à conviction n°16 et 17 dans l'affaire Karadzic-Mladic, cité dans la décision, p.27.
26. Cité dans la décision du 11 juillet 1996, §54.
27. Audiences du 20 au 22 mai 1996. Face à une objection de la défense relative à l'objectivité d'un tel témoignage à la fois général et relatif à des faits spécifiques, la Chambre a décidé de recueillir la déposition en demandant

systématiquement au témoin-expert de préciser ses sources.

28. Voir le jugement du 7 mai 1997 dans l'affaire Tadic, §§134-153.
29. Décision du 11 juillet 1996, §§16-17.
30. Témoignage de Muharem Nesirevic.
31. Pour les conclusions quant à la responsabilité de Dusko Tadic, voir le jugement du 7 mai 1997, passim, tout en sachant que ce jugement fait l'objet d'une procédure d'appel.
32. Témoignage de Suljeman Besic, audience du 21 juin 1996, rapportant notamment des massacres (en partie à huis clos). Voir le jugement du 7 mai 1997 dans l'affaire Tadic, §§172-178.
33. Déposition de John Ralston dans l'affaire Karadzic-Mladic, audience du 28 juin 1996, et décision du 11 juillet 1996, §13.
34. Cité dans la décision du 11 juillet 1996, p.36.
35. L'identité du témoin a été tenue secrète et il a été isolé de la partie publique de la salle par un paravent lors de l'audience des 4 et 5 juillet 1996.
36. Drazen Erdemovic plaidait coupable et avait accepté de témoigner dans l'affaire Karadzic-Mladic, audience du 5 juillet 1996. Il a été condamné le 29 novembre 1996 par la Chambre de première instance I à 10 ans d'emprisonnement, jugement infirmé en appel le 7 octobre 1997 ; un second procès est en cours.
37. Pour l'ensemble, cf. décision "article 61", §§21-41.
38. Cité dans la décision "article 61", §39.
39. Dusko Tadic était accusé de viols dans le camp d'Omarska. Mais les chefs d'accusation y étant relatifs ont été retirés par le procureur le jour de l'ouverture du procès, la victime-témoin ayant eu peur de témoigner même couverte par l'anonymat.
40. Audience du 2 juillet 1996 et décision du 11 juillet, §13.
41. Déposition de l' « amicus curiae » Christine Cleiren, audience du 2 juillet 1996.
42. Décision du 11 juillet 1996, §94. Voir, pour une analyse plus détaillée, le chapitre 4.
43. Déposition de Tarik Kupusovic, ancien maire de Sarajevo, audience du 1er juillet 1996, et décision du 11 juillet 1996, §19.
44. Décision du 11 juillet 1996, §18.
45. Déposition du capitaine Rechner, audiences des 2 et 3 juillet 1996, et décision "article 61", §20.
46. Déposition du Dr. Kaiser, audience du 2 juillet 1996, et décision "article 61", §17.
47. Alain Pellet : "Tribunal pour l'ex-Yougoslavie", in Revue générale de droit public, 1994.
48. Article 3 du statut du Tribunal pénal international
49. Décision de la Chambre de première instance du 11 juillet 1996, Affaire Karadzic et Mladic
50. Affaire Vukovar Hospital
51. Affaire Nikolic
52. Paul Garde, audience du 28 juin 1996
53. Décision de la Chambre de première instance du 11 juillet 1996, Affaire

Karadzic et Mladic

54. Juan José Quintina, "Répression des infractions au droit international humanitaire", in Revue internationale de la Croix-Rouge, mars 1994.
55. Philippe Weckel : "L'institution d'un tribunal international pour la répression des crimes de droit humanitaire en Yougoslavie", in Annuaire français de droit international, 1993, Edition du CNRS, Paris.
56. Article 9 du Règlement du Tribunal pénal international.
57. Philippe Weckel, op. cit.
58. Dusko Tadic.
59. Philippe Weckel, op. cit.
60. Radovan Karadzic, président de l'administration serbe bosniaque à Pale.
61. Ratko Mladic, Commandant militaire des forces armées serbes bosniaques.
62. Mico Stanisic, ancien ministre des Affaires intérieures de l'administration des serbes bosniaques à Pale.
63. Philippe Weckel, op. cit.
64. Drazen Erdemovic.
65. Population civile de Srebrenica et de ses environs en juillet 1995.
66. Statut du Tribunal, article premier.
67. Chacune des quatre Conventions de Genève prévoit cette obligation pour l'État : Ière Convention, article 49 ; IIème Convention, art. 50 ; IIIème Convention, art. 129 ; IVème Convention, art. 146 ; Protocole I, art. 85.
68. Convention pour la prévention et la répression du crime de génocide, New York, 1948, (article 6) ; Convention sur l'apartheid, 1973 (article V).
69. Les premier et deuxième Principes de Nuremberg, soumis à l'Assemblée générale des Nations Unies en 1950, prévoient la responsabilité des personnes commettant un crime selon le droit international, alors même que le droit interne ne sanctionnerait pas l'acte commis.
70. Résolution 827 CS (25 mai 1993).
71. Chambre de première instance I, 29 novembre 1996, Drazen Erdemovic, Jugement portant condamnation, IT-96-22-T, p 24 et s.
72. Que l'on pense précisément au génocide des Arméniens, aux Cambodgiens laissés aux mains des Khmers rouges ou à la politique indonésienne au Timor Oriental.
73. Philippe Weckel, op. cit. parle d'un "travail d'inquisition sur la conscience collective du peuple de l'ex-Yougoslavie" de la part du Tribunal.
74. "Oustachis" : appellation donnée aux combattants nationalistes croates de la seconde guerre mondiale. "Tchetniks" : appellation donnée aux résistants royalistes serbes durant la seconde guerre mondiale.
75. Op. cit., note 5.
76. Rapport annuel du TPIY à l'AG et au CS, A/49/342, S/1994/1007, 29 août 1994, & 11 à 16, in op cit note 6, p 25.
77. Th. Meron affirme ainsi la valeur de message de chaque condamnation : "No matter how many atrocities cases these international tribunals may eventually try, their very existence sends a powerful message.", in "International criminalization of internal atrocities", AJIL(89), 1995/3, pp. 554-577.
78. Par exemple, l'affaire Erdemovic, IT-96-22.

79. Par exemple, les affaires Karadzic et Mladic, IT-95-5 et IT-95-18.
80. Article 7-2 du statut du Tribunal.
81. Cf. Affaire du Haut Commandement devant le Tribunal militaire de Nuremberg, où cette hypothèse a finalement été rejetée : "L'autorité administrative et militaire d'un supérieur et sa responsabilité pénale sont liées mais ne coïncident d'aucune manière (...). Il doit exister un manquement personnel".
82. Article IX de l'annexe 1A de l'accord de Dayton, réaffirmé par le Conseil de sécurité dans sa résolution 1034 du 21 décembre 1995.
83. Si ce n'est pour Ratko Mladic dont la présence sur les lieux des crimes de masse est confirmée par des témoins directs.
84. Op cit note 6.
85. Il faut noter cependant que faute de preuve (témoignage ou expertise), la Chambre ne retiendra pas ces éléments comme motifs de diminution de peine. Cf. p. 48 du Jugement portant condamnation.
86. Interventions de S. J. Lepper et du Professeur Blaskeley, faisant référence au Code de justice militaire des États-Unis, in ASIL Proceedings 1994, pp 248, 254.
87. Op Cit p 9, § 18.
88. ASIL Proceedings 1994, p 248, 252 et 255.
89. Miljenko Jergovic : « Le jardinier de Sarajevo », Nil Editions, 1994.
90. Les citations en anglais ont été systématiquement traduites.
91. Page 86 et s.
92. Près de trente ans plus tard, Charles Rousseau, dans son "Droit des conflits armés" constate avec la jurisprudence de la cour d'appel de Kiel le 26/3/1947 : "La guerre de 1939 était contraire au droit international parce qu'elle violait le Pacte Kellog de 1928, le traité de non agression germano-polonais et d'autres engagements internationaux. Mais il a toujours été reconnu dans la littérature du droit international que même une guerre illégale reste une guerre au sens du droit international et produit toutes les conséquences d'une guerre... Une guerre illégale reste soumise aux lois de la guerre en dépit de la rupture des obligations internationales."
93. Ni la France ni la Grande-Bretagne n'avaient invoqué un état de guerre en intervenant militairement (Canal de Suez). La Cour américaine du district du Maryland, statuant sur des intérêts privés, retient le discours fait par le président Nasser à son peuple, incluant le terme "guerre", pour considérer qu'il y a eu guerre.
94. Le président avait annoncé au cours d'une émission radio : "Nous sommes en guerre." Il avait proclamé le 9 septembre "l'état de guerre existe". L'Inde considérait que la Charte des Nations Unies prohibait toute déclaration de guerre licite, tout en condamnant par ailleurs les actes d'arraisonnement de navire opérés par le Pakistan ... et rapidement imités par elle. Le jugement arbitral du professeur Pierre Alive a conclu en décembre 1967 qu'il n'y avait pas eu état de guerre au sens du droit international, déniant aux propos du président Ayub Khan le caractère d'une déclaration de guerre et à sa proclamation le pouvoir d'instituer un état de guerre. Il ajoutait que l'existence de l'état de guerre ne devait pas se déduire à la légère ni se

présumer entre États membres des Nations Unies.

95. La Cour fédérale du district du Massachussetts en a repris la teneur : "Une déclaration de guerre a plus qu'une signification symbolique... elle exprime dans les termes les plus extrêmes la position de belligérant à l'encontre d'un ennemi. Au Vietnam, il est au moins plausible de conclure que nos troupes ne sont pas engagées dans un combat contre un ennemi des États-Unis mais participent à la défense d'un État contre l'agression d'un autre. Une déclaration de guerre produirait des conséquences qu'aucune juridiction ne peut anticiper. Une déclaration de guerre affecte les traités des États-Unis, ses obligations envers des organisations internationales et nombre d'accords publics ou privés. Il serait regrettable de franchir un pas qui emporte symboliquement et pratiquement d'incalculables conséquences."
96. Revue générale de droit international public, 1996, p. 101 et s.
97. Elle n'a d'ailleurs été formelle que pour trois d'entre eux qui l'avaient demandée.
98. Parce que virtuel dans l'un de ses aspects ou dans l'exercice de ses relations internationales (Association Internationale du Congo en 1884, Népal en 1923, Indonésie en 1945).
99. Mandchoukouo sous occupation japonaise en 1931, Slovaquie sous pression hitlérienne le 14/5/1939 et Croatie sous influence mussolinienne le 10/4/1941...
100. De plus en plus fréquemment implicite dans les années 1970, cette reconnaissance a pris un nouveau sens avec la participation des Nations Unies à la mise en place et la surveillance de processus électoraux.
101. Toujours d'actualité, les derniers événements au Burundi en témoignent.
102. Le Danemark a de la sorte dénié toute validité au traité relatif au Groenland négocié directement pas son ambassadeur (9/4/1941), lequel, bien que révoqué par le Danemark occupé le 14/4/1941, fut considéré comme unique représentant du Danemark libre par les États-Unis. L'Irak refusant d'accréditer tout représentant du Koweït, à l'occasion de l'entrée de cet État à l'ONU le 19/6/1961.
103. Voir "Suicide d'une Nation en ex-Yougoslavie", in : reportage de la BBC et texte de Laurent Joffrin publié par Les Mille et une Nuits.
104. In : « Les Zones de Sécurité », Pédone, 1995.
105. Mais en saisissant les "propriétés ennemies" sur leurs territoires.
106. De Ghandi en Inde à l'opposition serbe à Belgrade.
107. Dimitri Nicolaïdis : "La guerre civile entre histoire et mémoire – enquêtes". Colloque d'octobre 1994 publié par le Centre de recherches sur l'histoire du monde et Atlantique, Ouest Éditions.
108. Sophie Wahnich dans colloque précité note 107.
109. Enric Urlay da Cal dans colloque précité note 107.
110. Pour un regard rétrospectif sur les violences de guerre, voir John Keegan : « Histoire de la Guerre », notamment les développements consacrés aux stratégies des "cavaliers" p 268 et s. Interrogé sur le plus doux plaisir dans la vie, Gengis Khan, prince parmi les cavaliers aurait répondu, en écartant la fauconnerie, qui était citée par sa cour : "Le plus grand bonheur de l'Homme est de poursuivre et de vaincre son ennemi, de s'emparer de tous ses biens,

de laisser ses épouses gémissantes et en pleurs, de monter son cheval et d'user du corps de ses femmes comme d'un vêtement de nuit et d'un support."

111. Dans le prolongement de la guerre Iran-Irak.
112. Joe Verhoeven : "La Reconnaissance Internationale dans la pratique contemporaine", Pédone, 1975, p. 221 et s.
113. La violation de cette règle par le sous-marin allemand qui avait coulé en 1916 un paquebot américain « Lusitania » pendant la première guerre mondiale avait créé une émotion internationale – Recueil de sentences arbitrales volume VII p 34/37.
114. Résolutions des 18/12/1967, 2330 XXII et 14/12/1974, 3314, XXIX de l'Assemblée générale des Nations Unies.
115. Parmi les critères de cette distinction, l'article cite naturellement le sexe.
116. Effet de la reconnaissance de l'état de belligérance par les tiers, y compris les Organisations internationales, sur le statut juridique des conflits armés à caractère non international.
117. "Le droit de la guerre et des conflits armés d'un caractère non international" Pédone, 1958, pp. 105-110.
118. Au 31/12/1994, 185 États ont ratifié les Conventions de Genève ; 135 le Protocole I ; 125 le Protocole II.
119. À 4 dans la division ; 5 à 6 dans les armées ; 30 dans la cour militaire.
120. Arménie et Kurdistan.
121. Lorsqu'elles ne symbolisent pas le prix de la participation aux guerres de libération des empires coloniaux au cours de la deuxième guerre mondiale.
122. Convention du 3/11/1973 contre l'apartheid, prolongeant les résolutions ci-dessous.
123. Résolution 1514 (XV) de l'Assemblée générale proclamant le 14/12/1960 le droit de tous les peuples "à la pleine liberté, à l'exercice de leur souveraineté et à l'intégrité de leur territoire national" (dite Déclaration sur l'octroi de l'Indépendance aux pays et aux peuples coloniaux), la résolution 2625 (XXV) du 24/10/1970 dite Déclaration relative aux principes du droit international touchant les relations amicales et la coopération entre les États conformément à la charte des Nations Unies (article 1 §1/préambule, article 55, article 73 et 76) énonçant que "la création d'un État souverain et indépendant, la libre association ou l'intégration avec un État indépendant, l'acquisition de tout autre statut politique librement décidé par un peuple, constituent pour ce peuple des moyens d'exercer son droit".
124. Revista di diritto internazionale, 1974, p 195.
125. Voir auteur cité en page 1 du présent article p 322.
126. Académie Universelle des Cultures, "La Fabrication des Frontières", extrait de "Intervenir : Droits de la personne et raisons d'État", Grasset, 1993, p. 318.
127. Extrait Revue Générale de Droit Public publiée par Pédone en 1993.
128. CIJ, affaire Détroit de Corfou,- Rec. 1949, p. 22 : "Considérations élémentaires d'humanité". Egalement, affaire du Nicaragua, Rec 1986 p. 14 § 220.
129. Depuis la résolution 2444 de l'Assemblée générale des Nations Unies

relative au respect des droits de l'homme en période de conflit armé (A/RES/ 23 du 19/12/1968) en passant par la résolution 207 du 23/12/1994 (A/RES/49) sur l'Afghanistan où l'Assemblée générale se déclare guidée "par les principes énoncés dans la charte des Nations Unies, la Déclaration Universelle des droits de l'homme, les Pactes internationaux relatifs aux droits de l'homme et les normes humanitaires que consacrent les Conventions de Genève du 12/8/1949 et les protocoles de 1977", jusqu' à la déclaration de Turku créant un ensemble humanitaire pour les conflits ne relevant ni du protocole I ni du protocole II (résolution 1995/29).

130. Cité par Toni Pfanner, in : « Le Droit face aux crises Humanitaires »; cf. : volume I : « De l'efficacité dans les conflits armés " , Commission Européenne, 1995, p. 221.
131. Sur les concepts éthiques, voir "Souffrance oblige" et "Cas d'extrême nécessité" - Colloque précité.
132. Voir note précédente p. 240.
133. Article 2 §§ 3 et 4 : "Les membres règlent leurs différends internationaux par des moyens pacifiques... Ils s'abstiennent, dans leurs relations internationales, de recourir à la menace ou à l'emploi de la Force".
134. L'absence de contrôle territorial par les "rebelles" aurait exclu, stricto sensu, l'application du protocole II – voir Adama Dieng – La mise en œuvre du Droit Humanitaire – les infractions et les sanctions ou quand la pratique désavoue les textes – voir ouvrage cité en note 41 – p 339.
135. Umesh Palwankar, Mesures auxquelles peuvent recourir les États pour renforcer l'obligation de faire respecter le droit humanitaire, RICR janvier 1994 n° 805 p 11, cité par Adama Dieng, p 359 : "Le droit international humanitaire part de la prémisse que tout conflit armé entraine des souffrances humaines et entreprend de développer un ensemble de règles destinées précisément à alléger ces souffrances. Il serait logiquement et juridiquement indéfendable de déduire que ce même droit autorise le recours à la force armée y compris dans les cas extrêmes".
136. Maréchal Keitle, Amiral Doenitz.
137. Des observateurs prophétisent la fin des guerres territoriales, au nom de ces mêmes partenariats. Cf. Bertrand Badie : "La fin des territoires", Fayard, 1995.
138. Willy Lubin : « Pour une responsabilité de l'ONU en cas de violation des droits de l'homme au cours des opérations de maintien de la Paix » – Commission Internationale des Juristes n° 52, 1994, p 54.
139. Résolue par le Conseil de Sécurité à la faveur de la politique de la "chaise vide" menée par l'ex-URSS en 1950.
140. « La France et l'ONU depuis 1945 », Collection Panoramiques, 1995.
141. Parmi les nombreuses réactions, voir : Commandant Franchet : "Un casque bleu pour rien", JC Lattès, 1995 et de Zlatko Dizdarevic et Gigi Riva : "J'accuse l'ONU", Calman Levy, 1995.
142. Voir commissions d'enquête sur Srebrenica.
143. Max Gounelle : « La motivation des actes juridictionnels en droit international public », Pédone, 1979.
144. Voir TPI 10/8/1995, décision sur la compétence, § 16.

145. Voir note ci-dessus, § 19.
146. Décision du 10/8/1995 sur les demandes du procureur relatives à la protection des victimes, §§ 18,19 23.
147. Voir note 52, § 48 et s.
148. Voir note 55, § 80 et s.
149. Même si l'« amicus curiae » des États-Unis établissait l'émergence de tendances novatrices mais "minoritaires" sur ce point.
150. Voir note 55, § 73.
151. Voir note 55.
152. Décision du 2/10/1995, § 66.
153. Article 6.
154. Mettre en cause l'impartialité du Tribunal, la cause des bosno-serbes étant en quelque sorte entendue par avance...
155. Le Général Adzic a proclamé l'état de guerre de la République Fédérale de Yougoslavie dès le 2/7/1991.
156. Engagement de la Croatian Army, de la Yugoslav National Army (JNA), de forces rebelles serbes et croates.
157. Soit au plus tard le 5/12/1991, lors de la démission du dernier président collégial (croate) Stipe Mesic. L'« amicus curiae » des États-Unis a également soutenu ce point de vue.
158. Sauf à distinguer plusieurs phases dans l'engagement de Karadzic et Mladic.
159. Ce type d'accord avait déjà été conclu entre les parties au conflit au Salvador en 1988.
160. "Eu égards à l'autorité, unanimement reconnue, de la compétence et de l'impartialité du CICR, aussi bien qu'à sa mission statutaire pour promouvoir et contrôler le respect du droit international humanitaire, il est inconcevable que, même s'il avait subsisté le moindre doute quant à la nature du conflit, le CIRC ait soutenu et avalisé un accord contraire aux dispositions fondamentales des Conventions de Genève. La conclusion corrélative est que le CICR a considéré les conflits régis par cet accord comme internes."
161. Voir note 7, § 128.
162. Voir note 55, § 72.
163. Idem, § 74.
164. Résolutions 752 du 15/5/1992 ; 757 du 30/5/1992 ; 779 du 6/10/1992 et 787 du 16/11/1992.
165. Voir § 26 de la décision.
166. Le TPI date les opérations militaires de l'indépendance de la Bosnie-Herzégovine, § 88.
167. Voir note 73, § 88 et 89.
168. À Brcko, ou à Mostar, et dans les esprits....
169. Françoise Bouchet-Saulnier et Frédéric Lafont : « Maudits soient les yeux fermés », p.3, cité dans le bulletin n°2 (22 janvier 1996) du TPI.
170. Cité par Claude Lombois : « Droit pénal international », 2ème éd., Dalloz, 1979, p.97. Les développements consacrés par cet auteur à la question du "justiciable du droit des infractions internationales" sont essentiels pour le présent chapitre.
171. Vespasien Pella : « La criminalité collective des États et le droit pénal de

l'avenir », Paris & Bucarest, 1926, p 360.

172. Article 19, § 2, du projet. Voir notamment pour l'ensemble de la question Marina Spinedi : « Les crimes internationaux de l'État » dans les travaux de codification de la responsabilité des États entrepris par les Nations Unies, Publication de l'I.U.E., Fiesole, 1984, et J.H.H. Weiler, A. Cassese, M. Spinedi eds : « International Crimes of State », Berlin-New-York, 1989.

173. Patrick Daillier, Alain Pellet et Nguyen Quoc Dinh : « Droit international public », 5ème éd., L.G.D.J., 1994, pp.625-636.

174. Elle notait cependant au § 606 : "Certes, il est possible, sur la base ou malgré les éléments de preuve offerts, de considérer les actes de la JNA et du gouvernement de la République fédérale de Yougoslavie (Serbie-Monténégro) le 19 mai 1992 ou vers cette date comme rien de plus qu'une création cynique et intentionnelle des facteurs objectifs nécessaires afin de se distancer de la responsabilité juridique directe pour les actes des forces armées de la Republika Srpska, tout en faisant leur possible pour assurer que les facteurs matériels et politiques étaient maintenus en place."

175. IT/32/Rev.8, version du 23 avril 1996.

176. Prosecutor's Final Submission, 28 mars 1996, p.15, cité et traduit dans la décision de la Chambre de première instance I du 3 avril 1996, p.18.

177. Voir l'analyse de Rafaëlle Maison, à propos de l'article 61 mis en œuvre dans l'affaire Nikolic, in "La décision de la Chambre de première instance n.I du Tribunal pénal international pour l'ex-Yougoslavie dans l'affaire Nikolic", Journal européen de Droit international., 1996, n°2.

178. Voir chapitre 1, "Le traitement des faits".

179. Allocution d'ouverture de M. Grant Niemann au procès Tadic, transcription du 7 mai 1996, p.8. Traduction non-officielle de l'anglais.

180. Voir supra, chapitre 1.

181. Cf. décision de la Chambre d'accusation de la Cour d'appel de Lyon du 8 juillet 1983 dans l'affaire Barbie : les crimes imputés au prévenu "ne relèvent pas seulement du droit pénal interne français, mais encore d'un ordre répressif international".

182. Procès des grands criminels de guerre devant le tribunal militaire international, textes officiels en langue française, tome I, Documents officiels, Nuremberg, 1947, p.235 ; cité in Case No. IT-94-1-AR72, Dusko Tadic, Decision on the Defence Motion for Interlocutory Appeal on Jurisdiction, 2 octobre 1995, §128.

183. Voir la définition intégrale à l'article 6.c du statut du Tribunal.

184. Voir la définition donnée par la Cour de Cassation française, Chambre criminelle, dans l'affaire Barbie, décision du 20 décembre 1985 : "Le crime contre l'humanité se définit par la volonté de nier dans un individu l'idée même d'humanité par des traitements inhumains (...) ou des persécutions pour des motifs raciaux ou religieux, ces traitements et persécutions étant exercés contre des populations civiles et cette volonté s'exerçant dans le cadre d'une politique étatique délibérée tendant à cette fin ; que le caractère systématique de cette volonté résultant de cette insertion dans une telle politique permet de le distinguer du crime de guerre et de caractériser l'intention coupable de son auteur par la connaissance qu'il peut avoir de la

circonstance qu'il s'en fait l'agent volontaire." (Gazette du Palais, 8 mai 1986, p.26). Voir également la définition de l'article 212-1 du nouveau code pénal français.

185. Voir Chérif Bassiouni : « Crimes Against Humanity in International Criminal Law », Nijhoff, Dordrecht, 1992, p. 820.
186. La C.I.J. a admis sa compétence par sa décision du 16 juillet 1996, où elle affirme notamment que la Convention sur le génocide "n'exclut aucune forme de responsabilité d'État".
187. Les deux premiers cas connus concernent justement la purification ethnique en Bosnie et se sont soldés par un échec en France, arrêt du 24 novembre 1994 de la Chambre d'accusation de la Cour d'appel de Paris, et un succès au Danemark, jugement du 25 novembre 1994 de la Haute Cour danoise. Voir Claude Lombois : "De la compassion territoriale", Revue de sciences criminelles et de droit pénal comparé, 1995, n°2, avril-juin, pp.399-403 ; Rafaëlle Maison : "Les premiers cas d'application des dispositions pénales des Conventions de Genève par les juridictions internes", Journal européen de Droit international, vol.6, 1995/2, pp.260-273. Par ailleurs, certaines conventions relatives à la protection internationale des droits de l'homme prévoient la poursuite par les juridictions nationales d'infractions comme la torture, avec un critère de rattachement territorial ou de nationalité de l'auteur ou de la victime.
188. Pour une présentation autorisée, voir James Crawford, "The ILC Adopts a Statute for an International Criminal Court", American Journal of International Law, vol.89, 1995/2, pp.404-416. Voir également l'analyse critique de Alain Pellet, "Quelle Cour criminelle internationale ?", Lettre de JSF, n°11, déc.1996, pp.2-5. www.juristessansfrontieres.org
189. Sur les travaux préparatoires, voir Christopher Keith Hall, "The First Two Sessions of the UN Preparatory Committee on the Establishment of an International Criminal Court", A.J.I.L., vol.91, 1997/1, pp.177-187.
190. Jugement de Nuremberg, op.cit. note (13), p.235.
191. Décision "article 61", §83. Voir également les dépositions et les images-vidéo présentées comme pièces à conviction.
192. Décision "article 61", §84.
193. Les S.S., la Gestapo, le S.D. (service de sûreté de Himmler), le corps des chefs du parti nazi.
194. Décision "article 61", §85.
195. Jugement de Nuremberg, op.cit. note 13, p.236.
196. Voir Chapitre V, "La politique des poursuites".
197. Jugement du 7 mai 1997, §653
198. Déposition de M. Ralston, audience du 28 juin 1996.
199. Audience du 5 juillet 1996.
200. Affaire n°IT-96-22-T, Procureur c/ Drazen Erdemovic, jugement du 29 novembre 1996, §14.
201. Ibid., §17.
202. Affaire n°IT-96-22-A, Procureur c/ Drazen Erdemovic, arrêt du 7 octobre 1997.
203. Voir chapitre I sur la purification ethnique.

204. Jugement du 7 mai 1997, § 656.
205. 11/7/1996, § 41, p 19.
206. Un acte d'accusation portant sur un accusé fait l'objet d'une ordonnance de non divulgation (voir B).
207. Cependant, ainsi que le rappelle Pierre Vidal Naquet, préfaçant la traduction de l'ouvrage de Christopher Browning "Des hommes ordinaires ", en invoquant le "Discours de la servitude volontaire" de La Boetie : "Aucun tyran ne peut se passer de collaborateurs et de collaborateurs nombreux" situés dans une "zone grise" qui sépare les hommes ordinaires des bourreaux... »
208. Affaires Jelisic et Cesic, Milijlovic et autres/bosanski Samac, Sikirica et autres/Keraterm.
209. Affaire Kordic et autres.
210. Affaire Delalic, Music, Delic, Landzo.
211. Ce qui souligne le pouvoir autonome du TPIY.
212. Levée des mesures de protection du témoin "L" par le procureur le 5/12/1996 et ordonnance, le 10/12/1996, de la 2ème chambre de 1ère instance du Tribunal chargeant l'accusation d'enquêter sur le faux témoignage de Dragan Opacic dans l'affaire Tadic.
213. § 9 à 12 de la résolution 1034 sur la coopération de toutes les Parties avec le Tribunal pour préserver et rassembler les éléments de preuve... Article IX de l'accord de Dayton- Constitution de la Bosnie-Herzégovine.
214. Plus de 15 conventions internationales listées par l'appendice 1 de son article II, intégrant la Convention Européenne des droits de l'homme et ses protocoles additionnels-Annexe précitée.
215. Voir Truth and Reconciliation – Obstacles and Opportunities for Human Rights – par Daan Bronkhorst – Edition Amnesty International 1995 ; sur la quarantaine de pays objets de commissions d'enquêtes nationales entre 1974 et 1995 : Afrique du Sud (1995), Albanie (1992, Allemagne (1992-1995), Argentine (1983-1985), Bangladesh (1971), Bolivie (1990-1991), Brésil (1992), Bulgarie (1992), Burundi (1993), Chili (1990-1991-1992), Ethiopie (1992), Ghana (1993-1994), Guatemala (1995), Guinée (1985), Honduras (1994), Israël (1982-1983), Malawi (1994), Mexique (1992), Nicaragua (1992), Niger (1992-1993), Ouganda (1974, 1986-1994), Philippines (1986-1987), Pologne (1992), Salvador (1992,1992-1993), Sri Lanka (1991-1994), Soudan (1992-1994), Tchad (1991-1992), Tchécoslovaquie (1991), Thaïlande (1992), Togo (1992), Uruguay (1985), Zimbabwe (1993). Une faible minorité a débouché sur l'analyse des cas individuels (7 : Albanie, Allemagne, Argentine, Brésil, Chili, Salvador, Tchad). Une autre minorité a désigné les responsables (5 : Hondura, Israel, Pologne, Salvador et Tchad).
216. Note 30 du mémorandum US, p. 15 : "Depuis le début de 1994, les États-Unis ont participé au groupe de contact des États conduisant les négociations. Depuis le commencement de ce processus, les États-Unis ont clairement indiqué que la Paix n'interfèrera pas avec la compétence du Tribunal ". Voir : "Les déclarations de Madeleine Korbel Albright " – dans "Bosnie à la lumière de l'Holocaust" – Département d'État des États-Unis Bulletin 209 (1994). L'ambassadeur des États-Unis auprès des Nations

Unies affirmait l'opposition des États-Unis à l'Amnistie et soulignait que le Tribunal "est essentiel – et non pas contraire – à une réconciliation nationale". Warren Christopher interviewé, par le Boston Sunday Globe le 7 novembre 1993, sur les crimes de Guerre : "Le Tribunal opposera la justice à ceux qui refusent la Paix". Le Secrétaire d'État y relevait avec insistance que le Tribunal "traduira en justice les criminels de guerre, quels qu'ils soient et où qu'ils se trouvent... sans la justice, le processus de guérison ne peut commencer". Anthony Lewis, s'exprimant auprès du New York Times du 3 Novembre 1993 – lequel titrait : "La maison Blanche est inflexible sur la poursuite des crimes de guerre dans les Balkans – Les États-Unis ont "éliminé toutes les pressions tendant à accorder l'immunité"...

217. Monopole du pouvoir judiciaire confié à la CIJ pour trancher des différends entre États : absence de prévision expresse par la Charte des Nations Unies de la faculté pour le Conseil de sécurité de créer une juridiction, absence de révision de la charte.

218. Les "pressions" exercées pour obtenir que Karadzic et Mladic soient officiellement écartés, au cours du dernier trimestre 1996, des postes clés dans la "République Serbe de Bosnie" s'apparentent à la Realpolitic qui a laissé mourir en ex-Yougoslavie et ailleurs. Elles ne renforcent en aucune façon la confiance qui devrait être accordée, en soi, à un acte de droit international.

219. Onze magistrats : 1 Américain, 1 Australien, 1 Canadienne, 1 Chinois, 1 Costaricain, 1 Egyptien, 1 Français, 1 Malais, 1 Pakistanais, 1 Russe, outre le président italien. Le bureau du procureur a été dirigé successivement par un procureur sud-africain puis par un procureur canadien.

220. Nouvelles ouvertures du droit d'appel par exemple.

221. Jusqu'à garantir l'anonymat dans des hypothèses examinées au cas par cas (réinstallation éventuelle dans un autre pays que celui de sa nationalité avec changement d'identité. "Le tribunal international a en conséquence décidé, en préparant ses règles de procédure, de prendre en compte les aspects les plus aigus des conflits armés en ex-Yougoslavie . Parmi ceux-ci, se dégage le fait que les exactions commises dans la région ont répandu la terreur et l'angoisse au sein de la population civile..." Les juges redoutaient que beaucoup de victimes et de témoins d'atrocités se voient empêchés de témoigner ...ou ne soient inquiétés, à raison des éventuelles conséquences négatives que leur témoignage pourrait produire.

222. Retard apporté à l'adoption des lois d'adaptation de leur droit national ou au financement du TPI.

223. Mise à disposition d'un "manuel" qui sert de guide au tribunal pour aider les participants à ses travaux, spécialement les défenseurs et brochure d'aide aux victimes.

224. S/1996/665, 16/8/1996.

225. L'expression est de Primo Levi.

226. Voir une approche intéressante, in : "Les individus dans la politique internationale" (sous la direction de Michel Girard), Economica, 1994.

227. Le rapport analyse spécialement les éditoriaux du journal Le Monde. Certains membres de JSF, sont d'autant plus conscients de ce passage du

"scepticisme" au "soutien" qu'ils ont, avec d'autres, rendu compte aux journalistes de l'action du Tribunal sur le terrain.

228. L'acte d'accusation relatif à Vukovar amène le procureur à conclure : "Sljivancanin... et ses officiers... ont choisi d'utiliser le meurtre comme arme de guerre de l'armée Yougoslave. Le 20/11/1991, ce sont eux qui ont créé le précédent d'un massacre collectif qui a été répété encore et encore ces quatre dernières années en Croatie comme en Bosnie. Ces hommes au moment où les faits se produisent... sont fiers, arrogants... mais il est difficile d'imaginer de quoi ils sont fiers. Ils ne combattent pas vaillamment sur le champ de bataille... ce ne sont... des lâches qui ont choisi les personnes vulnérables et sans défense comme victimes. Ce sont les actes de criminels..."
229. Telford Taylor : "Procureur à Nuremberg", Le Seuil, 1996.
230. Cité par Alain Pellet et Hervé Ascencio dans leur remarquable article intitulé "L'activité du Tribunal pénal international pour l'ex-Yougoslavie" (1993-1995) Annuaire Français de droit international XLI 1995 – Editions du CNRS Paris.
231. Cette appréciation prête sérieusement à discussion. Mais il demeure exact, bien que paradoxal, qu'aucune convention pénale internationale proprement dite n'incrimine encore expressément, et en tant que telle, la guerre d'agression, qui est par ailleurs dûment "interdite". Le crime d'agression figure en revanche nommément dans le dernier avant projet de la Commission du Droit international relatif à la création d'une Cour pénale internationale.
232. Le reportage sur l'ex-Yougoslavie ou le « Suicide d'une Nation » permet d'identifier les ferments des crimes perpétrés depuis lors dès 1987.
233. C'est le cas de Milosevic.
234. On pourrait y ajouter les premiers procès nationaux engagés au titre de la dénazification par les juridictions allemandes après Nuremberg.
235. Voir son rapport, p 10 et 49.
236. La faculté de saisine directe de la Cour par le Conseil de sécurité tempère cette "exigence" dont chacun sait qu'elle emprunte au droit de l'extradition et à la faveur dont bénéficient les "nationaux".
237. Les placards de l'histoire comptent nombre de crimes impunis sur lesquels peu d'États sont soucieux de réouvrir leur mémoire.
238. Exception faite de l'ordre donné de couler les survivants.
239. Sur ces différents points, le livre de T. Taylor met particulièrement à jour les stratégies de la défense et les contraintes de l'accusation.
240. Article 18 du Statut.
241. Article 16 du Statut.
242. Article 39 du Règlement de procédure et de preuve.
243. Article 106 du Règlement de procédure et de preuve.
244. Article 105 du Règlement de procédure et de preuve
245. Article 34 du Règlement de procédure et de preuve.
246. Article 22 du Règlement de procédure et de preuve.
247. Article 69 du Règlement de procédure et de preuve.
248. Cas n° IT-96-22-T.
249. Chambre de première instance. Blaskic. IT-95-14-T,5.11.96.

250. En termes de procédure, la signification de "à personne" est la délivrance d'un acte à la personne qui en est la destinataire.

251. Le Tribunal a ainsi rejeté, à l'audience du 5.7.96, la requête des deux avocats choisis par Karadzic, par laquelle ils demandaient à être admis en salle d'audience pour défendre leur client. Le tribunal les a invités à assister aux débats en qualité d'observateur.

252. Didier Marro et Raphaëlle Raison : "Quelle répression internationale pour les crimes commis en ex-Yougoslavie", Gazette du Palais, 17/21 mai 1996, pp. 2-5.

253. Gazette du Palais, 17/21 mai 1996, p. 35.

254. Après les déclarations du président du Tribunal et du procureur début décembre 1997, voir la déclaration du procureur Mme Louise Arbour, à la suite de sa rencontre avec le ministre français des Affaires Etrangères M. Hubert Védrine le 15/12/1997 : "Sur la question de l'arrestation des personnes inculpées et recherchées par le Tribunal, j'ai informé M. Védrine de l'urgence de voir une répétition, dans tous les secteurs de la S-FOR sans distinction, de l'opération menée en juillet dernier à Prijedor par des forces du contingent britannique. J'ai sollicité son appui pour qu'une telle initiative soit lancée".

255. Journaliste, philosophe, et responsable de la Commission médicale d'AISF au moment des interviews.

256. Comme le montre le beau livre du philosophe René Schérer : « Zeus hospitalier, Eloge de l'hospitalité », Armand Collin, 1993.

257. Paul Hazard : « La crise de la conscience européenne, 1680-1715 », cité par René Lourau : « Le principe de subsidiarité contre l'Europe », PUF, 1997, p 216.

258. Cette phase de l'entretien remonte évidemment à la période précédent la chute de Mobutu et la transformation du Zaire en République du Congo.

259. Pour en savoir plus sur la création, l'organisation et la compétence du TPI, on se reportera à Karine Lescure : "Le Tribunal pénal international pour l'ex-Yougoslavie", avec un avant propos de B. Stern, Montchrestien, 1994. Voir également : "Une justice internationale pour l'ex-Yougoslavie - Mode d'emploi du tribunal pénal international de La Haye", L'Harmattan, 1994.

260. Pour en savoir plus sur le Tribunal de Nuremberg, voir : J. Descheemaeker : "Le tribunal militaire International des Grands Criminels de Guerre", Pédone, 1947 avec une préface de Vespasien Pella.

261. Le droit applicable par le TPI trouve sa source dans son statut. Celui-ci dans son article 15, intitulé : "Règlement du Tribunal", énonce : "Les juges du Tribunal international adopteront un Règlement qui régira la phase préalable à l'audience, l'audience et les recours, la recevabilité des preuves, la protection des victimes et des témoins et d'autres questions appropriées." Cet article est très vague et le Règlement de procédure et de preuve est extrêmement important, parce qu'il complète et explicite les dispositions du statut et que ce sont les juges qui le modifie. On retrouve l'importance de ce Règlement dans la note 271 ci-dessous.

262. L'article 29, intitulé : "Coopération et entraide judiciaire", énonce : "1. Les États collaborent avec le Tribunal à la recherche et au jugement des

personnes accusées d'avoir commis des violations graves du droit international humanitaire. 2. Les États répondent sans retard à toute demande d'assistance ou à toute ordonnance émanant d'une Chambre de première instance et concernant, sans s'y limiter : a) l'identification et la recherche des personnes ; b) la réunion des témoignages et la production des preuves ; c) l'expédition des documents ; d) l'arrestation ou la détention des personnes ; e) le transfert ou la traduction de l'accusé devant le Tribunal".

263. L'article 21 intitulé : "Les droits de l'accusé", énonce : "1. Tous sont égaux devant le Tribunal international. 2. Toute personne contre laquelle des accusations sont portées a droit à ce que sa cause soit entendue équitablement et publiquement..."

264. L'article 10 énonce : "1. Toute personne a droit, en pleine égalité, à ce que sa cause soit entendue équitablement et publiquement par un tribunal indépendant et impartial, qui décidera, soit de ses droits et obligations, soit du bien-fondé de toute accusation en matière pénale dirigée contre elle." L'article 14 énonce : "1. Tous sont égaux devant les tribunaux et les cours de justice. Toute personne a droit à ce que sa cause soit entendue équitablement et publiquement par un tribunal compétent, indépendant et impartial, établi par la loi, qui décidera soit du bien-fondé de toute accusation en matière pénale dirigée contre elle, soit des contestations sur ses droits et obligations de caractère civil..."

265. L'article 6 énonce : "1. Toute personne a droit à ce que sa cause soit entendue équitablement, publiquement et dans un délai raisonnable, par un tribunal indépendant et impartial, établi par la loi, qui décidera, soit des contestations sur ses droits et obligations de caractère civil, soit du bien fondé de toute accusation en matière pénale dirigée contre elle."

266. Le TPI est organisé de la manière suivante : – les organes de l'instruction qui procèdent à l'instruction des dossiers, établissent les actes d'accusation et exercent les poursuites. À la tête de ses organes, qui sont indépendants du reste du tribunal, se trouve le procureur assisté d'un procureur adjoint et du Bureau du procureur – le président du Tribunal qui préside toutes les réunions plénières du tribunal, coordonne les travaux des chambres et contrôle les activités du Greffe. L'organe judiciaire est composé de deux Chambres de première instance, la conduite des procédures étant assurée par un président de Chambre et par deux juges. Il existe également une Chambre d'Appel, présidée par le président du TPI assisté de quatre juges. Le Secrétariat du Greffe, qui assure l'administration et les services du tribunal, est un organe commun aux chambres et au procureur. Le Greffier est responsable de l'administration et des services du TPI et il est chargé de toutes les communications émanant du Tribunal ou adressées à celui-ci. Le Greffier est assisté d'un Greffier adjoint et de personnel. Le greffe a également sous sa responsabilité la Division d'aide aux victimes et aux témoins.

267. Nguyen Quoc Dinh, Daillier, Pellet : "Droit international public", 5° Ed., L.G.D.J., 1994, pp. 846-847.

268. Alain Pellet : "Rapport introductif : Peut-on, doit-on contrôler les actions du Conseil de sécurité ?" In : "Le chapitre VII de la charte des Nations Unies."

S.F.D.I., Colloque de Rennes, Pédone, 1995, p. 227.

269. L'article 8, intitulé : "Demande d'information", énonce : "Lorsqu'il apparaît au procureur qu'une information relevant de la compétence un Tribunal fait ou a fait l'objet d'enquêtes ou de poursuites pénales devant une institution judiciaire nationale, il peut demander à l'État dont relève cette institution de lui transmettre toutes les informations pertinentes. L'État transmet sans délai au procureur ces informations, en application du paragraphe 1 de l'article 29 du statut." L'article 9, intitulé : "Requête du procureur aux fins de dessaisissement", énonce : "S'il apparaît au procureur, au vu des enquêtes ou poursuites pénales engagées devant une institution judiciaire nationale comme cela est prévu à l'article 8 ci-dessus, que l'infraction a reçu une qualification de droit commun ; ou la procédure engagée ne serait ni impartiale ni indépendante, viserait à soustraire l'accusé à sa responsabilité pénale internationale ou n'aurait pas été exercée avec diligence ; ou l'objet de la procédure porte sur des faits ou des points de droit qui ont une incidence sur des enquêtes ou des poursuites en cours devant le Tribunal, le procureur peut saisir le Chambre de première instance désignée à cet effet par le président d'une requête aux fins de demander officiellement le dessaisissement de l'institution judiciaire nationale en faveur du Tribunal."

270. Il s'agit d'un principe qui permet de résoudre les conflits positifs de compétence entre les juridictions nationales et internationales, afin de ne pas être jugé deux fois pour la même infraction. Il est consacré par l'article 14 § 7 du Pacte relatif aux droits civils et politiques de 1966 et il constitue une garantie en matière procédurale pour l'individu arrêté ou détenu. Il protège ce dernier de l'injustice qu'aurait le cumul de compétences répressives s'il devait conduire à un cumul de condamnations et de peines.

271. L'article 2, intitulé : "Infractions graves aux Conventions de Genève de 1949", énonce : "Le Tribunal international est habilité à poursuivre les personnes qui commettent ou donnent l'ordre de commettre des infractions graves aux Conventions de Genève du 12 août 1949, à savoir les actes suivants dirigés contre des personnes ou des biens protégés aux termes des dispositions de la Convention de Genève pertinente : L'homicide intentionnel ; La torture ou les traitements inhumains, y compris les expériences biologiques ; Le fait de causer intentionnellement de grandes souffrances ou de porter des atteintes graves à l'intégrité physique ou à la santé ; La destruction et l'appropriation de biens non justifiées par des nécessités militaires et exécutées sur une grande échelle de façon illicite et arbitraire ; Le fait de contraindre un prisonnier de guerre ou un civil de son droit d'être jugé régulièrement et impartialement ; L'expulsion ou le transfert illégal d'un civil ou sa détention illégale ; La prise de civils en otages." - L'article 3, intitulé "Violations des lois ou coutumes de la guerre" énonce : "Le Tribunal international est compétent pour poursuivre les personnes qui commettent des violations des lois ou coutumes de la guerre. Ces violations comprennent, sans y être limitées : L'emploi d'armes toxiques ou d'autres armes conçues pour causer des souffrances inutiles ; La destruction sans motif des villes et des villages ou la dévastation que ne justifient pas des exigences militaires ; L'attaque ou le bombardement, par quelque moyen que

ce soit, de villes, villages, habitations ou bâtiments non défendus ; La saisie, la destruction ou l'endommagement délibéré d'édifices consacrés à la religion, à la bienfaisance et à l'enseignement, aux arts et aux sciences, à des monuments historiques, à des oeuvres d'art et à des oeuvres de caractère scientifique ; Le pillage de biens publics ou privés." - L'article 5, intitulé : "Crimes contre l'humanité", énonce : "Le Tribunal international est habilité à juger les personnes présumées responsables des crimes suivant lorsqu'ils ont été commis au cours d'un conflit armé, de caractère international ou interne, et dirigés contre une population civile quelle qu'elle soit : Assassinat ; Exterminations ; Réduction en esclavage ; Expulsion ; Emprisonnement ; Torture ; Viol ; Persécutions pour des raisons politiques, raciales et religieuses ; Autres actes inhumains."

272. Benoît Vendermaesen, op. Cit., p. 9.

273. Cette peine est exclue conformément aux voeux exprimés par l'Assemblée générale de l'ONU dans sa résolution 44/128 du 15 décembre 1989. En ce qui concerne la détermination des peines, le TPI a recours au droit pénal interne des États et, donc, à la grille générale des peines d'emprisonnement appliquée par les tribunaux de l'ex-Yougoslavie. Quant à l'exécution des peines, elle n'est pas internationale contrairement à la solution retenue à la suite des jugements de Nuremberg. À l'exclusion des États de l'ex-Yougoslavie, ce sont donc tous les États membres des Nations Unies qui sont susceptibles d'exécuter les peines, à condition qu'ils respectent les droits garantis aux personnes privées de liberté selon les termes de l'article 10 du Pacte relatif aux droits civils et politiques de 1966.

274. Première partie du Statut de la Cour, article premier : "Il est institué une Cour criminelle internationale (“la Cour”), qui a le pouvoir de traduire en justice des personnes pour les crimes les plus graves ayant une portée internationale, et qui est complémentaire des juridictions pénales nationales. Sa compétence et son fonctionnement sont régis par les dispositions du présent Statut." (Texte de New York, avril 1998. Voir infra la note 9). La liste de ces crimes les plus graves n'est pas définitivement arrêtée, mais elle devrait inclure le crime de génocide, les crimes de guerre et les crimes contre l'humanité (voir infra la partie consacrée à la compétence matérielle de la Cour).

275. Résolution 52/160 adoptée le 15 décembre 1997 par l'Assemblée générale des Nations Unies.

276. Bulletin international n° 11, 1872.

277. Les Statuts de ces deux tribunaux peuvent être consultés dans le Code français de procédure pénale (Appendice relatif aux crimes de guerre et aux crimes contre l'humanité).

278. Le projet de Statut élaboré par la Commission du droit international se trouve dans le "Rapport de la Commission du droit international sur les travaux de sa quarante-sixième session (2 mai-22 juillet 1994)", Assemblée générale, Documents officiels, Quarante-neuvième session. Supplément n°10 (A/49/10).

279. Les Pays-Bas ont officiellement proposé d'accueillir le siège de la future Cour criminelle internationale.

280. Pour les décisions du Comité préparatoire à sa session du 11 au 21 juillet 1997, voir le document de l'Assemblée générale des Nations Unies A/AC.249/1997/L.5. Pour celles de sa session du 4 au 15 août 1997, voir A/AC.249.1997/L.8/Rev.1. Pour celles de sa session du 1er au 12 décembre 1997, voir A/AC.249/1997/L.9/Rev.1. Pour un compte-rendu détaillé des différents travaux des Comités préparatoires, voir l'article de Christopher Keith Hall, paru dans l'American Journal of International Law, 1998, vol. 92, p. 125 ss. Voir également le commentaire du projet de Statut : "Quelle Cour criminelle internationale ?" présenté en 1996 par Alain Pellet devant la Commission nationale consultative des droits de l'homme et reproduit dans la Lettre de JSF, n° 11, décembre 1996, p. 2 à 5. Des informations peuvent aussi être obtenues en consultant le site Internet de la Coalition internationale pour la création d'une cour criminelle internationale : http://www. igc.apc.org/icc.

281. Assemblée générale des Nations Unies. Comité préparatoire pour la création d'une Cour criminelle internationale (16 mars –3 avril 1998). Rapport de la réunion intersessions tenue du 19 au 30 janvier 1998 à Zutphen (Pays-Bas). A/AC.249/1998/L.13. 4 février 1998 (ci-après, texte de Zutphen).

282. Comité préparatoire pour la création d'une Cour criminelle internationale (16 mars – 3 avril 1998). Projet de Statut de la Cour criminelle internationale. A.AC.249/1998/CRP.7 à 19. Avril 1998 (ci-après, texte de New York).

283. Le projet de Statut a été de nouveau consolidé à l'issue de la réunion de New York. Ce nouveau texte pourra être consulté dans le Rapport du Comité préparatoire pour la création d'une Cour criminelle internationale (Rome-15 juin – 17 juillet 1998) A/CONF.183/2/Add. 1. Cet article a été rédigé à partir des textes de Zutphen et de New York.

284. Première Partie : Institution de la Cour (articles 1 à 4). Deuxième Partie : Compétence, recevabilité et droit applicable (articles 5 à 14). Troisième Partie : Principes généraux du droit pénal (article 15 à 28). Quatrième Partie : Composition et administration de la Cour (article 29 à 43 bis). Cinquième Partie : Enquêtes et poursuites (articles 47 à 54). Sixième Partie : Le procès (articles 55 à 67). Septième Partie : Les peines (articles 68 à 72). Huitième Partie : Recours et révision (articles 73 à 76). Neuvième Partie : Coopération internationale et assistance judiciaire (articles 77 à 84). Dixième Partie : Exécution (articles 85 à 90). Dixième Partie (bis) : Assemblée des États parties. Dixième Partie (ter) : Financement de la Cour. Onzième partie : Clauses finales (articles 91 à 99). Une Annexe contient un projet de résolution relatif à la création d'une Commission préparatoire composée des États qui auront signé la Convention et qui sera chargée de prendre toutes les mesures nécessaires à la création et au fonctionnement de la Cour.

285. Le Règlement de procédure de la Conférence sera l'un des premiers textes à adopter par la Conférence de Rome. Un projet de Règlement a déjà été élaboré. Ses dispositions n'ont cependant pas pu être adoptées lors du dernier Comité préparatoire de New York, les États n'étant pas parvenus à un accord sur la procédure de vote pour l'adoption du Statut (Draft Provisional Rules of Procedure for the United Nations Diplomatic Conference of

Plenipotentiaries on the Establishment of an International Criminal Court, Secrétariat des Nations Unies, 3 février 1998).

286. Les références à des numéros précis d'articles renvoient au texte élaboré à l'issue du Comité préparatoire de New York (voir supra la note 282). Les signes [ ] indiquent que les États ne s'accordent pas sur le contenu de l'article ou sur la formulation proposée (plusieurs formulations peuvent figurer sous un même article).

287. Seuls les États proprement dits sont visés dans les projets de Zutphen et de New York.

288. On s'écarterait ainsi du modèle retenu pour le Statut du Tribunal pénal international pour l'ex-Yougoslavie et du Tribunal pénal international pour le Rwanda dont la mise en œuvre avait nécessité l'adoption, par les Tribunaux eux-mêmes, d'un Règlement de procédure et de preuve extrêmement détaillé reprenant l'ensemble des dispositions contenues dans les deux Statuts.

289. Les Statuts de ces Tribunaux ont été établis par l'accord de Londres du 8 août 1945 entre le gouvernement provisoire de la République française et les gouvernements des États-Unis d'Amérique, du Royaume-Uni de Grande-Bretagne et de l'Irlande du Nord, et de l'Union des Républiques socialistes soviétiques concernant la poursuite et le châtiment des grands criminels de guerre des Puissances européennes de l'Axe et par la charte du Tribunal militaire international pour l'Extrême-Orient, approuvée le 19 janvier 1946 par le Commandant suprême des Forces alliées en Extrême-Orient.

290. Article 19 : Responsabilité des [chefs militaires] [supérieurs hiérarchiques] concernant les actes [des forces placées sous leur commandement] [de leurs subordonnés].

291. L'obligation pour les États parties de reconnaître ou d'exécuter les arrêts de la Cour, notamment ceux concernant la responsabilité pénale des personnes reconnues coupables, doit encore faire l'objet de discussions (article 85 : Obligation générale concernant la reconnaissance et [l'exécution] des arrêts).

292. Le principe de complémentarité, déjà présent dans le projet de la Commission du droit international, est maintenu et affirmé dans le dernier projet de Statut de la Cour (article premier), même si les conditions de sa mise en œuvre ne sont pas encore définitivement arrêtées. Le principe de primauté des Tribunaux pénaux internationaux sur les juridictions nationales et la notion de compétences concurrentes des Tribunaux internationaux et des juridictions nationales (article 9 du Statut du Tribunal international pour l'ex-Yougoslavie et article 8 du Statut du Tribunal international pour le Rwanda) ne sont pas repris dans le projet de Statut de la Cour criminelle internationale.

293. Le refus d'un État se caractériserait de la façon suivante : la procédure d'enquête et de poursuite au niveau national est indûment retardée ; elle est menée d'une manière qui n'est ni indépendante ni impartiale ; elle est engagée dans le but de soustraire en réalité la personne concernée à sa responsabilité pénale. L'incapacité d'un État de mener véritablement l'enquête ou d'engager les poursuites serait caractérisée en cas d'effondrement total ou partiel ou de non-disponibilité du système judiciaire national empêchant l'État de se saisir de l'accusé ou d'obtenir les éléments de

preuve et les témoignages nécessaires pour engager les poursuites. L'article 11 indique par ailleurs que la Cour devra vérifier, avant d'affirmer sa compétence, que la personne n'a pas déjà été jugée pour les mêmes actes faisant l'objet de la plainte, en application du principe non bis in idem (article 13 : Non bis in idem).

294. L'accusé ou le suspect aurait également la possibilité de contester la compétence de la Cour (article 12, § 2, point a).

295. Article 11 bis : Décisions préliminaires concernant la recevabilité. [Article 48 : Information sur les enquêtes ou les poursuites engagées au niveau national]. [Article 49 : Sursis à enquête par le Procureur].

296. Des dispositions protégeant le caractère confidentiel de certaines informations détenues par la Cour pourraient être également adoptées, notamment dans un but de protection des victimes et des témoins. Voir infra la partie consacrée au Statut des victimes devant la Cour.

297. Ils seront vraisemblablement élus par l'Assemblée des États parties. Le procureur et les procureurs-adjoints seraient, quant à eux, élus par les États Parties (article 36 : Le Bureau du Procureur, paragraphe 3), le Président et les Vice-Présidents par les juges (article 32 : La Présidence, paragraphe premier), le greffe par les juges ou par les États Parties (article 37 : Le Greffe, paragraphe 2).

298. Cette appellation est préférée dans le texte de New York à l'appellation plus large qui avait été retenue par la Commission du droit international, laquelle parlait de violations graves des lois et coutumes applicables dans les conflits armés.

299. Voir également sur ce point infra la partie consacrée aux Modalités de saisine de la Cour, Rôle du Conseil de sécurité.

300. Article II de la Convention de 1948 : "Dans la présente Convention, le génocide s'entend de l'un quelconque des actes ci-après, commis dans l'intention de détruire, ou tout ou en partie, un groupe national, ethnique, racial, ou religieux, comme tel : a) meurtre de membres du groupe ; b) atteinte grave à l'intégrité physique ou mentale de membres du groupe ; c) soumission intentionnelle du groupe à des conditions d'existence devant entraîner sa destruction physique totale ou partielle ; d) mesures visant à entraver les naissances au sein du groupe ; e) transfert forcé d'enfants du groupe à un autre groupe". Article III de la Convention : "Sont punis les actes suivants : a) le génocide ; b) l'entente en vue de commettre le génocide ; c) l'incitation directe et publique à commettre le génocide ; d) la tentative de génocide ; e) la complicité dans le génocide".

301. Sont visés dans le projet de Statut : a) le meurtre ; b) l'extermination ; c) la réduction en esclavage ; d) la déportation ou le transfert forcé de population ; e) [la détention ou] [l'emprisonnement] [la privation de liberté] [en violation flagrante des normes juridiques fondamentales] ; f) la torture ; g) le viol ou d'autres sévices sexuels [de gravité comparable] ou la prostitution forcée ; h) la persécution de tout groupe ou de toute collectivité identifiable inspirée par des motifs d'ordre politique, racial, national, ethnique, culturel ou religieux [ou sexuel] [ou d'autres motifs analogues] ; i) les disparitions forcées ; j) d'autres actes inhumains [de caractère analogue] causant [volontairement]

[de grandes souffrances,] des dommages corporels graves ou portant atteinte à la santé physique ou mentale (paragraphe premier de l'article consacré aux crimes contre l'humanité).

302. Essentiellement, crimes de génocide ou crimes de guerre. Les Statuts des deux Tribunaux pénaux internationaux couvrent ces trois types de crimes. L'article 3 du Statut du Tribunal pénal pour le Rwanda donne compétence à ce Tribunal pour juger des crimes contre l'humanité commis "dans le cadre d'une attaque généralisée et systématique dirigée contre une population civile quelle qu'elle soit, en raison de son appartenance nationale, politique, ethnique, raciale ou religieuse". L'article 5 du Statut du Tribunal pénal pour l'ex-Yougoslavie donne, quant à lui, compétence au Tribunal pour juger des crimes contre l'humanité commis "au cours d'un conflit armé, de caractère international ou interne, et dirigés contre une population civile quelle qu'elle soit".

303. Certaines propositions visent à introduire un seuil de gravité à partir duquel la Cour pourrait se déclarer compétente. Les actes commis par des individus isolés ne relèveraient pas de la compétence de la Cour. Ce seuil de gravité a également été proposé pour les crimes de guerre. La Cour n'aurait compétence pour connaître de ces crimes que dans le cas où ils s'inscriraient dans le cadre d'un plan ou d'une politique ou feraient partie de crimes analogues commis sur une grande échelle (dispositions finales 1 et 2 de l'article consacré aux crimes de guerre).

304. "Aux fins du présent Statut, on entend par crimes de guerre : A. Les infractions graves aux Conventions de Genève du 12 août 1949, à savoir l'un quelconque des actes suivants lorsqu'il vise des personnes ou des biens protégés par les dispositions de la Convention de Genève pertinente : a) l'homicide intentionnel ; b) la torture ou les traitements inhumains, y compris les expériences biologiques ; c) le fait de causer intentionnellement de grandes souffrances ou de porter gravement atteinte à l'intégrité physique ou à la santé ; d) la destruction et l'appropriation de biens non justifiés par des nécessités militaires et exécutées sur une grande échelle de façon illicite et arbitraire ; e) le fait de contraindre un prisonnier de guerre ou tout autre personne protégée à servir dans les forces d'une puissance ennemie ; f) le fait de priver intentionnellement un prisonnier ou toute autre personne protégée de son droit d'être jugé régulièrement et impartialement ; g) les déportations ou transferts illégaux ou les détentions illégales ; h) les prises d'otages (Section A de l'article consacré aux crimes de guerre). L'article 2 du Statut du Tribunal pénal international pour l'ex-Yougoslavie consacré aux infractions graves aux Conventions de Genève contient des dispositions semblables.

305. L'article 3 du Statut du Tribunal pénal pour l'ex-Yougoslavie consacré aux violations des lois et coutumes de la guerre réprime les actes suivants : a) l'emploi d'armes toxiques ou d'autres armes conçues pour causer des souffrances inutiles ; b) la destruction sans motif des villes et des villages ou la dévastation que ne justifient pas les exigences militaires ; c) l'attaque ou le bombardement, par quelque moyen que ce soit, de villes, villages, habitations ou bâtiments non défendues ; d) la saisie, la destruction et

l'endommagement délibéré d'édifices consacrés à la religion, à la bienfaisance et à l'enseignement, aux arts et aux sciences, à des monuments historiques, à des œuvres d'art et à des œuvres à caractère scientifique ; e) le pillage de biens publics ou privés. L'article 4 du Statut du Tribunal international pour le Rwanda est consacré aux violations de l'article 3 commun aux Conventions de Genève et du Protocole additionnel II à ces Conventions relatif à la protection des victimes des conflits non-internationaux (8 juin 1977). Il vise les actes suivants : a) les atteintes portées à la vie, à la santé et au bien-être physique ou mental des personnes, en particulier le meurtre, de même que les traitements cruels tels que la torture, les mutilations ou toutes formes de peines corporelles ; b) les punitions collectives ; c) la prise d'otages ; d) les actes de terrorisme ; e) les atteintes à la dignité de la personne, notamment les traitements humiliants et dégradants, le viol, la contrainte à la prostitution et tout attentat à la pudeur ; f) le pillage ; g) les condamnations prononcées et les exécutions effectuées sans un jugement préalable rendu par un tribunal régulièrement constitué, assorti des garanties judiciaires reconnues comme indispensables par les peuples civilisés ; h) la menace de commettre les actes précités.

306. L'article 3 commun aux quatre Conventions de Genève prévoit que les personnes qui ne participent pas directement aux hostilités, y compris les membres des forces armées qui ont déposé les armes et les personnes qui ont été mises hors de combat, seront en toutes circonstances traitées avec humanité, sans aucune distinction de caractère défavorable basée sur la race, la couleur, le sexe, la naissance, la fortune, ou tout autre critère analogue. Il précise qu'à cet effet que sont et demeurent prohibées en tout temps et en tout lieu : a) les atteintes portées à la vie et à l'intégrité corporelle, notamment le meurtre sous toutes ses formes, les mutilations, les traitements cruels, la torture et les supplices ; b) la prise d'otages ; c) les atteintes à la dignité des personnes et tout traitement humiliant et dégradant ; d) les condamnations prononcées et les exécutions exécutées sans un jugement préalable rendu par un tribunal régulièrement constitué et assorti des garanties judiciaires généralement reconnues comme indispensables. Les blessés et les malades doivent être secourus.

307. Il faut rappeler que l'article 5 du Statut du Tribunal pénal pour l'ex-Yougoslavie donne compétence au Tribunal pour juger des crimes contre l'humanité commis au cours d'un conflit armé "de caractère international ou interne". Les principales règles du droit international concernant les conflits armés internes sont contenues dans le Protocole additionnel II aux Conventions de Genève. Certaines de ses dispositions ont été reprises dans l'article 4 du Statut du Tribunal international pour le Rwanda, avec celles de l'article 3 commun aux Conventions de Genève, dont le caractère universel n'est quant à lui pas contesté.

308. Article 6 : [Exercice de la compétence] [Conditions préalables à l'exercice de la compétence. [Article 7 : [Conditions préalables à l'exercice de la compétence]. [Article 8 : Compétence ratione temporis]. [Article 9 : Acceptation de la juridiction de la Cour]. [Article 10 [[Action du] [Rôle du] [Conseil de sécurité] [Lien existant entre le Conseil de sécurité et la Cour

criminelle internationale]. Article 10 bis : Plainte d'un État. [Article 10 ter : Le Procureur. [Article 10 quater : Éléments d'informations présentés au Procureur. Voir également les variantes supplémentaires à ces articles. L'article 8 prévoit dans son paragraphe premier que la Cour ne sera compétente que pour les crimes commis après la date d'entrée en vigueur du Statut. Il faudrait examiner dans quelle mesure cet article est compatible avec les règles d'imprescriptibilité des crimes de guerre et des crimes contre l'humanité définie sur le plan international par la Convention du 26 novembre 1968. D'autres propositions ont toutefois été introduites dans le but de déclarer imprescriptibles le crime de génocide, le crime d'agression et les crimes contre l'humanité, tandis que les crimes de guerre se prescriraient par dix années révolues à compter du jour où le crime a été commis si, dans cet intervalle, il n'a été fait aucun acte de poursuite (article 21 : Prescription, propositions 1 à 4). L'article 8 prévoit également que la Cour ne sera pas compétente envers les crimes relevant de la compétence des Tribunaux pénaux internationaux ad hoc créés par le Conseil de sécurité. Il ajoute que le Conseil de sécurité pourra toutefois en décider autrement (paragraphe [2]).

309. Il semblerait admis que le Conseil de sécurité qui n'a pas de compétence judiciaire ni de compétence sur les personnes privées en vertu de la charte des Nations Unies ne puisse pas saisir la Cour d'une "affaire" touchant à la responsabilité pénale individuelle d'une personne. Il serait seulement autorisé à renvoyer une "situation" générale devant la Cour.

310. Entre vingt et quarante ratifications devraient être exigées pour l'entrée en vigueur du Statut.

311. Le projet de Statut prévoit ainsi la constitution d'une Assemblée des États parties (article 90 bis) qui aurait pour fonction de donner des indications générales à la Présidence, au procureur et au greffier en ce qui concerne l'administration de la Cour (paragraphe 2. b) ou encore d'examiner "toute question concernant l'absence de coopération de la part d'États parties [et d'États non parties]" et de prendre les mesures nécessaires, "y compris le renvoi de la question devant [le Conseil de sécurité] [l'Assemblée générale des Nations Unies] (…)" (paragraphe 2. [f).

312. Cette question soulève celle de la possibilité pour un État d'émettre des réserves ou de ne pas reconnaître la compétence de la Cour pour tous les crimes visés dans le Statut, laquelle n'est pas elle résolue dans l'actuel projet de Statut.

313. "Les arguments en faveur de cette "compétence propre", poursuivait-elle, trouvent un puissant renfort dans la Convention sur le génocide elle-même, qui n'attribue pas compétence pour le génocide aux autres États en vertu du principe aut dedere aut judicare, mais en envisage expressément l'attribution à une Cour criminelle internationale à créer (article VI de la Convention de 1948). On peut donc considérer que le projet de Statut complète sur ce point le régime de prévention et de répression du génocide amorcé en 1948." Rapport de la Commission du droit international sur les travaux de sa quarante-sixième session" (2 mai-22 juillet 1994), p 73.

314. La Cour ne sera compétente, en vertu du principe de complémentarité, que dans les cas où les juridictions nationales se seraient trouvées dans

l'incapacité ou auraient refusé de mener à bien les poursuites contre des individus soupçonnés d'avoir accompli des crimes engageant la responsabilité pénale individuelle de ces derniers. Les victimes ou leurs ayants droit auront en leur possession, au moment où elles se présenteront devant la Cour, un certain nombre de documents, y compris des documents officiels dont le contenu sera aisément vérifiable ou authentifiable auprès des autorités nationales concernées.

315. Voir infra la partie consacrée au Statut des victimes devant la Cour.

316. [Article 10 ter : Le Procureur.] [Article 10 quater : Éléments d'informations présentés au Procureur.]

317. Dans le système accusatoire, le procureur est l'organe chargé de représenter les droits des victimes. La défense, placée à égalité face au procureur, peut mener sa propre enquête et citer des témoins à décharge. Cette égalité peut toutefois se heurter à des difficultés pratiques de mise en œuvre dans le cas d'une procédure internationale et des propositions ont été faites dans le projet de Statut pour tenter de remédier à cette difficulté. Ainsi, l'[article 47 : Enquête sur les crimes allégués, paragraphe [8] prévoit-il les dispositions suivantes : "a) Une personne soupçonnée d'avoir commis un crime au sens du présent Statut : i) a le droit, dès qu'elle est concernée par une enquête ou poursuivie en vertu du présent Statut, de rassembler tous les éléments de preuve qu'elle estime nécessaire à sa défense ; ii) peut, soit rassembler elle-même ces éléments de preuve, soit demander à la Chambre préliminaire de la Cour d'effectuer certains actes, en sollicitant si nécessaire la coopération de tout État partie (...) ; b) Si le suspect choisit de réunir lui-même les éléments de preuve (...), il peut solliciter de la Présidence la délivrance des ordonnances et citations à comparaître (...)".

318. Cette proposition reste entre crochets, comme toutes les autres mentions relatives à la Chambre préliminaire. Toutes les indications relatives aux pouvoirs du procureur sont également à considérer avec prudence, dans la mesure où la répartition des fonctions qui seront attribuées à cette Chambre et au parquet fait encore l'objet de discussions.

319. Ces différents procureurs pourraient être nommés de façon à représenter les différents systèmes juridiques existants en matière pénale.

320. Ainsi, parallèlement aux procédures de contestation de la compétence de la Cour ou de la recevabilité d'une affaire (article 12), d'appel ou de révision de ses décisions (article 73 : Recours contre la décision sur la culpabilité ou la peine ; article 75 : Révision d'un jugement de culpabilité ou de la peine), le texte de Zutphen contenait encore des dispositions visant à soumettre à la Cour internationale de justice les différends concernant l'interprétation du Statut (article 91 : Règlement des différends, paragraphe premier). Le texte de New York prévoit désormais que ces différends pourront être réglés par l'Assemblée générale des États parties ou par décision de la Cour, en ce qui concerne notamment les différends relatifs aux fonctions judiciaires de la Cour (article 91, Variante 1, 2 et 3).

321. Il n'y a pas dans le projet de statut d'approche véritablement différenciée entre les victimes et les témoins.

322. Cependant, la notion de victime protégée, c'est-à-dire de victime dont

l'identité est protégée, développée par les Tribunaux pénaux internationaux n'est pas reprise dans le projet de Statut.

323. Cette Déclaration, adoptée par l'Assemblée générale des Nations Unies dans sa résolution 40/34 du 29 novembre 1985, recommande aux États de développer les recours accessibles aux victimes. Une annexe à cette déclaration insiste sur le fait que les vues et les préoccupations des victimes doivent être présentées et examinées aux phases appropriées des instances. Voir également la Recommandation n° R 85/11 adoptée le 28 juin 1985 par le Comité des ministres du Conseil de l'Europe sur la position de la victime dans le cadre du droit pénal et de la procédure pénale. Ce texte recommande qu'au niveau de la police, la victime puisse obtenir des informations sur le sort des enquêtes policières (paragraphe A.3), qu'au niveau des poursuites, la victimes dispose d'un droit de demander la révision par l'autorité compétente d'une décision de classement ou du droit de procéder par citation directe (paragraphe B.7).

324. Article 74 du Règlement de preuve et de procédure du Tribunal pénal international pour l'ex-Yougoslavie et du Tribunal pénal international pour le Rwanda.

325. Voir propos d'Alain Ottan publiés dans la "Lettre de JSF"- www.juristessansfrontieres.org

TABLE DES MATIERES

Collection Logiques Juridiques
dirigée par Gérard MARCOU

JACQUOT Henri, MARCOU Gérard, *L'urbanisme transfrontalier droit et pratique*, 1998.

FABRE-GUILLEMANT Raphaële, *Les réformes administratives en France et en Grande-Bretagne : centres de responsabilité et agences d'exécution*, 1998.

ROUXEL Jean-Yves, *Le Saint-Siège sur la scène internationale*, 1998.

MOQUET-ANGER Marie-Laure, *De l'hôpital à l'établissement public de santé*, 1998.

BEN LETAIF Mustapha, *L'Etat et les entreprises publiques en Tunisie*, 1998.

GROS Manuel, *Droit administratif*, 1998.

TEISSIER-ENSMINGER Anne, *Autos, panneaux, signaux*, 1998.

LE BRAZIDEC Gwénaël, *René Capitant, Carl Schmitt : crise et réforme du parlementarisme*, 1998.

PROUTIÈRE-MAULION Gwénaèle, *La politique communautaire de réduction de l'effort de pêche des Etats membres*, 1998.

BEURDELEY Laurent, *Politique agricole commune et fraudes aux dépenses agricoles de l'union européenne*, 1998.

DUBOURG-LAVROFF S. et DUPRAT J.P. (eds.), *Droits et libertés en Grande-Bretagne et en France*, 1999.

SAISON Johanne, *Le risque médical*, 1999.

DECRETON Séverine (éd.), *Service public et lien social*, 1999.

HUNOUT Patrick, *Droit du travail et culture sociale, l'exemple allemand*, 1999.

JEANNIN L., MENEGHINI M., PAUTI C., POUPET R., *Le droit d'asile en Europe*, 1999.

MBONGO Pascal, *La gauche au pouvoir et les libertés publiques (1981-1995)*, 1999.

DJUIDJE Brigitte, *Pluralisme législatif camerounais et droit international*, 1999.

CUSTOS Dominique, *La Commission fédérale américaine des communications à l'heure de la régulation des autoroutes de l'information*, 1999.

FORTIN Yvonne (ed.), *La contractualisation dans le secteur public des pays industrialisés depuis 1980*, 1999.

SOCIETE FRANÇAISE POUR LE DROIT DE L'ENVIRONNE-MENT, *La chasse en droit comparé*, 1999.

589926 - Décembre 2014
Achevé d'imprimer par

1livre.com
du rêve à la réalité !

Made in the USA
Las Vegas, NV
12 April 2026

45208722R10195